collection
le temps de l'histoire

VAUDOUR Philippe, *Aix-en-Provence 1850-1950. Les faux-semblants de l'immobilisme*, 2010, 284 p

RAYNAUD CHRISTIANE (dir.), *Familles royales. Vie publique, vie privée aux XIVe et XVe siècles*, 2010, 220 p.

MALAMUT Élisabeth, *Dynamiques sociales au Moyen Âge en Occident et en Orient*, 2010, 220 P.

MONTARSOLO Yves, *L'Eurafrique contrepoint de l'idée d'Europe. Le cas français de la fin de la deuxième guerre mondiale aux négociations des Traités de Rome*, 2009, 300p.

GROS Colette, *Images de la femme dans l'historiographie florentine du XIVe siècle*, 2009, 230 p.

DUFOUR Gérard et LARRIBA Elisabel (dirs), *L'Espagne en 1808 régénération ou révolution ?* 2009, 324 p

PEYRARD Christine (dir.), *Politique, religion et laïcité*, 2009, 184 p.

GANTÈS Gilles (de) et NGUYEN Phuong Ngoc (dirs), *Vietnam le moment moderniste,* 2009, 312 p.

ROBERT-GUIARD Claudine, *Des Européennes en situation coloniale. Algérie 1830-1939,* 2009, 342 p.

VOVELLE Michel, *Les Sans-culottes marseillais. Le mouvement sectionnaire du jacobinisme au fédéralisme (1791-1793)*, 2009, 238 p.

CAYLUX Odile, *Arles et la peste de 1720-1721*, 2009, 288 p.

CRIVELLO Maryline et PELEN Jean-Noël (dirs), *Individu, récit, histoire*, 2008, 240 p.

CARBONELL Mauve, *Des hommes à l'origine de l'Europe. Biographies des membres de la Haute Autorité de la CECA*, 2008, 290 p.

CAROZZI Claude, LE BLÉVEC Daniel et TAVIANI-CAROZZI Huguette (dirs), *Vivre en société au Moyen Âge. Occident chrétien VIe-XVe siècle*, 2008, 320 p.

FAGGION Lucien, MAILLOUX Anne et VERDON Laure (dirs), *Le notaire entre métier et espace public en Europe VIIIe-XVIIIe siècle*, 2008, 300 p.

PEYRARD Christine, POMPONI Francis et VOVELLE Michel (dir.), *L'administration napoléonienne en Europe. Adhésions et résistances*, 2008, 184 p.

(Autres titres de la collection : voir pages 170-172)

collection
le temps de l'histoire

Le don et le contre-don
Usages et ambiguïtés d'un paradigme anthropologique
aux époques médiévale et moderne

sous la direction de Lucien FAGGION et Laure VERDON

2010

PUBLICATIONS DE L'UNIVERSITÉ DE PROVENCE

© PRESSES UNIVERSITAIRES DE PROVENCE
UNIVERSITÉ D'AIX-MARSEILLE
29, avenue Robert-Schuman - F - 13621 Aix-en-Provence CEDEX 1
Tél. 33 (0)4 13 55 31 92 – Fax 33 (0)4 13 55 31 80
pup@univ-provence.fr – Catalogue complet sur www.univ-provence.fr/wpup
DIFFUSION LIBRAIRIES : AFPU DIFFUSION – DISTRIBUTION SODIS

Préface

Lucien FAGGION et Laure VERDON

Saisis comme un enchaînement de trois obligations (donner, recevoir, rendre), composante de la vie sociale, le don et le contre-don, analysés par Marcel Mauss dès 1922, puis par Claude Lévy-Strauss et Maurice Godelier, sont devenus, depuis les années 1990, des objets à part entière de la recherche en histoire médiévale et moderne dans le cadre de la définition du « lien social ».

Les historiens font, en effet, des concepts anthropologiques un usage que l'on peut qualifier de « raisonné ». Il ne s'agit pas tant de transposer tels quels à la matière historique des outils et autres modèles explicatifs empruntés à d'autres sciences sociales que d'ouvrir de nouveaux champs de réflexion méthodologiques qui permettent d'aborder différemment les sources. Ainsi en va-t-il notamment du concept de don/contre-don dans son acception fondatrice de l'échange social. Les études menées, par exemple, sur l'échange de biens, matériels ou symboliques, dont les archives monastiques médiévales portent la trace[1], ont bien montré que, dans le cadre documentaire particulier que sont les contrats agraires (précaires, *livelli*), le don impliquait toujours la mise en place d'une hiérarchie par l'affirmation d'un pouvoir (c'est la logique d'autorité du don), qui peut constituer la seule fin recherchée. Eliana Magnani Soares[2], en soulignant combien la logique du don avait fini par imprégner toute

---

1 L. FELLER, *Les Abruzzes médiévales. Territoire, économie et société en Italie centro-méridionale du IXe au XIIe siècle*, Rome, 1998.
2 E. MAGNANI S.-CHRISTEN, « Transforming Things and Persons. The Gift pro anima in the XI and XII century », dans G. ALGAZI, V. GROEBNER, B. JUSSEN (dir), *Negotiating the Gift. Pre Modern Figurations of Exchange*, Göttingen, Vandenhoeck und Ruprecht, Veröffentlichungen des Max-Planck-Instituts für Geschichte, 188, 2003, p. 269-284.

Préface

forme de transaction contractuelle au Moyen Âge, a mis en exergue, quant à elle, la complexité des pratiques du don et des mécanismes idéologiques qui les sous-tendent. En conséquence, l'ethos du don, ainsi que ses pratiques, les modalités de réciprocité (réciprocité généralisée, équilibrée, négative, selon M. Sahlins) contribuent, désormais, à éclairer le fonctionnement des sociétés européennes d'Ancien Régime tout comme la sociabilité des mondes urbains et ruraux, la logique des familles et celle de la constitution des communautés.

Les contributions rassemblées dans cet ouvrage, issues de communications prononcées lors de deux journées d'études organisées en 2006 et 2007 à la Maison méditerranéenne des Sciences de l'Homme d'Aix-en-Provence, ou de personnes sollicitées pour ce projet de recherche, ambitionnent à la fois de donner un aperçu des différents champs actuels d'interprétation historique ouverts par l'usage du paradigme du don/contre-don et de souligner, par la mise en parallèle des méthodes et pratiques des historiens médiévistes et modernistes, les ambiguïtés et les difficultés auxquelles l'historien, quel que soit le type de documentation considéré, peut se trouver confronté dans l'usage heuristique de cette notion. Si le système d'échanges de dons figure, donc, comme un indicateur possible des comportements d'échanges sociaux et révèle les facteurs porteurs de sens et de dynamiques, à travers lesquels se dégagent les relations intersubjectives et leurs rapports avec l'objet de l'échange, l'octroi de dons et de contre-dons, ses circuits (générosité ou grâce du « Prince », aumônes, services, cadeaux, faveurs) semblent tracer des « frontières » de l'échange et du social souples, sujettes à des constantes réévaluations et hypothèses.

Les réflexions et discussions nourries échangées à l'occasion de ces journées d'études firent également ressortir la nécessité d'aller au-delà du stade de la définition de ce que peut être le don dans les sociétés anciennes pour aborder celui de la complexité des relations à l'autre durant ces périodes, et finalement dépasser, en l'adaptant, le concept anthropologique de l'échange réciproque. Ainsi, la réflexion première, conduite en 2006, reprit-elle les thèses de Marcel Mauss, amendées entre autres par Maurice Godelier, pour les réexaminer sous des angles d'approches nouveaux, une méthode poursuivie en 2007, notamment dans le domaine de l'histoire politique. Au-delà des concepts de dons volontaires/obligatoires, gratuits/intéressés, conçus par le sociologue Mauss, on tenta, au cours de ces deux manifestations, de cerner la valeur de l'objet donné, accordée par celui qui l'a donné, le reçoit et le rend, les logiques à l'origine de cet acte, l'éthique fondant le lien social et celui de sujétion, et les approches à la fois théoriques et pratiques de l'échange. Il a été ainsi possible de faire ressortir la nécessité pour les historiens de dépasser l'opposition posée par les anthropologues et les sociologues entre le système tautologique du marché, qui repose sur une conception utilitaire et intéressée de l'échange, et celui du don, supposé gratuit et appuyé par une pulsion individuelle, pour atteindre aux réels mécanismes du don dans les sociétés anciennes[3]. L'outil méthodologique que constitue la théorie anthropologique du don offre, en effet, aux historiens un modèle d'interprétation de la façon dont le « lien social » a pu se tisser, mais également de ce qui peut en constituer les finalités : dans l'analyse que fait Mauss des sociétés non occidentales qui lui ont servi de terrain d'étude, le « système social » du don repose sur un élément en particulier – l'obligation de la réciprocité par le contre-don –, qui va fonder l'équilibre de la relation ainsi établie et, de la sorte, éviter les conflits en garantissant la paix sociale. Or c'est précisément cette idée d'équilibre instauré par l'échange, ayant trait aux biens matériels ou symboliques, qui pose problème aux historiens et rend le paradigme anthropologique du don/contre-don difficile à appliquer tel quel aux sociétés passées.

L'économie de l'ouvrage tente, ainsi, de rendre compte tout autant des acquis méthodologiques que des interrogations suscitées par l'usage de ce concept en histoire médiévale et moderne, en proposant un bilan méthodologique et théorique sur ce sujet, puis un choix d'études des modalités pratiques et symboliques de ce type de relations appréhendé à partir de cas du Moyen Âge et de l'époque moderne.

---

3 Jacques Godbout est revenu récemment sur ces questions en posant le principe d'une réhabilitation de la notion de don dans l'étude des mécanismes sociologiques de fonctionnement de nos sociétés occidentales actuelles. Voir J. T.GODBOUT, *Ce qui circule entre nous. Donner, recevoir, rendre,* Paris, Seuil, 2007.

Don, échange, réciprocité
Des usages d'un paradigme juridique et anthropologique pour comprendre le lien social médiéval

Laure VERDON

La notion de « don/contre-don » est-elle pertinente en Histoire ?

Poser une telle question dès l'abord d'une présentation introductive sur les usages par les historiens médiévistes du concept de « don/contre-don » forgé dans les années 1920 par l'anthropologue Marcel Mauss revient, de fait, à en souligner d'emblée les limites. Car si, comme le rappelle Eliana Magnani[1], le paradigme du don est aujourd'hui à la mode, aussi bien dans la production historique que dans les ouvrages de sciences sociales en général, pour autant cette notion ne laisse pas de présenter nombre de difficultés à qui cherche à en appliquer les principes aux sociétés passées. En ce domaine, comme en beaucoup d'autres, l'historien se doit de repenser à fin d'appropriation le concept anthropologique et de poser de manière liminaire les éléments d'une réflexion théorique dont on ne saurait faire ici l'économie. Posons donc quelques jalons en guise de préambule.

Lors de la parution, en 1923, de l'article fondateur de Marcel Mauss dans la revue l'*Année sociologique*, l'histoire du don a déjà commencé depuis une cinquantaine d'années[2]. L'anthropologue se place alors dans le courant d'une longue série de réflexions théoriques, non interrompue depuis, relative aux formes « élémentaires », ou « primitives » (entendues

---

[1] E. MAGNANI (dir.), *Don et sciences sociales. Théories et pratiques croisées*, Dijon, EUD, 2007, p. 7-13.
[2] *Ibid.*, p. 16-20.

à cette époque comme propres aux sociétés non occidentales), des institutions et des faits sociaux, et portant plus particulièrement sur les dynamiques de l'échange fondateur du lien social. Les principes de la théorie de Mauss reposent en trois points :

- la société « primitive » fonctionne sur un système d'échanges que l'on peut qualifier de « système social du don ». Ce système a pour dynamique la force contenue dans la chose que l'on donne – ce qu'il nomme l'esprit du don – qui fait que le donataire la rend. Autrement dit, la *réciprocité*, d'apparence volontaire mais de fait obligatoire, se trouve codifiée par un ensemble de règles et d'obligations qui crée l'*équilibre* de la relation instaurée par le don. Le modèle que suit Mauss est ici le système du « potlatch », décrit par l'anthropologue Franz Boas en 1886, que l'on rencontre dans les sociétés amérindiennes de la côte nord-ouest du Canada : à l'occasion d'une fête, un échange de dons est réalisé par des individus qui représentent des groupes de parenté différents et qui concrétisent ainsi le lien social noué entre deux parentèles.

- Cet échange peut prendre un caractère compétitif ; il s'agit alors d'un don de rivalité, ou de défi, qui met en jeu l'honneur et engendre un déséquilibre entre les parties, ou pour reprendre une expression de Mauss, une « lutte de richesse ». Un tel échange est qualifié d'agonistique. C'est notamment en ces termes que sont (ré)analysées les pratiques des élites de la société du haut Moyen Âge depuis une quinzaine d'années au sein desquelles l'échange de biens est perçu comme un moyen d'obtenir prestige et honneur[3].

- Trois obligations se manifestent toujours dans l'échange et en créent le caractère social nécessaire, ce que Claude Lévi-Strauss posera comme fondement à l'ordre social faisant de l'échange une obligation à l'existence de la société[4] : *donner-recevoir-rendre*. Mauss résume cette dynamique de la sorte : donner c'est affirmer sa supériorité sociale, refuser c'est déroger à la bienséance, recevoir sans rendre c'est se placer en situation d'infériorité car le don reçu se transforme alors en *dette* et engendre une forme de dépendance.

La raison profonde de l'échange de dons toucherait donc, selon Mauss, plus à affirmer l'être social qu'à accumuler des richesses ; elle se situerait de la sorte à l'opposé d'une conception économique « de marché » fondée, quant à elle, sur le profit. Ceci ne veut pas dire pour

---

3 R. LE JAN, « Le don et le produit sauvage », dans *Femmes, pouvoir et société dans le haut Moyen Âge,* ch. 8, p. 119-131 (ici p. 120), Paris, Picard, 2001.
4 C. LÉVI-STRAUSS, *Les structures élémentaires de la parenté*, Paris, PUF, 1949.

autant que le système du don/contre-don n'engendre aucune forme d'économie, cependant cette dernière n'est pas de type capitaliste – au sens où les biens échangés n'ont pas une valeur marchande fixée par l'investissement, le profit et le labeur fourni – mais repose sur une valeur symbolique non matérielle, celle-la même qui est attachée aux cadeaux et aux largesses à l'origine du lien social, et qui peut conduire à l'idée de gaspillage. On sait quel profit Georges Duby tira, en 1973, de cette thèse pour décrire l'économie seigneuriale et mettre l'accent sur l'importance dans la société médiévale des pratiques ostentatoires chez les puissants[5].

Pourtant, le caractère désintéressé du don, ou posé comme tel dans la mesure où il ne s'inscrirait pas dans une logique de marché, constitue un réel point de discussion. Si l'on comprend aisément la fortune récente de telles conceptions pour tenter de saisir les dysfonctionnements actuels de nos sociétés capitalistes[6], il est nécessaire pour les historiens de dépasser l'opposition posée par les anthropologues et les sociologues entre le système tautologique du marché, qui repose sur une conception utilitaire et intéressée de l'échange, et celui du don, supposé gratuit et appuyé par une pulsion individuelle, pour atteindre aux réels mécanismes du don dans les sociétés anciennes.

La thèse du don repose sur la dialectique nouée entre trois pôles que les historiens ont souvent acceptés comme acquis mais qui suscitent pourtant nombre de questions voire de remises en cause.

La notion de réciprocité obligatoire, tout d'abord, qui sert seule à qualifier « d'échange » la relation créée par le don dans le sens où Mauss ne la conçoit pas comme dissociée du don. C'est pourtant sur la pertinence du caractère d'échange que revêt la relation de don que portent à l'heure actuelle les critiques les plus sévères formulées par les anthropologues eux-mêmes. Ainsi, dans un ouvrage récent, Alain Testart fait-il remarquer que le don implique, en termes juridiques, la renonciation à tout droit de propriété sur le bien cédé et interdit, par là même, la réciprocité, au contraire de l'échange qui repose quant à lui sur un transfert réciproque. La question des formes légales du don est, effectivement, un enjeu important d'application à la matière historique de la notion de don/contre-don. Peut-on, de la sorte, considérer que tout type juridique de transfert est assimilable à un don ? La question se pose de manière d'autant plus cruciale pour les médiévistes que, si le verbe « donner » est bien employé dans les textes, les réalités juridiques qu'il recouvre ne sont pas toujours

---

5 G. DUBY, *Guerriers et paysans*, Paris, Gallimard, 1973.
6 Voir J. T. GODBOUT, *Le don, la dette et l'identité,* Paris et Montréal, Boréal/La Découverte, 2000 et *Idem, Ce qui circule entre nous. Donner, recevoir, rendre,* Paris, Seuil, 2007.

identifiables au don. Ainsi en va-t-il de la donation rémunérée dont les formes relèvent plus de la vente que du don gratuit[7]. Dans le même ordre d'idées, les spécialistes des relations entre l'Église et l'aristocratie se sont interrogés sur le caractère en apparence inaliénable qu'acquièrent certains biens donnés à l'Église, pour souligner la façon dont celle-ci redistribue ces biens sous la forme de contrats agraires[8]. De même, peut-on considérer que tout type juridique de bien est susceptible de faire l'objet d'un don ? Une tenure, dont on ne possède que l'usufruit et non la propriété, ou dont l'on cède la *possessio* sans renoncer à la propriété, peut-elle entrer dans ce schéma ? Si l'on considère que la réponse doit être négative, alors il convient de revenir sur l'analyse de la relation vassalique donnée par Jacques Le Goff en 1977. L'historien, proposait, en effet, à cette époque une lecture des rituels du lien vassalique susceptible de rendre compte d'un système global d'échange qu'il considérait être au fondement du rapport d'autorité féodal[9]. Dans le prolongement des études menées par J. Le Goff, on a également cherché à appliquer les théories développées par M. Mauss sur le don et le contre-don à l'analyse de l'investiture du fief par le seigneur[10]. La relation vassalique peut en effet se prêter selon certains à une lecture anthropologique, qui assimile le fief à un don effectué en échange d'un service passé et non pas à venir (une interprétation qui écarte donc les aspects contractuels trop strictement « économiques » induits par la lecture juridique du lien vassalique) et fait reposer l'équilibre du lien, exprimé par la fidélité, sur la garantie de l'honneur des deux parties.

La question de la nature des biens objets de donations a été soulevée plus récemment par l'anthropologue M. Godelier dans un ouvrage qui se voulait être une critique raisonnée des analyses maussiennes[11]. Il y définit notamment ce qu'il entend par « système de prestations totales »,

---

7 L. VERDON, *La terre et les hommes au Moyen Âge*, Paris, Ellipses, 2006, p. 33.

8 *Ibid.*, p. 19-28. et B. ROSENWEIN, *Negociating Space Power, Restraint, and Privileges of Immuning Early Medieval Europe,* Cornell University Press, Ithaca-Londres, 1999.

9 J. LE GOFF, « Le rituel symbolique de la vassalité », dans *Simboli e simbologia nell'alto Medioevo, Settimane di studio del Centro italiano di studi sull'alto Medioevo*, XXIII, Spolète, 1976, p. 679-788 ; repris dans *Pour un autre Moyen Âge*, Paris, Gallimard (Quarto), 1999, p. 333-399. Dans cet essai, Jacques Le Goff tente d'interpréter le rituel vassalique selon la méthode ethnographique, en s'attachant à la signification de ce qu'il nomme les éléments du « contexte », c'est-à-dire les déplacements, lieux, public et gestes que cette cérémonie induit.

10 Voir sur ce thème notamment : S. D. WHITE, « Service for Fiefs or Fiefs for service. The Politics of Reciprocity », dans *Rethinking Kinship and Feudalism*, Ashgate Variorum, Aldershot, 2005, XII, p. 63-98, ici plus spécifiquement p. 63-73 pour un point historiographique récent.

11 M. GODELIER, *L'énigme du don*, Paris, Fayard, 1996 (réed. Flammarion, 2002).

un concept qu'il substitue à celui du don/contre-don pour analyser les échanges – ou prestations – opérés à l'échelle de l'ensemble des domaines qui forment une société et entre l'ensemble des groupes qui la composent. Ce faisant, il pointe plusieurs faiblesses dans l'analyse de Mauss, notamment celle de ne pas avoir remarqué la présence de biens qui ne peuvent pas faire l'objet d'un échange (ce sont les biens, matériels ou symboliques, qui forment l'identité d'un groupe social), ou encore d'avoir négligé un domaine d'échanges pourtant prégnant, celui qui concerne les dons des hommes aux dieux et aux hommes qui les représentent sur terre. L'anthropologue fait également porter son analyse sur les différents types d'échanges qui peuvent conduire à l'établissement d'un lien social équilibré.

Au cœur de la réflexion d'A. Testart se situe la notion de « transfert » ; selon lui, un échange – qui n'implique donc pas la perte de tout droit de regard sur le bien cédé – ne peut se caractériser que par un double transfert, le « transfert » étant entendu comme le mouvement qui conduit à ce qu'un bien qui était à la disposition d'un agent social passe de manière légitime à la disposition d'un autre agent social. On peut résumer ce point de vue par le schéma suivant[12] :

Les trois modes de circulation des biens matériels et symboliques

Définition juridique	Mode conventionnel et juridique entre les parties	Mouvement des biens
vente	contrat	Transfert total ou partiel de la propriété et/ou des biens
échange	Entrée volontaire dans l'échange	Transfert réciproque
don	Acceptation de la donation	Transfert de la pleine propriété

A. Testart préfère donc parler d'échange plutôt que de don si la relation repose sur la réciprocité et trouve, par là, son équilibre. Cet aspect juridique de l'échange est fondamental pour les historiens puisque déséquilibrer volontairement la relation revient à instaurer délibérément

---

[12] D'après A. TESTART, *Critique du don. Études sur la circulation non marchande*, Paris, Syllepse, 2007, p. 218. Les titres donnés au tableau et à ses composantes (gras) sont nôtres.

une situation de *dépendance*, c'est-à-dire un pouvoir. C'est également dans cette posture que se trouvent placés les Chrétiens vis-à-vis de Dieu, de manière affirmée sur un plan doctrinal au moins à partir de la réforme grégorienne au XIIe siècle. L'analyse des échanges matrimoniaux opérée par M. Godelier dans son ouvrage paru en 1996, sur la base d'un travail de terrain réalisé en Nouvelle-Guinée à partir de la fin des années 1960, mettait déjà l'accent, par un autre biais, sur cet élément très intéressant pour les historiens : l'anthropologue est conduit à observer que la dette engendrée par un don, dans ce contexte, ne se trouve pas annulée ou effacée par un contre-don identique ; en effet, « si le contre-don n'efface pas la dette, c'est parce que la « chose » donnée n'a pas été vraiment séparée, disjointe complètement de celui qui la donne [...] et il y a plus, car celui qui donne ne cesse pas d'avoir des droits sur la chose après l'avoir donnée[13]. »

Que faut-il préférer au « don » maussien ?

La thèse développée par Mauss laissait, en effet, une question sans réponse : que se passe-t-il si le contre-don ne peut être assuré ou si l'on cherche à déséquilibrer systématiquement l'échange et à pérenniser la dette ? C'est de la sorte toute la complexité des relations à l'autre qui est posée, pour finalement dépasser, en l'adaptant, le concept anthropologique de l'échange réciproque. Au-delà des concepts de dons volontaires/ obligatoires, gratuits/intéressés, il convient de cerner la valeur de l'objet donné, accordée par celui qui l'a donné, le reçoit et le rend, les logiques à l'origine de cet acte, l'éthique fondant le lien social, et les approches à la fois théoriques et pratiques de l'échange. C'est précisément cette idée d'*équilibre* instauré par l'échange, qu'il porte sur des biens matériels ou symboliques, qui pose problème aux historiens et rend le paradigme anthropologique du don/contre-don difficile à appliquer tel quel aux sociétés passées. Il pose, en effet, un certain nombre de questions autour desquelles se sont dessinés les différents champs d'application de cette théorie.

Car qu'est, au demeurant, une relation « équilibrée » ? Les historiens se sont emparés de cette interrogation pour souligner les dynamiques à l'œuvre dans le cadre de l'échange, leurs modalités et leurs finalités[14].

---

13 M. GODELIER, *L'énigme...*, p. 61.
14 C'est notamment l'objet, et l'apport principal, des travaux d'Eliana Magnani Soares qui a pu montrer le rôle des intermédiaires dans l'échange entre laïques et établissements ecclésiastiques, les transformations opérées par le don dans le cadre de la donation « *pro anima* » qui transforme à la fois le bien donné et le donateur en raison des finalités assignées à l'échange, ses différentes pratiques, enfin, et

Ils ont, ainsi, révélé que l'équilibre peut être atteint de différentes manières, par la recherche d'un lien d'amitié entre laïcs et établissements ecclésiastiques par exemple[15], ou encore par la fixation d'un lien hiérarchique entre les parties, ce qui permet l'usage de ce paradigme dans l'analyse des formes de relations qui impliquent l'affirmation d'une autorité ou l'imposition d'un lien de sujétion.

La logique d'autorité du don, déjà soulignée en son temps par Mauss, ouvre ainsi le champ à un autre usage historiographique possible de cette théorie, dans le sillage de l'anthropologie politique. Celle-ci fournit désormais aux historiens des modèles d'organisations sociopolitiques qui vont bien au-delà de l'opposition naguères classique entre sociétés à État et sociétés sans État ; elle offre également des outils d'analyse sur la façon dont le pouvoir s'acquiert, se répartit, se transmet, sur les différents rôles de responsabilité que divers groupes sociaux peuvent être conduits à jouer, sur l'imbrication, enfin, dans le domaine du politique des phénomènes relevant de la parenté, de l'économie, de la religion, et des processus de stratification sociale[16]. La théorie du don peut être, de ce fait, également opérante dans l'étude du champ politique, car elle représente l'une des façons d'imposer une autorité et de légitimer, en traduisant la relation de domination en termes socialement acceptables, l'exercice d'une puissance sur un individu ou un groupe. Elle permet aussi de comprendre comment se noue le lien de dépendance, au sens anthropologique du terme, c'est-à-dire un rapport au sein duquel les deux parties vont avoir avantage à l'établissement de la relation, un rapport « ritualisé » également, dont la mise en scène révélera la dynamique opérante au cours de l'échange (la fameuse « dette » engendrée par le don).

C'est, de la sorte, la définition même de la dépendance qui est posée, et de ses modalités pratiques de mise en forme, par le rituel public, mais aussi par le droit. L'écriture juridique de l'échange, par le contrat ou encore la charte de franchises, est un domaine déjà bien exploré par les historiens

---

leurs représentations sociales, une façon de « comprendre la société médiévale de l'intérieur à partir de ses propres représentations. » Voir notamment : E. MAGNANI S. CHRISTEN, « Transforming Things and Persons. The Gift *pro anima* in the XI and XII century », dans G. ALGAZI, V. GROEBNER, B. JUSSEN (dir), *Negotiating the Gift. Pre Modern Figurations of Exchange*, Göttingen, Vandenhoeck und Ruprecht, Veröffentlichungen des Max-Planck-Instituts für Geschichte, 188, 2003, p. 269-284.

15 C'est ce que montrent les ouvrages de Barbara Rosenwein, notamment : *To Be the Neighbor of Saint Peter. The Social Meaning of Cluny's property, 909-1049,* Ithaca-Londres, Cornell University Press, 1989.

16 L'un des pères fondateurs de l'anthropologie politique en France est Georges Balandier, dont on peut lire, en dernier lieu : *Anthropologie politique*, Paris, PUF, 2004 (5e édition).

ruralistes du haut Moyen Âge, et de plus en plus par ceux des époques plus récentes[17]. Il impose d'envisager tout type d'écrit susceptible de conférer à l'échange un caractère socialement performant, de réfléchir à l'articulation entre les champs de l'oralité, du public, de l'écrit et du juridique, de replacer également l'histoire du droit des contrats et des théories relatives à l'équité fiscale, notamment, dans un contexte plus large.

Ce sont ces difficultés que les études menées dans le champ de l'histoire médiévale ont permis de soulever et de confronter. Voyons maintenant quelques grands domaines dans lesquels la théorie du don a pu être utilisée.

La cellule première de l'échange : la parenté

En termes anthropologiques, la famille apparaît comme le lieu premier dans lequel se placent les échanges[18]. En particulier, l'un des éléments fondateur de la parenté – l'alliance matrimoniale – se révèle être un moment privilégié de manifestation de cette logique par la série de transactions matérielles qu'il génère. Il convient de distinguer, à ce propos, (ce que la terminologie employée dans les sources ne permet pas toujours de faire) la dot –paiement effectué par les parents de la fille lors du mariage – qui, selon l'analyse des anthropologues, est généralement destinée au jeune couple et demeure la propriété de la femme. Il s'agit le plus souvent d'une forme anticipée d'héritage. À cette dot s'oppose ce que l'on a pris coutume d'appeler le « bride price » – ou « prix de la fiancée – qui désigne la pratique par laquelle les parents d'un garçon doivent donner une compensation matrimoniale aux parents de la fille qu'il désire épouser. Là réside la clé de l'interprétation anthropologique du mariage et de son assimilation à un espace de prestations totales[19], puisque, et contrairement à ce que pourrait laisser supposer l'expression « prix de la fiancée », le mariage n'est jamais assimilable à un achat pur et simple, les transactions qui l'accompagnent devant s'entendre comme le transfert de certains droits, et non de tous les droits, sur la femme et sa progéniture.

---

17 Et par les ethnologues ; voir notamment : M. GRINBERG, *Écrire les coutumes. Les droits seigneuriaux en France,* Paris, Seuil, 2006.
18 Ce qui ne veut pas dire que la famille soit la cellule portante de la société, comme le souligne M. Godelier dans son dernier ouvrage : *Au fondement des sociétés humaines. Ce que nous apprend l'anthropologie*, Paris, 2007.
19 M. GODELIER, *L'énigme...*, p. 49-53.

Appliquer ce schéma aux sources médiévales a permis de démonter le mécanisme des échanges à l'œuvre lors des alliances matrimoniales[20]. Dot et douaire se rencontrent, en effet, de manière concomitante dans les sociétés germaniques établies en Occident dès le Ve siècle. Les alliances matrimoniales sont l'occasion d'un transfert de patrimoine, opéré en plusieurs étapes, qui comprend la dot (sous forme de cadeaux et du trousseau de la fiancée) et le douaire. Celui-ci, par la terminologie qui est employée et le rôle qui lui est assigné dans la législation germanique apparaît au cœur du système d'échanges réciproques ; en outre, la propriété de ce douaire et les droits qui peuvent être exercés dessus peuvent le transformer en un élément sur lequel la parentèle de l'épouse possède un droit de regard. C'est ce qui explique les stratégies déployées par les familles pour le sortir du circuit de l'héritage en le donnant à l'Église par exemple[21].

Le « système » du don à l'Église

La signification des échanges patrimoniaux opérés en faveur de l'Église et l'interprétation de la faveur rencontrée par les différents ordres religieux en Occident a fait l'objet de nombreuses études qui touchent, de manière plus large, au domaine du don compris comme la diversité des échanges possibles entre les vivants et les morts. L'ouvrage que consacra au sujet Barbara Rosenwein[22] fit date. Elle y analysait le courant des donations foncières opérées par les aristocrates, voisins du monastère, en faveur de l'abbaye de Cluny entre 909 et le milieu du XIe siècle, en s'attachant notamment au vocabulaire employé dans les chartes pour décrire ces différents types de transferts. Ainsi, les dons et autres formes d'aliénation de biens pouvaient se comprendre comme les outils par lesquels se tissait un réseau d'amitié[23] aux liens serrés et aux fondements

---

20 Ces réflexions doivent être replacées dans le contexte plus large du renouvellement historiographique qui concerne depuis quelques années les systèmes de parenté à l'époque médiévale. A l'heure actuelle, les médiévistes s'entendent pour considérer que les structures de parenté demeurent largement cognatiques et reposent sur des stratégies matrimoniales qui combinent le renouvellement des réseaux d'alliances et d'amitié par l'affinité avec le respect des interdits de parenté. Voir en dernier lieu sur ce point : R. LE JAN, « De la France du Nord à l'Empire. Réflexions sur les structures de parenté au tournant de l'An Mil », dans P. BONNASSIE, P. TOUBERT (dir), *Hommes et sociétés dans l'Europe de l'an mil*, PUM, Toulouse, 2004, p. 163-184.

21 R. LE JAN, F. BOUGARD, L. FELLER (dir), *Dot et douaire dans le haut Moyen Âge*, collection de l'EFR n° 295, Rome, 2002

22 B. ROSENWEIN, *To be the Neighbour...*

23 Barbara Rosenwein a repris très récemment ce dossier et livré une interprétation nouvelle de ce lien qui repose, selon elle, sur une forme d'affect. Voir sa

complexes. Car ce n'était pas seulement des bienfaits spirituels que les nobles attendaient en retour de leurs dons, mais bien aussi de pouvoir profiter d'avantages matériels retirés du voisinage de l'abbaye.

Cette analyse implique que l'équilibre atteint par l'échange de dons entre l'Église et les grands repose sur une égalité des parties – garantie de la paix – qui passe par le transfert de la *possessio* du bien et se manifeste par le lien d'*amicitia* qui en découle. Les donations *pro anima* en particulier ont ainsi été interprétées comme une pratique sociale permettant aux établissements monastiques de se constituer en pivots des réseaux sociaux[24]. Ce dernier point a fait l'objet de reconsidérations récentes[25], par lesquelles il apparaît que le sens profond de la donation n'est pas d'imposer une égalité avec les moines mais de créer une forme de relation d'autorité et de manifester, par là même, de façon publique, la *potestas* du lignage donateur. Les bienfaits spirituels obtenus en retour, s'ils ne sont pas à négliger, représentent la contre partie d'un acte bien plus complexe en réalité que ne le laisse supposer le vocabulaire employé puisqu'il équivaut à un acte de puissance en même temps qu'il correspond à une affirmation du statut social de l'ensemble de la parentèle donatrice.

En ce sens, la rupture des réseaux d'amitié qu'entraîne la crise grégorienne en Provence, par exemple, peut être un indice révélateur d'une crise plus profonde du système social fondé sur le don dont les soubassements idéologiques vacillent à un moment donné, en l'occurrence par le jeu de la concurrence opérée par la seigneurie ecclésiastique. Ces « ruptures » périodiques du lien social peuvent être dues au système même du don qui nécessite, pour fonctionner correctement, de reposer sur une certaine réciprocité. Lorsque le don ne peut être rendu, comme dans le cas d'une donation à un établissement ecclésiastique, c'est alors l'amitié créée par le lien qui jouera, en quelque sorte, le rôle de compensation à la dette ainsi engendrée[26].

La question de la gratitude que les donateurs laïques doivent à l'Église dans le cadre du réseau complexe qui les lie, doit être mise en rapport avec le discours théologique savant fondé sur la notion de « charité » qui ne peut être interprétée comme une obligation. Dans un article récent,

---

communication au colloque EMMA 3 intitulée « Les usages politiques d'une communauté émotionnelle : Cluny et ses voisins, 833-965 ».

24 E. MAGNANI SOARES-CHRISTEN, *Monastères et aristocraties en Provence, milieu X^e-début XIIe siècle,* Münster, 1999.

25 F. MAZEL, « Amitié et rupture de l'amitié. Moines et grands laïcs provençaux au temps de la crise grégorienne (milieu XIe-milieu XIIe siècle) », *Revue historique*, 307/1, 2005, p. 53-95.

26 B. ROSENWEIN, *Negociating space, op. cit.*

Sylvain Piron[27] analyse ainsi la notion d'*antidora* que les théologiens utilisent pour désigner la contre partie d'une transaction importante, qui repose sur le concept de réciprocité contenu dans la gratitude impliquée par l'échange et l'exigence de charité. Ce concept d'*antidora* trouvera son application, au XVIe siècle, dans le domaine immatériel des civilités, ce qui n'est pas encore le cas au moment où il se forge dans le discours théologique au XIIIe siècle.

Lien social, lien de domination

Cette approche présente l'avantage de mettre en lumière la question de la dette que l'échange suppose et des formes de dépendance qu'il engendre dans la mesure où ce système fait de celui qui reçoit l'obligé de l'autre. Elle fait ainsi pénétrer l'historien dans un autre domaine de la relation de domination, celui du collectif et des rituels qui le définissent, celui du politique et des structures sociales qui le sous-tendent. En termes anthropologiques, on peut tenter de lire le lien politique de domination comme un système d'échange, inégal puisqu'il est destiné à produire une hiérarchie mais non déséquilibré, dont il convient de déterminer les termes (qu'est-ce qui est échangé ?) et la dynamique (a-t-on affaire à une application du modèle maussien du don/contre-don ?).

Le paradigme du don peut être, en effet, au fondement même du lien politique, de manière directe par les cadeaux et autres dons que le pouvoir en place va réaliser afin de tisser un réseau de clientèle ou de sujétion, ou indirecte par les échanges symboliques auxquels l'exercice de l'autorité donne lieu. C'est tout l'objet des études récentes sur le pouvoir de grâce, notamment, et du vocabulaire qui l'entoure[28]. Ainsi, « l'octroi », forme souveraine et arbitraire du pouvoir, n'implique-t-il pas de réciprocité mais trouve sa légitimation dans la manifestation publique du pardon du souverain. La grâce accordée aux débiteurs, objet de la thèse de Julie Mayade-Claustre[29], entre également dans ce schéma dans la mesure où il s'agit d'un don royal, celui du temps nécessaire à honorer la dette, qui transfère sur la personne du roi l'obligation contractée par le débiteur

---

27 S. Piron, « Le devoir de gratitude. Emergence et vogue de la notion d'*antidora* au XIIIe siècle », dans *Credito e usura fra teologia, diritto e amministrazione. Linguaggi a confronto (sec. XII-XVI)*, coll. EFR, 346, Rome, 2005, p. 73-101.

28 Le vocabulaire et les formes de la supplique adressée au roi a fait l'objet d'études récentes réunies dans : H. Millet (dir), *Suppliques et requêtes. Le gouvernement par la grâce en Occident (XIIe-XVe siècle)*, coll. EFR, 310, Rome, 2003.

29 J. Mayade-Claustre, *Le roi, la dette et le juge. La justice royale et l'endettement dans la région parisienne à la fin du Moyen Âge*, Paris, Presses de la Sorbonne, 2008.

envers son créancier. Ces études mettent l'accent sur la réalité polymorphe de la domination et permettent d'appréhender par le haut le rôle attribué à l'affect dans le lien de sujétion. Ainsi, Priscille Aladjidi a-t-elle pu montrer en quoi les multiples formes revêtues par l'aumône aux pauvres, entendue à la fois comme une vertu et une pratique du pouvoir souverain, s'étaient transformées en un véritable outil de gouvernement à partir du XIIIe siècle car elles contenaient l'amour dû par le roi à ses sujets[30].

La question de l'instauration d'une forme de pouvoir par l'échange et des espaces possibles dans lesquels cette équation peut s'avérer opératoire tend à être également appliquée, depuis une petite vingtaine d'années, au domaine de la seigneurie. Cela ne va pas sans mal, car considérer la seigneurie comme un espace possible d'échanges réciproques peut sembler choquant tant notre vision de cette institution se trouve conditionnée par l'historiographie passée. Il est vrai que l'idée selon laquelle la seigneurie se réduirait à un système d'exploitation coercitif du travail et des productions paysannes, répondant à la seule logique de l'intérêt privé du seigneur, demeure encore très prégnante ; c'est de la sorte que l'on comprend généralement l'évolution du prélèvement seigneurial du reste : il serait de l'intérêt du dominant, pour répondre à ses besoins ostentatoires, de monétariser les échanges avec ses hommes et de préférer le travail salarié, plus rentable et efficace, à la corvée considérée comme une forme « archaïque » de seigneurie[31].

Pourtant, la relation seigneuriale peut se prêter à une lecture anthropologique, pour peu que l'on s'attache aux rituels du rapport de domination qui lui confèrent un caractère public et collectif. Ainsi, la seigneurie peut-elle être vue comme un « lieu d'échanges » dans la mesure où elle recèle ce que M. Mauss avait nommé la « logique d'autorité » du don – ou de l'échange –, c'est-à-dire l'obligation de rendre le don reçu qui entraîne une dette de la part du receveur tant que le contre-don n'a pas été fourni. Certains médiévistes ont vu dans cette dette la marque de la dépendance et la possibilité offerte aux seigneurs de déployer des stratégies en maintenant, de manière régulière, les personnes soumises à leur domination dans cette situation débitrice, par un jeu opéré sur les lieux et le temps de la perception des taxes. Les rituels seraient une forme de reconnaissance publique de cette dette. Dès 1988[32], l'ethnologue et

---

30 P. ALADJIDI, *Le roi, père des pauvres. France XIIIe-XVe siècle,* Rennes, PUR, 2009.
31 *A contrario*, voir *Pour une anthropologie du prélèvement seigneurial,* Paris, Presses de la Sorbonne, 2002.
32 M. GRINBERG, « Dons, prélèvements, échanges. À propos de quelques redevances seigneuriales », *Annales ESC,* 43/6, 1988, p. 1413-1432. Voir aussi *Ead., Écrire les coutumes,* Paris, PUF, 2006.

historienne Martine Grinberg analysait ainsi la seigneurie, sur la base des données contenues dans les aveux et dénombrements, les terriers et les cartulaires de la fin du Moyen Âge confrontées aux coutumes rédigées au XVIe siècle et aux collections de droits seigneuriaux constituées par les juristes de la fin de l'époque moderne, comme un microcosme fonctionnant sur la base d'échanges ritualisés de biens et de services. Ces rituels revêtaient une dimension temporelle (c'est le calendrier des redevances), concernaient et conditionnaient la nature du prélèvement (en nature ou en monnaie) et mettaient en scène la dette liant dominés et dominants. Dans un article récent, Julien Demade[33] propose même de voir dans la relation entre un seigneur et un dominé une forme chrétienne de « dette » : le terme utilisé dans la documentation d'Allemagne du sud qu'il étudie pour désigner l'ensemble des devoirs du dominé – die Schuld – signifie à la fois la dette et la faute reconnue. Au fondement du rapport de domination seigneuriale ne peut donc qu'être le pardon, la grâce seigneuriale, qui expliquerait les nombreux arrérages dont la documentation atteste.

La fiscalité ne peut, cependant, représenter de manière satisfaisante la contre partie au don – de la grâce ou de la protection – accordé par le seigneur dans la mesure où les deux éléments de l'équation ne sont pas de même nature, n'impliquent pas la même obligation et ne réussissent pas, en définitive, à équilibrer la relation. Poursuivant ce type d'analyse, je me suis appuyée, dans mon mémoire d'Habilitation[34], sur le schéma élaboré tout récemment par l'anthropologue Alain Testart, que l'on peut résumer de la sorte : « l'échange, c'est l'ensemble de deux transferts inverses par lesquels deux parties s'obligent réciproquement, l'obligation de l'un étant source de l'obligation de l'autre. [...] C'est aussi un phénomène de droit, avec deux obligations, deux dettes qui se répondent et doivent s'annuler. »[35] Pour appliquer ce schéma à la relation seigneuriale, il convenait de s'interroger plus particulièrement sur le caractère de l'échange qu'elle pouvait revêtir ainsi que sur les notions d'obligation et d'exigibilité. Dans le cadre du lien de domination établi entre un seigneur et une communauté en Provence, le premier transfert qui s'effectue est celui contenu dans le serment de fidélité que les hommes prêtent à leur seigneur. Ce rituel

---

33 J. DEMADE, « La fonction de l'endettement et de la justice dans le rapport seigneurial, ou la grâce comme contrainte (Franconie XVe siècle) », publié en juin 2007 sur le site HALSHS.

34 *L'Enquête en Provence sous les premiers Angevins (1250-1309). Structures, rites et pratiques du pouvoir à travers les usages de la procédure inquisitoire*, à paraître aux PUF, collection « Le nœud gordien ».

35 A. TESTART, *Critique du don...*, p. 46-56.

oblige les hommes, au sens juridique du terme, la rupture de la fidélité étant généralement punie de la peine de mort. Dans le cas du serment, en outre, chacun des deux transferts – entre les hommes et le seigneur, et entre le seigneur et les hommes – est à la fois la cause et l'effet de l'autre, ce que les textes expriment en liant de manière intrinsèque exercice de la *dominatio* et serment de fidélité. Le second transfert, qui constitue la contre partie de la fidélité des hommes, ou encore l'obligation juridique du seigneur envers eux, est la bienveillance dont celui-ci doit faire preuve vis-à-vis de la communauté, une bienveillance que l'on voit notamment à l'œuvre dans l'exercice de la justice : il ne s'agit pas, par ce terme, de laisser entendre que la justice seigneuriale serait indulgente, voire laxiste, mais de souligner ses objectifs qui sont avant tout de préserver les éléments de cohésion du groupe ainsi que ses valeurs, par le biais notamment d'un usage « raisonné » des peines corporelles destinées, lorsqu'elles sont effectivement appliquées, à exclure et stigmatiser plutôt qu'à punir de manière exemplaire.

Faut-il, en définitive, substituer une autre théorie à celle avancée par M. Mauss, qui serait le fruit des analyses propres aux historiens[36] ? Les modèles d'interprétation globaux et systémiques sont-ils les plus pertinents pour atteindre la vérité historique[37] ? Si l'historien a besoin d'outils méthodologiques théoriques et doit impérieusement participer à leur forgement sans se contenter de les décalquer simplement d'autres sciences sociales, le discours idéologique qu'il est légitimement en droit de produire ne doit pas, pour autant, se confondre avec ceux-ci. Il me semble que, sur ce point, la théorie du don est typiquement un outil et non un discours ; elle a eu le grand avantage de conduire les historiens à s'interroger sur les dynamiques à l'œuvre dans la circulation des biens, dont le don est un moteur parmi d'autres. En ce sens, il est un instrument d'analyse théorique du lien social mais ne peut le contenir en totalité. En faire un système social confronte, en effet, à de multiples problèmes si l'on veut sortir de l'idée d'universalité pour contextualiser les situations de dons, ce qui est, somme toute, le propre de l'historien.

---

36 E. MAGNANI, *Don et sciences sociales...*, p. 28 : « [...] l'historisation des concepts semble un préalable indispensable à un usage raisonné des théories en sciences sociales. A l'historien du Moyen Âge se pose la question de savoir s'il peut contribuer à l'effort de conceptualisation vers une théorie générale du don, ou s'il doit se contenter de signaler la diversité ou l'originalité de la société qu'il étudie ».

37 La question se pose également à l'heure actuelle à propos du débat historiographique sur la mutation de l'an mil dont les partisans reprochent à leurs adversaires de ne pas être capables de produire un système contradictoire d'explication de la société du XIe siècle qui prenne en compte la totalité des champs du politique, religieux, économique et culturel.

Enregistrer une donation
Acte diplomatique, vers et image dans la
« chronique versifiée de Saint-Martin des-Champs »*

Eliana MAGNANI

Alors que la présentation de chartes dans les manuscrits enluminés s'affirme au cours du XIIe siècle[1], la « chronique versifiée » ou le « livre des privilèges » de Saint-Martin-des-Champs, réalisé peut-être dans les années 1076-1077[2], contient au folio 4r l'une des premières figurations connues d'un acte diplomatique. Placée en ouverture d'une composition qui articule des images, du texte versifié et trois diplômes royaux, cette image permet de postuler que le dispositif iconique est, à côté des modalités d'écriture, l'un des procédés de mise en registre, c'est-à-dire, des pratiques qui retiennent les actions instaurant une continuité entre les agents et les choses qu'ils possèdent, utilisent ou façonnent.

---

* Je tiens à témoigner toute ma reconnaissance envers Daniel Russo pour ses lectures critiques des différents états de cet article.
1 Pour mémoire, nous pouvons rappeler quelques exemples célèbres : le Cartulaire du Mont-Saint-Michel (Avranches, *Bibliothèque municipale*, 159, f. 19v et 23v – milieu du XIIe siècle), le *Chronicon Vulturnense* (Rome, Vat. Barb. lat. 2724 f. 102 - avant 1115-1124/1130), le *Chronicon Casauriense* (Paris, BnF lat. 5411 f. 113 – 1170-1182), le *Liber testamentorum* de la Cathédrale d'Oviedo (v. 1125), le *Liber feodorum maior* (Barcelone, Arxiu de la Corona d'Arago, Cancelleria reial, Registres 1, f. 1 – fin XIIe siècle), le Livre des privilèges du monastère de Vornbach (Munich, Bayerisches Hauptstaatsarchiv, KL Vornbach I p. 4 - deuxième moitié XIIe siècle). Je remercie Patricia Stirnemann qui m'a communiqué une notice inédite sur les cartulaires enluminés.
2 Londres, British Library, Add 11662. Pour la datation du manuscrit, nous renvoyons aux hypothèses que nous avons émises dans : E. MAGNANI, « Hierarquia e autoridade capetíngia no século XI : imagem e texto », *Idade Média e dimensões do poder : história e historiografia,* dir. Néri de Barros, Marcelo Cândido da SILVA, São Paulo, Alameda (à paraître).

Dans le champ des transferts de biens au Moyen Âge[3], les actions relevant ou associées au don occupent une place centrale dans ces pratiques. En effet, la pastorale ecclésiastique introduisant la perspective eschatologique dans la relation entre les hommes et les choses, ce n'est que le « bon usage » des biens, leur donation à Dieu, aux saints, aux églises, aux pauvres, qui peut assurer leur passage de la terre vers le ciel, lieu des récompenses éternelles, du « trésor céleste »[4]. Les transferts de biens, quel que soit le type de transaction, tendent ainsi à être traduits en termes de don.

Une telle extension du domaine discursif du don au Moyen Âge, peut autoriser aujourd'hui à interpréter certaines images à partir de cette catégorie[5]. La définition d'une image de don ou de donation reste, cependant, encore à préciser, puisque les exemples immédiats reliés à une telle acception peuvent tout aussi bien être associés aux notions de remise, de présentation, de dédicace. La polysémie s'élargit encore davantage si l'on considère les acteurs et les choses figurés, et les différents rôles qu'ils peuvent assumer dans les diverses compositions. La lecture proposée ici de l'incipit en ouverture du manuscrit du XIe siècle de la « chronique » de Saint-Martin-des-Champs cherche donc à comprendre l'image dans l'économie globale du manuscrit et dans ses multiples articulations.

Le manuscrit

Le manuscrit de la « chronique » de Saint-Martin-des-Champs, Londres, British Library Add 11662 f. 4r-8r, est composé d'un cahier en parchemin de petit format (170x250 mm), à l'origine de 6 feuillets, dont un feuillet actuellement disparu (entre les f. 4 et 5). Il porte des enluminures sur 3 feuillets (4r, 5r, 5v). De tonalité bleutée, résultat d'un traitement chimique réalisé au début du XIXe siècle, parfois très effacé,

---

3   Nous préférons ici la notion de « transfert » à celle d'« échange », trop connotée (cf. A. TESTART, *Critique du don. Études sur la circulation non marchande*, Paris, Syllepse, 2007, ch. 2 : *Les trois modes de transfert* et F. ATHANÉ, *Le don, histoire du concept, évolution des pratiques*, thèse de doctorat, université Paris Ouest Nanterre La Défense, 2008).

4   Mt 6, 19-21 et 19, 21 ; Mc 10, 21 ; Lc 12, 33-34 et 18, 22. Sur ces questions, je me permets de renvoyer à un article à paraître, E. MAGNANI, « "Un trésor dans le ciel". De la pastorale de l'aumône aux trésors spirituels (IVe-IXe siècle) », *Le Trésor au Moyen Âge*, Colloque Bâle-Neuchâtel, novembre 2006, dir. L. BURKART, P. CORDEZ, P.-A. MARIAUX, Y. POTIN (Micrologus, à paraître).

5   À ma connaissance, la seule étude systématique sur les images de « don » à l'époque médiévale, est celle de T. KAMBOUROVA, *Le don dans l'image byzantine du souverain*, Thèse de doctorat, EHEXX/université de Sofia, 2004.

il est encore possible de distinguer l'encre brune utilisée pour l'écriture et le contour des dessins, et l'usage de l'encre rouge, et peut-être aussi du doré. Le manuscrit se présente aujourd'hui sous une reliure cartonnée du XIXe siècle, précédé de deux lettres de 1839 (f. 1-3), et suivi de la transcription des textes et des index (f. 10r-20r) réalisés par le Baron de Joursenvault (1715-1793), détenteur du manuscrit avant son achat par le British Museum en 1839[6]. Au milieu du XIIIe siècle, ce manuscrit a été copié à Saint-Martin-des-Champs avec une nouvelle interprétation des images et l'ajout, à la fin, de trois autres actes diplomatiques (Paris, BnF nal 1359)[7]. Grâce à cette copie, il est possible de reconstituer le contenu du feuillet disparu du manuscrit de Londres, et de supposer qu'il était aussi enluminé. La chronique a été éditée, avec des changements dans l'ordre des textes, en 1912 par Jean Depoin, d'après la copie du XIIIe siècle[8].

Le manuscrit de la « chronique » s'organise autour de trois actes diplomatiques royaux qui rapportent des actions qui associées à une donation – *hec tria munera*, désigne en conclusion le texte versifié[9] : la fondation d'un monastère accompagnée de la dotation de biens, la dédicace de l'église assortie d'une donation, et la confirmation du don d'un parent, comprise comme étant une nouvelle donation[10]. Le fait de placer des donations au centre d'un récit, à partir généralement d'actes préexistants, situe la composition dans la lignée des sources de type historiographique, comme le *Liber Pontificalis* ou les *gesta episcoporum* et les *gesta abbatum* : les dons faits par les empereurs, par les évêques ou par les abbés, ainsi que les dons qu'ils reçoivent pour leurs églises, sont l'élément structurant de l'exposé. Ces récits mettent en scène des

---

6 On lit au folio 1 r : « Purchased of Techener, Paris, 16 nov. 1839, from the Archives de Joursenvault Lat. 1035 ». Cf. *Catalogue analytique des archives de M. le Baron de Joursanvault*, Paris, Techener, 1838, t. II, p. 180, lat. 1035.

7 M. PROU, « Dessins du XIe siècle et peintures du XIIIe siècle », *Revue de l'Art Chrétien*, 1890, p. 122-128. Les actes ajoutés sont le diplôme de Philippe Ier rattachant Saint-Martin-des-Champs à l'abbaye de Cluny, un diplôme de Louis VII confirmant les biens du prieuré, et une bulle du pape Innocent II.

8 J. DEPON, *Recueil de chartes et documents de Saint-Martin-des-Champs, monastère parisien*, t. 1 (Archives de la France monastique 13), Ligugé-Paris, 1912, p. 13-23 (disponible en ligne dans http://gallica.bnf.fr/). L'édition sépare le texte versifié du texte des actes et réorganise ces derniers en ordre chronologique.

9 J. DEPON, *Recueil de chartes et documents de Saint-Martin..., op. cit.*, p. 21.

10 Il s'agit, respectivement des actes édités dans : J. DEPON, *Recueil de chartes et documents de Saint-Martin..., op. cit.*, t. I, n° 6, p. 14-18 (Paris, 1060) ; *Recueil des actes de Philippe Ier, roi de France (1059-1108)*, éd. M. PROU, Paris 1908, n° 30, p. 91-94 (Paris, 1067, 29 mai) ; n° 19, p. 54-56 (Orléans, 1065, avant le 4 août).

bienfaiteurs d'églises, des donateurs/constructeurs, dont Constantin le Grand (306-337) dans le *Liber Pontificalis*, est le modèle[11].

Les actes diplomatiques sont précédés, intercalés ou suivis de textes versifiés. La composition en vers sert d'introduction et de commentaire aux contenus des diplômes royaux, tout en introduisant des thèmes absents des actes, mais qui les justifient, explicitent et les mettent en valeur[12]. Les enluminures jouent un rôle similaire en commentant visuellement les textes et en dressant le tableau synoptique des acteurs, des actions, et de leurs liens. L'enluminure du f. 4r présente, en ouverture, la fondation/restauration de l'abbaye de Saint-Martin-des-Champs par le roi capétien Henri Ier (v. 1008-1060, roi en 1031-1060). Dans le f. 5r sont figurés l'évêque saint Martin de Tours et le roi Henri Ier dans son lit de mort, tandis que le f. 5v se rapporte à la donation faite par Philippe Ier (v. 1053-1108, roi en 1060-1108) à Saint-Martin-des-Champs, le jour de sa consécration, de l'église de Saint-Samson-Saint-Symphorien d'Orléans[13]. Des initiales décorées, colorées et enfermant des entrelacs et des animaux participent aussi à la scansion des textes, marquant le début des actes (f. 4v, 6r, 7v), ou des sections du texte versifié (f. 4r, 4v, 5r, 6r, 6v, 7v, 8r). Le manuscrit développe ainsi une trame où s'articulent les différentes formes d'expression écrite et visuelle qui se renvoient les unes aux autres, et constituent un tout organique. L'analyse du premier feuillet permet aussi de dégager ce tressage de références et de renvois.

---

11 D. IOGNA-PRAT, *La Maison Dieu. Une histoire monumentale de l'Église au Moyen Âge, (v. 800-v. 1200)*, Paris, 2006, p. 156-203, 208-227, 493-537. Voir F. BOUGARD et M. SOT (dir), Liber, Gesta, *histoire. Écrire l'histoire des évêques et des papes, de l'Antiquité au XXIe siècle*, Turnhout, 2009.

12 La rivalité entre les diocèses de Tours et de Dol en Bretagne, par exemple, qui sous-tend le transfert de l'église de Saint-Samson-Saint-Symphorien d'Orléans à Saint-Martin-des-Champs par Philippe Ier, n'est pas mentionnée dans le diplôme royal, étant néanmoins révélée par le commentaire versifié (f. 5v-7v) (voir E. MAGNANI, « Hierarquia e autoridade capetíngia... », *art. cit.*). Sur les conflits entre Dol et Tours, voir P. DE FOURGEROLLES, « Pope Gregory VII, the archbishopric of Dol and the Normans », *Anglo-Norman studies*, XXI (1998), p. 47-66 ; H. GUILLOTEL, « Bretagne et papauté au XIe siècle », *L'Église de France et la papauté (Xe-XIIIe siècle). Actes du colloque historique franco-allemand,* Rolf Grosse (dir.), Bonn, 1993, p. 265-286 ; et A. COULBEAUX-LE HÜEROU, *Baudri, archevêque de Dol et hagiographe (1107-1130) : édition, traduction et commentaire de quatre textes en prose,* thèse de doctorat : Histoire : Rennes 2, 2006, p. 281-289 (je remercie Florian Mazel pour cette indication bibliographique). L'historiographie sur l'opposition entre Dol et Tours semble ignorer le témoignage apporté par la chronique de Saint-Martin-des-Champs.

13 En se référant à la copie du XIIIe siècle, où sont aussi figurés un moulin et cinq tours portant le nom des domaines donnés par Henri Ier lors de la restauration de l'abbaye (Paris, BnF nal 1359, f. 2v), on peut supposer que le feuillet disparu du manuscrit de Londres portait également la figuration de ces possessions.

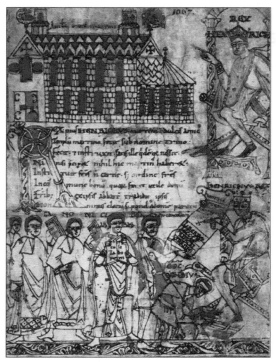

Dessin de Bruno Baudoin, à partir du manuscrit de Londres, British Library, *Add. 11662* f° 4r, (CNRS, ARTeHIS UMR 5594).

Le dossier d'ouverture

Le manuscrit de Londres s'ouvre par un feuillet en pleine page (4r), entièrement occupé, encadré sur les deux côtés et sur le bas d'un bandeau à feuilles d'acanthe, et ouvert en haut. Il présente deux séquences superposées, correspondant à deux temps de la narration, séparées au centre par huit lignes de texte en vers. Tous les acteurs sont identifiés par l'inscription de leur nom et/ou de leur fonction.

Dans le registre supérieur, se trouvent l'église Saint-Martin et le roi Henri Ier. L'église occupe la droite et le milieu du haut de la page, porte ouverte, sous la forme d'un édifice à double arcature et à abside semi-circulaire, flanqué de deux tours et de deux oiseaux (colombes?), avec une croix pattée sur chacun des deux frontons. Entre les deux tours, une inscription indique *aecclesia beati Martini*. À gauche, le roi est sous une arcade en plein cintre, qui forme au-dessus de lui un arc de majesté appuyé sur deux chapiteaux à feuilles d'acanthe, supportés par deux piliers spiralés, reposant sur une moulure en anneau. Le roi est assis de trois quarts, sur un banc pliant dérivé de la chaise curule des hauts magistrats romains, les jambes croisées, les pieds chaussés reposant sur un petit tapis, à l'instar des figurations carolingiennes du roi David en tant que roi de paix. Henri est habillé d'une tunique drapée à la ceinture et d'un pantalon, tous deux blancs, recouverts d'un manteau rouge, ourlé de pierres et de perles intercalées, attaché sur l'épaule gauche par une fibule. Il porte une couronne de fer, en forme de diadème à trois pointes, décorée de croix imitées des croix ouvragées en cloisonné. Sur les poignets, l'on distingue un motif en forme de rosace à quatre pétales, repris, au registre du bas, sur le revers de la tunique du roi. Avec une barbe courte, il regarde l'église et la pointe de son index droit. Au-dessus et à côté de sa couronne, débordant sur les piliers, on lit en majuscules : *REX HENRICHUS*.

Henri est figuré à nouveau, et de façon similaire juste au-dessous, dans le registre inférieur de la composition : sous une arcade-dossel décorée en feuilles d'acanthe, assis, les jambes croisées, les pieds chaussés sur un petit tapis. Au-dessus de l'arcade et en la touchant, sont inscrits également les caractères *HENRICHUS REX*. Il y a, cependant, un ordre inverse pour le choix des couleurs des habits : pantalon et manteau blancs, tunique rouge dont le motif du revers reprend celui reporté sur le poignet, en haut. Henri porte une couronne plate sertie de trois perles, avec trois piques se terminant en forme circulaire. Le motif perlé de la couronne se retrouve aussi sur les poignets de sa tunique. Le principal changement se trouve dans le fait que le roi tient le haut d'un parchemin déroulé, de sa main droite, et un calame, de la gauche. Il semble être en train de finir d'inscrire au centre du parchemin son *signum* sous la forme d'une croix, à laquelle manque encore un trait et qui rappelle les croix inscrites aux frontons de l'église, ainsi que sur le diadème du roi au registre supérieur. Sur le parchemin tenu en bas par le chancelier Baudouin [1018-1067], on distingue les lignes de la réglure et l'inscription : en haut, *Henrici regis signum* ; en bas, *libertas aecclesiae sancti Martini*.

En face du roi, et en contrebas, se déploie un cortège de six personnages. L'évêque Imbert [de Paris, 1030-1060], comme l'évoque l'inscription en surplomb (*episcopus Imbertus*), est agenouillé et courbé aux pieds du roi, tenant la crosse de la main droite. De trois-quarts profil, il est tonsuré et nimbé, porte une barbe courte et est revêtu de la dalmatique. Après l'évêque, cinq personnages se tiennent debout. D'abord le chancelier Baudouin (*Balduinus cancellarius*), tonsuré, barbu, portant une robe blanche courte, recouverte d'une tunique rouge, et un drapé attaché à l'épaule droite (habits laïques), il tient le bas du parchemin de la main gauche et le présente au roi de la droite. Seul parmi les cinq personnages debout, qui sont posés sur le rebord, mais à l'intérieur de la composition, il est figuré les pieds posés sur le bandeau ornemental dans l'encadrement, dans un espace supposé être en dehors de celui de la scène montrée, comme s'il était en train de se diriger vers elle. On le distingue donc des autres. Au centre du groupe, dans le prolongement vertical de l'église et de sa tour à la croisée du chœur, de face et légèrement surélevé, se trouve l'abbé : *ABBAS* est inscrit de part et d'autre de sa tête. L'abbé, avec une barbe courte, porte une dalmatique blanche recouverte d'une étole également blanche, ourlée de pierres et de perles, comme sur le manteau du roi, au registre supérieur, et une chape rouge sur le dos. Le motif à deux perles de ses poignets est identique à celui des poignets du roi assis en face. Il tient avec ses deux mains un *codex* ouvert, où est écrit : *non recuso laborem*. Il s'agit des derniers mots prononcés par saint Martin (v. 316-397) avant de mourir à Candes, comme l'a rapporté Sulpicius Severus (363 ? – 420 ?)[14]. Derrière l'abbé, de trois quarts, tonsurés, portant une barbe courte, vêtus d'une coule blanche à capuchon, suivent trois chanoines, comme l'indique l'inscription au-dessus leur tête : *CANONICI*. Les deux premiers portent chacun, vers le haut et à la main gauche, un *codex* fermé peint en rouge. Celui qui est immédiatement à droite de l'abbé pointe quelque chose de son index (l'abbé, le codex ouvert, l'acte royal, le roi, la scène elle-même ?).

Entre les deux registres de l'image, au milieu du feuillet, huit vers accompagnent les scènes peintes. Le premier vers – *REX pius HENRICUS Martini dulcis amicus* (« Pieux roi Henri, doux ami de Martin ») – annonce les acteurs principaux autour desquels se déploie la composition générale du manuscrit : le roi, le saint, et le lien, l'*amicitia*, qui les unit. *Rex* et *Henricus* sont inscrits en majuscules. L'initiale "R" de *REX*, qui s'étire verticalement à droite de la page sur les huit lignes, relie les deux niveaux de l'image. La hampe verticale du "R" reprend le motif spiralé des piliers, se termine, en bas, par des entrelacs, et en haut par des boucles qui traversent le cercle rouge, formant le plein de la lettre. Les entrelacs se prolongent et relient les deux hampes entre elles. La jambe du "R" est figurée comme le tronc d'un arbre bien posé sur ses racines, convergeant vers le cercle rouge autour duquel le tressage rappelle une rosace à quatre pétales, d'où naît, en haut à droite, la tête d'un animal portant un rameau à la bouche. Le texte rappelle que le « pieux roi Henri,

---

14 SULPICIUS SEVERUS, *Epistulae* III, 11 : *Domine, si adhuc populo tuo sum necessarius, non recuso laborem ; fiat voluntas tua* (*BHL* 5611) [*Vie de saint Martin*, éd. et trad. J. FONTAINE, Paris, 1967 (Sources Chrétiennes 133)].

doux ami de Martin », a fait un temple pour le saint, où il a institué des frères réguliers (*ordine fratres*), vivant en communauté, soumis à l'abbé, et les a pourvus de tout le nécessaire (*utile donum; omne paratum*).

Le texte versifié continue au verso du feuillet, en explicitant que l'abbé, *Angelardus*, et les frères, qui ont vaincu Satan et abandonné le monde (*victo Sathana, mundoque relicto*), ont fait autant pour les défenses (*moenia*) de Saint-Martin. Et « comme l'écrit qui suit dans le présent *codex* le prouve » (*ut scriptura sequens probat hoc in codice presentis*), aucun homme n'y peut prendre un seul fruit sans être invité par les frères, au risque de faire éclater des conflits. Suit alors la transcription du diplôme par lequel Henri Ier fonde le monastère.

Marqué par une initiale "I" (*In nomine...*) peinte en bleu, l'acte est tronqué par la disparition d'un feuillet, mais on peut le compléter grâce à la copie du manuscrit du XIIIe siècle. Après l'invocation de la Trinité, le diplôme débute par un préambule qui, sur la base de l'autorité des deux Testaments (*Gn* 2, 24; *Ps* 18, 6; *Mt* 9, 15; *Eph* 5, 25), développe le thème de l'Église épouse du Christ (*sanctam Ecclesiam catholicam... utriusque Testamenti multimodis et probabilibus argumentis Eterni Regis esse sponsam*), en concluant que pour plaire au précieux époux qui est au ciel, il faut servir avec vénération son épouse sur terre, « aimer », comme l'affirme Henri, « la belle maison où réside le Seigneur » (*decorem domus Domini et locum habitationis ejus delixi* – Ps 25, 8)[15]. Le roi décide de restaurer entièrement et d'augmenter l'abbaye de Saint-Martin située devant la porte de Paris, qui n'était plus reconnaissable, presque entièrement détruite par la fureur tyrannique. Et pour rendre féconde à l'époux céleste l'église qui, pendant longtemps, était restée stérile et pleurait les enfants perdus, suivant le conseil d'hommes pieux, le roi y institua des chanoines réguliers au service de Dieu. Il dote l'église avec quelques-uns de ses biens propres, pour le remède de l'âme de son père et de celle de sa mère, puis la sienne, puis encore pour le salut et la paix de son âme, des âmes de sa femme et de ses enfants. Il donne, d'abord,

---

15 Un sondage dans la base de données de l'ARTEM des actes originaux conservés en France antérieurs à 1121, ainsi que dans les bases d'actes bourguignons (http://www.artehis.cnrs.fr/BDD/CBMA/AccueilCBMA.html) et des cartulaires numérisés d'Île-de-France (http://elec.enc.sorbonne.fr/cartulaires/), indique l'originalité de ce préambule, dont les citations bibliques sont surtout utilisées dans les actes d'attribution de douaire. Voir, par exemple, pour *Gn* 2, 24 (*erunt duo in carne una*), ARTEM 322 (Verdun, 1022 – AD Moselle H 2547 n°1), 4131 (1076 – AD Bouches-du-Rhône B 276 1M), 2429 (1100 – BnF, coll. Clairambault t. 209 n° 2), cf. *La diplomatique française du haut Moyen Âge. Inventaire des chartes originales antérieures à 1121 conservées en France*, par M. COURTOIS et M.-J. GASSE-GRANDJEAN, sous la dir. de B.-M. TOCK, Turnhout, Brepols, 2001, 2 vol.

« l'autel de la basilique » avec toute liberté, et les terres autour de l'église, qu'il a reçues d'Ansoud et de ses neveux Milon et Guérin, avec l'accord du comte Hugues, après la réconciliation avec Milon qui s'opposait au roi au sujet de ces biens[16]. À la demande de l'évêque Imbert, il a accepté les terres des dits *milites* et renoncé au versement de cent livres qu'ils lui devaient en réparation. Il concède les terres autour de l'enceinte de l'église et la *libertas*, pour que personne n'y puisse exiger de redevance (*redibitio*). Il offre encore un moulin à Paris et des biens dans les *villae* d'Aubervilliers, de Noisy-le-Grand, d'Annet-sur-Marne, de Bondy et de Dizy-le-Gros dans le Laonnais. Il concède tous les droits fiscaux royaux à l'intérieur et à l'extérieur de l'enceinte, les chanoines, sous la direction de l'abbé, détenant par conséquent ce pouvoir (*in perpetuo regio jure ab omnibus fore concedatur libera, tam videlicet intra ambitum munitionis ejus quam extra in procinctu illius... canonici etiam hanc potestatem habeant ut abbate obeunte*).

Dans la formule de validation, le roi rappelle que pour que ses dispositions demeurent stables, tout a été écrit, à sa demande, dans la charte qu'il valide de son sceau (*hanc cartam in qua, me precipiente, omnia scripta sunt, sigillo meo subterfirmavi*)[17]. L'acte est daté (1060)[18] et corroboré par le roi, par la reine Anne, par son fils Philippe (*regis*) et ses frères, ainsi que par trente autres souscripteurs, laïques et ecclésiastiques, dont l'archevêque de Sens Mainard, l'évêque de Paris Imbert, le chancelier Baudouin...

"Carta", *signe d'autorité royale*

Dans cet ensemble aux multiples renvois, la composition synoptique du f. 4r impose d'emblée la figure de l'église de saint Martin et de sa communauté, et celle du roi, cantonnée cependant à gauche de la page. On observe une grande insistance sur la personne du roi : dessiné deux

---

16. Sur ces conflits voir A. SOHN, « Vom Kanonikerstift zum Kloster und Klosterverband. Saint-Martin-des-Champs in Paris », *Vom Kloster zum Klosterverband. Das Werkzeug der Schriftlichkeit*, hg. von H. KELLER und F. NEISKE, (Münstersche Mittelalter-Schriften 74), München, 1997, p. 206-238, ici p. 209-210.
17. Pour une reproduction de sceau d'Henri Ier, voir Archives Nationales. *Corpus des sceaux français du Moyen Âge. Tome II : Les sceaux des rois et de régence*, éd. M. DALAS, Paris, 1991, p. 141 n° 62.
18. *Anno supradicti regni XXVII. Actum anno ab Incarnatione Domini M°LX, indictione XV, Parisius publice.* En attendant la publication des actes d'Henri Ier par Olivier Guyotjeannin, voir F. SOEHNÉE, *Catalogue des actes d'Henri Ier, roi de France (1031-1060)*, Paris, 1907, n° 125, p. 127-129 ; J. DEPOIN, *Recueil de chartes et documents de Saint-Martin-des-Champs, op. cit.*, t. I, n° 6, p. 14-18.

fois, son nom est inscrit quatre fois sur ce feuillet. Il apparaît comme le portrait-type du personnage d'autorité, où les références à un vocabulaire ancien – la curule, l'arcade-dossel et la décoration des chapiteaux – s'articulent avec les signes de la majesté – la couronne et le manteau[19]. La principale originalité dans sa composition réside dans le parchemin, que le chancelier lui présente, qu'il tient et qu'il souscrit. Le diplôme contenant son *signum* s'affiche comme un signe d'autorité supplémentaire, et sur lequel on attire l'attention. Comme il est inscrit sur la charte dans l'image, l'acte royal affirme la *libertas* octroyée à l'église de saint Martin. Cette immunité est « prouvée », comme l'accentue le texte versifié, par l'écrit, par l'acte qui, dans une sorte de mise en abîme, est copié en entier dans le *codex* à partir du verso du premier feuillet (4v). L'acte se veut lui-même un moyen de validation des dispositions du roi, où on appose un autre signe de l'autorité royale, le sceau, éclipsé cependant dans la copie. Comme l'a observé Olivier Guyotjeannin, dans le diplôme dessiné sur le f. 4r, au lieu de faire figurer le sceau ou le monogramme du roi, signes d'authentification utilisés par la chancellerie royale, on présente une croix, caractéristique des actes réalisés dans les monastères[20].

La référence au sceau, rappelé par le texte dans la copie de l'acte d'Henri Ier, mais aussi, plus loin, dans celle du diplôme de Philippe Ier aux f. 6r-7r (*sigillo meo subterfirmavi*; *sigillo meo subterfirmavi et corroboravi*), n'est pourtant pas absente de l'image si l'on met en rapport la façon dont les rois, Henri et Philippe, sont figurés dans le *codex* et dans leurs sceaux en majesté. En fait, Henri Ier est le premier des rois capétiens à adopter le sceau en majesté où s'annonce la configuration d'une image de l'autorité royale ou laïque[21]. Dans le sceau d'Henri Ier, et

---

19 Sur les insignes qui font l'autorité du personnage ainsi présenté, voir les travaux précurseurs de P. E. Schramm suivis par Ernst Kantorowicz (P. E. SCHRAMM, *Herrschaftszeichen und Staatssymbolik : Beiträge zu ihrer Geschichte vom dritten bis zum sechzehnten Jahrhundert*, mit Beiträgen verschiedener Verfasser, Stuttgart, Munich, 1954-1978, 4 vol. (Schriften der Monumenta Germaniae historica 13); P. E. SCHRAMM, F. MÜTHERICH, *Denkmale der deutschen Könige und Kaiser*, Munich, 1962-1978, 2 vol.; E. H. KANTOROWICZ, *The King's two bodies, a study in mediaeval political theology*, Princeton, N.J., 1957).

20 O. GUYOTJEANNIN, « Actes royaux français : les actes des trois premiers Capétiens (987-1061) », dans J. BISTRICHLY (sous la direction de), *Typologie der Königsurkunden*, OlmCuz, 1998, p. 43-63.

21 Ce type sigillaire apparaît à la fin du Xe siècle avec l'empereur germanique Otton III et se diffuse au cours de la première moitié du XIe siècle. Cf. T. REINHARDT, *Warum führte Keiser Otto III. das Thronsiegel ein ?*, universität Rostock, Historisches Institut Seminar : Einführung in das Studium der mittelalterlichen Geschichte : Bild und Herrschaft. Fränkische und deutsche Könige und Kaiser in Abbildern ihrer Zeit (751-1190), 2005 [http://www.hausarbeiten.de/faecher/vorschau/69363.html]).

dans le premier sceau de son fils Philippe Ier, le roi est assis de face sur un banc à deux étages d'arcature, les pieds reposant sur une estrade. Barbu et les cheveux courts, il porte une couronne en forme de cercle à trois pointes. Il est revêtu d'une longue tunique et d'un manteau court attaché à l'épaule droite, et retombant en pointe sur la poitrine. Il tient de la main droite un fleuron et de la gauche un sceptre[22]. Le sceau porte l'inscription : *Henricus Dei gracia francorum rex*. Plusieurs motifs présents dans le sceau se retrouvent aussi dans les images peintes (inscription, couronne, position assise, fleuron dans la figuration de Philippe Ier au f. 5v°...), constituant un répertoire de signes renvoyant à la figure royale. À la suite des observations de Robert Maxwell à propos des effigies d'abbés dans le cartulaire illustré de Vierzon (XIIe siècle)[23], on peut se demander si la figuration du roi dans le manuscrit de Londres ne jouerait pas aussi un rôle d'authentification, de signe d'autorité, à l'instar du sceau des diplômes, et de l'acte de sceller, dans la perspective d'une « performance » de la transcription des copies. On pourrait d'ailleurs envisager que les scènes peintes dans leur intégralité (4r, 5v) auraient pu jouer ce rôle.

Sceau du roi Henri Ier (73 mm de diamètre) – Paris, Archives Nationales, collection de sceaux D 32 (moulage d'après une empreinte sur un acte de 1035, après le 20 juin, Archives Nationales, K 19 n° 1[2]) (HENRIC(us) D(e)i GR(aci)A/ FRANCORV(m) REX). Ver *Corpus des sceaux français du Moyen Âge. Tome II, op. cit.,* p. 141, n° 62.

---

22 Cf. Archives Nationales. *Corpus des sceaux français du Moyen Âge. Tome II : Les sceaux des rois et de régence,* éd. M. DALAS, Paris, 1991, p. 141 n° 62 ; p. 142, n° 63 ; p. 143, n° 64.
23 R. A. MAXWELL, « Sealing Signs and the Art of Transcribing in the Vierzon Cartulary », *The Art Bulletin*, 81/4 (1999), p. 576-597.

La présence du chancelier Baudouin, tenant et montrant la charte à Henri Ier, peut appuyer cette hypothèse, puisqu'elle réfère au processus de réalisation des diplômes dont étaient chargés alors les clercs de la chapelle royale. La rédaction de quelques actes, deux par an environ, est l'une des activités de la chapelle à qui incombait surtout d'orienter la politique ecclésiastique et d'organiser la *memoria* des rois. Issu d'une grande famille du Vermandois, Baudouin est clerc de la chapelle royale de 1018 à 1067, et était chancelier déjà sous le roi Robert le Pieux [v. 970-1031, roi entre 996-1031) [24]. Il souscrit les trois actes transcrits dans le manuscrit de Londres. La façon de le présenter, dans un espace extérieur, avec des habits laïques, en plus de le distinguer du groupe d'ecclésiastiques présentés en face du roi, évoque son action dans l'exécution de la charte, que le roi valide après coup. Il apparaît, autant que le roi, comme garant de l'authenticité du diplôme.

La figure de l'évêque Imbert, agenouillé aux pieds du roi et nimbé, renvoie pour sa part à tout ce qui précède la rédaction d'un acte, en somme aux négociations dont l'écrit se donne en forme de conclusion. En effet, c'est grâce à la médiation de l'évêque, qui intercède auprès du roi, que le conflit autour de la possession de Saint-Martin est réglé en faveur de la création du monastère : la restauration ou la fondation d'une église neutralise les biens contestés. On peut se demander si c'est ce rôle qui détermine la figuration de l'évêque avec une auréole. Celui qui est présenté dans la position la plus humble se distingue des autres par un signe utilisé généralement pour indiquer la sainteté et, donc finalement, dans le domaine spirituel, de supériorité vis-à-vis notamment du roi.

Ce renversement de positions, manifeste surtout après la mort, est montré sur le feuillet 5r, où le saint évêque Martin, entouré d'une large auréole et sous une arcade reposant sur des piliers finement tressés, surplombe le roi Henri Ier mort, couché sur un lit et recouvert d'un linceul drapé à la manière de la dalmatique bicolore de saint Martin et des plis des coules des chanoines du feuillet 4r. À l'inverse de l'ordre terrestre où les évêques, comme Imbert, peuvent être amenés à prier le roi, il s'agit pour Martin d'intercéder auprès de Dieu pour l'âme du souverain défunt. Le *codex* ouvert posé à côté du saint évêque le dit textuellement « *Tibi Domine commendamus animam famuli tui Henrici regis ut defuncti* ».

---

[24] Sur la chapelle/chancellerie royale et le rôle du chancelier Baudouin, voir les travaux d'O. GUYOTJEANNIN, « Actes royaux français : les actes des trois premiers Capétiens (987-1061) », *art. cit.* ; ID., « Les actes établis en chancellerie royale sous Philippe Ier », *Bibliothèque de l'École des chartes,* 147 (1989), p. 29-46 ; ID., « Les actes de Henri Ier et la chancellerie royale dans les années 1020-1060 », *Académie des Inscriptions et Belles-Lettres, Comptes rendus des séances* (1988), p. 81-97.

Les signes vestimentaires (dalmatique, pantoufle liturgique), le bâton pastoral, ainsi que l'inscription apposée au-dessus de Martin – *Martinus episcopus* –, l'identifiant par sa fonction épiscopale, affirment le rôle de l'évêque et sa préséance par rapport au roi. Tout en affichant l'autorité royale, garante de l'église Saint-Martin, les pages enluminées du manuscrit signalent aussi l'état transitoire de la personne du roi, dont la continuité n'est assurée que par la succession généalogique : en fait c'est à Philippe Ier, présenté trônant comme son père dans le feuillet 5v, qu'on adresse comme en miroir le devenir d'Henri Ier.

Dessin de Bruno Baudoin, à partir du manuscrit de Londres, British Library, *Add. 11662* f° 5r, (CNRS, ARTeHIS UMR 5594).

Les formes multiples de Martin : la communauté régulière des chanoines

Si, dans le feuillet 5r, Martin apparaît avec les atours attendus du prélat et du saint, il est présent dans le feuillet 4r sous d'autres multiples formes : l'église Saint-Martin qui domine le haut de la page ; son nom gravé au-dessus de l'église, sur le parchemin et trois fois dans le texte versifié ; ses derniers mots inscrits sur le *codex* ouvert que montre l'abbé ;

la communauté des chanoines réguliers ; et probablement le coutumier que deux d'entre eux tiennent en mains. Martin est tout ce qui sur terre se fait en son nom : la communauté et l'abbé de Saint-Martin-des-Champs, l'église, les biens et les droits qui lui sont rattachés. L'identification du saint avec la communauté éponyme est un phénomène connu du monachisme médiéval[25]. Dans le feuillet 4v, et plus généralement dans l'ensemble du manuscrit, la communauté de Saint-Martin-des-Champs se présente : des frères réguliers vivant sous l'autorité d'un abbé, suivant des coutumes propres et entretenant des liens étroits avec les plus hauts personnages de l'aristocratie laïque et ecclésiastique du royaume capétien. La mise en valeur des témoins souscripteurs des actes, dont on célèbre la présence des noms dans le texte versifié (*presentia nomina presunt*)[26] (f. 7v) et qui accompagnent le roi dans l'enluminure du feuillet 5v, sont autant de signes de la place reconnue au réseau aristocratique qui se tisse autour du monastère.

De la vie régulière suivie à Saint-Martin-des-Champs, nous savons seulement qu'elle avait joui d'une certaine reconnaissance. En effet, le coutumier de Saint-Quentin de Beauvais, transcrit peu après 1136, raconte qu'Yves de Chartres (ca. 1040-ca. 1116) s'était inspiré de la vie des chanoines parisiens pour introduire la vie régulière dans l'abbaye de Saint-Quentin, vers 1070. Yves avait trouvé à Saint-Martin-des-Champs un *libellum* décrivant les *consuetudines* des chanoines[27]. Outre la mise par écrit des coutumes propres à l'abbaye, la mention de ce *libellum* indique que le *codex* de Londres n'est probablement pas la seule réalisation scripturaire de Saint-Martin des années 1060-1070.

D'autres éléments présents dans le manuscrit de la chronique versifiée – notamment l'insistance sur la suprématie du siège archiépiscopal de Tours (saint Martin) face à celui de Dol (saint Samson), dans le contexte du transfert de l'église Saint-Samson-Saint-Symphorien d'Orléans à Saint-Martin-des-Champs par Philippe Ier, incitent à poser la question du

---

25 B. H. ROSENWEIN, *To be the Neighbor of Saint Peter. The Social Meaning of Cluny's Property, 909-1049,* Ithaca-Londres, 1989.

26 J. DEPOIN, *Recueil de chartes et documents de Saint-Martin..., op. cit.,* p. 21.

27 l. MILIS, « Le coutumier de Saint-Quentin en Beauvais », *Sacris erudiri* 21 (1972-1973), p. 435-481, ici p. 448 : *...Domnus Yvo, primus abbas ecclesiae nostrae, postea Carnotensis urbis episcopus, uitae regularis ordinem in ecclesia nostra constituisset, nullius aut momenti uel mentionis huiusmodi professio intra Gallia fines habebatur excepto quod in ecclesia Beati Martini de Campis apud Parisios, antequam primus ordo monasticus introduceretur, huiusmodi uiri religionis habitasse ferebantur. In qua etiam ecclesia memoratus sapiens uir quendam libellum se inuenisse dicebat in quo consuetudines ipsorum descriptae continebantur. Quas nos (sicut a nostris decessoribus tenemus tradimus) huc usque obseruamus...*

rôle de modèle qui aurait pu jouer la célèbre collégiale de Saint-Martin de Tours pour les chanoines de Saint-Martin-des-Champs[28]. Quoi qu'il en soit, la régularité de la vie des chanoines est mise en avant aussi bien dans l'image du feuillet 4r, que dans le récit versifié et dans les actes transcrits : *canonicos quamplures coenobialiter viventes*, indique encore le diplôme de Philippe Ier du 29 mai 1067[29]. Rétrospectivement, en sachant que Philippe Ier a transféré Saint-Martin-des-Champs en 1079 à l'abbaye de Cluny[30], transfert dont les raisons peuvent être multiples mais demeurent hypothétiques[31], on pourrait argumenter que dans ce manuscrit la communauté s'affiche par son mode de vie et avec les droits acquis des rois face aux transformations pressenties.

Il n'en reste pas moins que ce sont les *tria munera*, les trois diplômes transcrits, qui structurent l'ensemble. C'est sur la question des dons que le manuscrit s'achève. Les onze derniers vers, jouant sur les oppositions grand/petit – peu/beaucoup, insistent sur le grand secours apporté y compris par de petits dons. Ils insistent aussi sur le besoin de garder ces différents dons intacts : on ne peut pas ôter un seul talent de cent et c'est la réunion des différentes petites parties qui aboutit à la perfection des qualités[32]. Cet épilogue résonne en écho par rapport aux vers du premier feuillet : l'utile présent du roi que les frères tiennent en commun (*in commune bonum quorum foret utile donum*). Reconnaître l'autorité des diplômes royaux et rappeler les engagements que les rois prennent en les délivrant, passe aussi désormais par leur présence dans les scènes peintes. La figuration du parchemin de l'acte royal, dans le feuillet d'ouverture de la chronique de Saint-Martin-des-Champs, est un exemple précoce de cette forme nouvelle de mise en registre synoptique d'une donation.

---

28 J. DEPOIN, *Recueil de chartes et documents de Saint-Martin..., op. cit.*, p. 20.
29 *Recueil des actes de Philippe Ier, op. cit...*, n° 30, p. 91-94.
30 À Saint-Benoît-sur-Loire, 1079, avant le 29 août - *Recueil des actes de Philippe Ier, op. cit.*, n° 95, p. 245-248.
31 A. SOHN, « Vom Kanonikerstift zum Kloster und Klosterverband. Saint-Martin-des-Champs in Paris », *art. cit.*, p. 221-235. Voir aussi sur l'histoire de Saint-Martin-des-Champs, voir C. HEINTZ, *Anfänge und Entwicklung des Cluniazenser-Priorates Saint-Martin-des-Champs in Paris (1079-1150)* (Diss. phil.), Münster, 1982 ; A. SOHN, « Die Kapetinger und das Pariser Priorat Saint-Martin-des-Champs im 11. und 12. Jahrhundert. Mit Ausblicken auf die Beziehungen zwischen dem Konvent und den englischen Königen », *Francia* 25/1 (1998), p. 77-121.
32 J. DEPOIN, *Recueil de chartes et documents de Saint-Martin..., op. cit.*, p. 21.

« *Donner le temps* » :
le répit royal à la fin du Moyen Âge[1]

Julie CLAUSTRE

« Liberalité (...) despent des racines de charité. (...) Liberalité (...) sert non mie seulement en tant qui touche donner dons de pecune, terres, joyaulx, ou autres avoirs, mais aussi en estre liberal de l'aide de sa puissance, de son corps, de sa parolle, de sa peine, de son bel accueil et bonne chiere, de pardonner de bon cuer injures receues, voulentiers secourir les besongneux, et generalement en toutes les choses en quoy on peut valoir à autruy[2]. »

La définition par Christine de Pisan de la vertu princière de libéralité est bien connue[3]. Comme son prédécesseur Philippe de Mézières[4], comme

---

1 Puisqu'à la fin du Moyen Âge, le répit est le temps donné par le roi au débiteur infortuné, qu'il soit permis de citer ici l'ouvrage de J. DERRIDA, *Donner le temps*. t. I. *La fausse monnaie*, Paris, Galilée, 1991, qui, partant d'une méditation sur la locution idiomatique « donner le temps », propose une lecture de l'*Essai sur le don* de M. MAUSS.
2 Christine DE PISAN, *The* « *Livre de Paix* », Ch. C. Willard éd., Paris, Mouton, 1958, p. 148.
3 Elle a été largement commentée par Alain GUÉRY, « Le roi dépensier. Le don, la contrainte et l'origine du système financier de la monarchie française d'Ancien Régime », *Annales. Histoire, Sciences Sociales*, 39-6, 1984, p. 1241-1269, ici p. 1245-1247.
4 Philippe DE MÉZIÈRES, *Le Songe du vieil pelerin*, G. W. Coopland éd., Cambridge, 1969, vol. II, p. 238-241. « Cy traicte la royne Verite du xiiii point du premier quartier du misterieux eschequier, touchant de largesse et de prodigalite. (...) Or venons, dist la royne, Beau Filz, a la pratique de dons de ta royale magesté ; c'est assavoir aux dons publiques, sicomme aux eglises, aux grans seigneurs estranges qui te viennent visiter, aux ambaxadeurs et messaiges des grans seigneurs, a vaillans chevaliers estranges, aux princes qui viendront d'un voyage, ou qui en ta guerre se seront vaillamment et notablement portez, ou aux autres qui seront prisonniers, ou à tes officiers aussi

son contemporain Jean Gerson[5], Christine considère que gouverner, c'est ordonner et répartir les dons et que la libéralité, qui a sa racine dans la charité, est un procédé de gouvernement. Mais, à l'inverse de ce qu'elle avait pu écrire quelques années auparavant dans le *Livre du corps de policie*[6] et au rebours de ce que ses contemporains, les penseurs réformateurs, recommandaient[7], Christine prône dans ce passage du *Livre de paix*, une libéralité intégrale. Chez ses contemporains, comme plus

---

qui auront bien servi. (...) Mais les dons royaulx, qui peuent estre diz dons secrez, sicomme aux serviteurs de ta personne royale, qui ne sont pas petis ne legiers mais a cent doubles et a miliers, en cestui point xiiiie ne doivent pas estre oubliez. Qui vouldroit bien compter, disoit la royne, les dons discrez, ordinaires et extraordinaires, qui ont este faiz en une anne de ta royalle mageste, il trouveroit par avanture qu'il monteroit presque autant que ton juste demaine vault d'une annee. O quelle abusion et largesse fondee sus vaine gloire par indiscrecion... »

5   Jean Gerson fulminait contre les « oultraigeux dons » et souhaitait les ramener à « mesure et liberalité », tandis que « prodigalité, c'est assavoir fole largesse [serait mise] dehors », J. GERSON, « Discours au roi sur la réforme du royaume. *Vivat rex* », *Œuvres complètes*. VII, *L'Œuvre française. Sermons et discours (340-398)*, Mgr Glorieux éd., Paris, 1968, n° 398, p. 1179.

6   Christine DE PISAN, *Le Livre du Corps de Policie*, Paris, Honoré Champion, A. J. Kennedy éd, 1998, p. 24-25 (I, 14 : « De liberalité en prince et exemple des rommains ») : « Liberalité se monstre a ceulx qui sont povres et souffraiteux et qui ont mestier que on leur soit large et liberal. (...) Si declaire Seneque ou second livre *Des Benefices* et dit que le prince, ou cellui qui veult donner, doit regarder la puissance et auctorité de lui qui donne, et aussi la force et l'estat de cellui a qui il veult donner, affin qu'il ne donne mendre don que a lui appartient a donner, et aussi plus grant qu'il n'appartient a cil qui reçoit, ne plus petit aussi. Et doit considerer le prince, ou le donneur, a qui et pourquoy il donne le don, car il y a difference entre donner pour merite et guerredon d'aucun bienfait, et donner par franche liberalité de pure courtoisie. Car se c'est pour merite, le prince doit bien regarder que le don soit tel qu'il n'en puist estre blasmez de nulle chetiveté ou escharseté, si doit estre fait toujours sus le large selon la merite. Mais quant le don est fait sans grant desserte ou merite, ja soit ce qu'il appartiengne a prince ou a puissant personne donner grant don ou il appertient, toutesvoies peut il aussi donner petit don a povre et indigente personne. (...) Ceste liberalité doit estre du sien et non de l'autrui, car, selon que dit Saint Ambroise ou premier livre *Des Offices*, ce n'est mie liberalité quant l'en donne aux uns et l'en toult aux autres, car riens n'est liberal s'il n'est juste. Et aussi par ce que dit est, liberalité est vertu divine, laquelle appartient avoir a tout bon prince. »

7   L'idée que la libéralité est la vertu du donateur raisonnable, présente chez Mézières et Gerson, se lit chez le prévôt royal de Paris, Guillaume DE TIGNONVILLE, *Dits Moraulx*, dans *Tignonvillana inedita*, R. Eder éd., *Romanische Forschungen*, t. 33, 1915, p. 908-1022, ici p. 996 : « Liberalité est donner aux souffreteux ou a cellui qui l'aura desseruy ; mais que le don soit jouxte la possibilité du donneur, car cellui qui donne oultre, doit estre appelle gasteur et non pas liberal. »

tard chez Philippe de Commynes[8], chez Jean Budé ou chez Jean Bodin[9], la largesse princière devait être mesurée. Le roi du *Livre de paix* est un roi bien différent. Sa libéralité y apparaît comme une qualité en vertu de laquelle il prête égard aux requêtes de tous ses sujets, sans compter, par amour pour eux. Selon ce *regimen*[10], le rôle du roi dans l'ordre humain voulu par Dieu est d'« aider, secourir, pardonner » et d'« octroyer graces[11] », bref de donner. Ce don auquel s'identifie la fonction royale n'est pas strictement assimilable au don/contre-don de la théorie maussienne, puisque, « dépendant des racines de charité », il se modèle sur le don gracieux du christianisme. Pourtant, en suivant la suggestion de Gadi Algazi[12], on considérera le paradigme maussien comme une invitation à « explorer un contexte et des usages des dons », dans une perspective d'anthropologie politique du don royal. L'anthropologie politique du don a surtout porté son regard sur les dons faits au chef, comme autant de figures du consentement, qu'il s'agisse des *annua dona* faits au roi carolingien, des *oblationes* faites au seigneur[13], des pots-de-vin[14]. Alain Guéry a par ailleurs montré la force du modèle de la largesse aristocratique pour le gouvernement royal, puis son essoufflement à partir du XVIIe siècle. Il a également suivi le glissement du don

---

8 Parmi les qualités qu'il veut bien reconnaître à Charles le Téméraire, figure sa libéralité pour ses commensaux. Philippe DE COMMYNES, *Mémoires*, éd. et trad. J. BLANCHARD, Paris, Agora, 2004, p. 357 : « Aucun prince ne désira davantage que lui entretenir autant de commensaux et leur donner un bon train de vie. Ses bienfaits n'étaient pas très grands parce qu'il voulait que chacun en profite. »

9 Cités et commentés par N. ZEMON DAVIS, *Essai sur le don dans la France du XVIe siècle*, Paris, Seuil, 2003, p. 148-151

10 M. SENELLART, *Les arts de gouverner. Du regimen médiéval au concept de gouvernement*, Paris, Seuil, 1995, p. 23 et p. 32 en particulier.

11 Christine DE PISAN, *The « Livre de Paix »*, Ch. C. Willard éd, Paris, Mouton, 1958, p. 148 : « Car pourquoy furent establis les princes sur terre ne mais pour aidier et secourir par auctorité de puissance, de corps, de parolle, de peine, de réconfort et tout aide non pas seullement les subgiéz, mais semblablement tous crestiens (…) et generalement tout homme de leur pouoir ayant juste cause et qui les en requesit (…) pardonner voulentiers à ceulx qui se repentent et pardon requierent, octroyer graces et telz choses qui proprement affierent à prince, lesquelles, quant voulentiers et acoustumeement sont faictes, est droit liberalité. »

12 G. ALGAZI, « Introduction. Doing Things with Gifts » dans *Negotiating the Gift. Pre-Modern Figurations of Exchange*, B. JUSSEN, V. GROEBNER et G. ALGAZI éd., Vandenhoeck et Ruprecht, 2003 (Veröffentlichungen des Max-Planck-Instituts für Geschichte, vol. 188), p. 9.

13 L. KUCHENBUCH, « *Porcus donativus*. Language Use and Gifting in Seigniorial Records between the Eighth and the Twelfth Centuries », dans *Negotiating the Gift...*, p. 193-246.

14 A. DERVILLE, « Pots-de-vin, cadeaux, racket, patronage. Essai sur les mécanismes de décision dans l'État bourguignon », *Revue du Nord*, 56 (1974), p. 341-364.

considéré comme contribution consentie à l'impôt considéré comme acte d'autorité, soit le passage du roi donataire à l'État fiscal[15]. Lydwine Scordia a souligné, dans son étude de la pensée de l'impôt en France à la fin du Moyen Âge, combien la monarchie française à partir de la fin du XIIIe siècle a invoqué l'amour unissant le roi et ses sujets pour justifier le don de l'impôt[16]. Alain Boureau a rappelé que bien avant Christine de Pisan, c'est sans doute à la fin du XIIIe siècle que la magnificence et la libéralité royales ont trouvé leur justification la plus précise, quand les théologiens ont travaillé à construire ensemble la « république étatique » et la figure du roi souverain dispensateur, figure conçue sur le modèle du *largitor* divin[17]. Pourtant, une étude systématique des pratiques du don royal à la fin du Moyen Âge, comme celle que Natalie Zemon Davis a proposée pour le XVIe siècle[18], reste à faire, de même qu'il reste à prendre sérieusement en considération l'équivalence posée alors entre le circuit des grâces et celui des biens, la continuité essentielle entre la distribution des faveurs et l'attribution des revenus.

Christine de Pisan le suggère en effet, le roi ne donnait pas que des biens, des terres, des joyaux, de l'argent, des revenus, mais il donnait aussi des grâces. Grâces et dons relèvent selon elle d'une même pratique politique et d'un même art de gouverner, puisqu'il s'agit pour le prince d'être libéral tout à la fois de son « avoir » et de sa « puissance ». Claude Gauvard a montré l'efficacité politique des grâces en matière criminelle aux XIVe et XVe siècles, en un paradoxe qui n'est qu'apparent, la rémission apparaissant pour la justice royale comme la meilleure manière de pénaliser certaines infractions et de capter leur répression. Ce « gouvernement par la grâce[19] » ne s'exerçait pas qu'en matière pénale. Une autre catégorie de grâce royale naquit au début du XIVe siècle, le répit, par lequel le roi concédait à un débiteur, non pas du fisc, mais d'un

---

15 A. GUÉRY, « Le roi dépensier. Le don, la contrainte et l'origine du système financier de la monarchie française d'Ancien Régime », *Annales. Histoire, Sciences Sociales*, 39-6, 1984, p. 1241-1269.
16 L. SCORDIA, « *Le roi doit vivre du sien* ». *La théorie de l'impôt en France (XIIIe-XVe siècles)*, Paris, Institut d'Études Augustiniennes, 2005 (Collection des Études Augustiniennes, Série Moyen Âge et Temps Modernes, 40), particulièrement p. 383-398.
17 A. BOUREAU, *La religion de l'État. La construction de la République étatique dans le discours théologique de l'Occident médiéval (1250-1350)*, Paris, Les Belles Lettres, 2006, spécifiquement p. 265-270.
18 N. ZEMON DAVIS, *Essai sur le don dans la France du XVIe siècle*, Paris, Seuil, 2003.
19 Voir *Suppliques et requêtes. Le gouvernement par la grâce en Occident (XIIe-XVe siècle)*, H. Millet dir., Rome, Collection de l'École Française de Rome, 310, 2003, et particulièrement C. GAUVARD, « Le roi de France et le gouvernement par la grâce à la fin du Moyen Âge. Genèse et développement d'une politique judiciaire », p. 371-404.

créancier privé, un délai de paiement, un « répit » dans le remboursement et dans les poursuites entamées contre lui[20]. Les effets de ce répit étaient la suspension de ces poursuites, le desserrement des contraintes éventuellement exercées à l'encontre du débiteur, comme la saisie de biens, l'excommunication pour dette et l'emprisonnement pour dette. Jean Boutillier y voyait donc un des attributs de la souveraineté royale à la fin du XIVe siècle, à côté de la capacité à légiférer et à concéder des lettres de rémission :

> « Si sçachez que le roy de France, qui est empereur en son royaume, peut faire ordonnances qui tiennent, et vaillent loy, ordonner et constituer toutes constitutions ; peut aussi remettre, quitter et pardonner tout crime criminel, crime civil ; donner graces et respit de dettes à cinq ans, à trois ans, et à un an[21]. »

Le répit prenait aux XIVe et XVe siècles la forme d'une lettre de chancellerie adressée au débiteur qui en avait fait la requête. Ces lettres de chancellerie n'ont pas laissé de traces dans les registres du Trésor des Chartes, contrairement aux lettres de rémission, car ces lettres de grâce à validité temporaire – il ne s'agit pas de remises de dette, mais de délais de grâce –, qui se présentaient sous la forme de mandements scellés de cire jaune sur simple queue, n'avaient pas vocation à être conservées par la chancellerie royale. En effet, les registres du Trésor des chartes comprennent, en règle générale, les actes royaux à effet perpétuel, rédigés sous forme de chartes et scellés de cire verte[22]. On connaît toutefois la teneur de ces lettres de répit par les formulaires de chancellerie. Le roi a aussi légiféré sur leur usage. Enfin, les archives judiciaires conservent des procès et des sentences relatifs à leur entérinement en justice. Celles de Paris, et au premier chef celles du Châtelet et du Parlement, n'ont cependant pas gardé la copie de telles lettres, même si les procès d'entérinements étaient loin d'être rares puisque, d'après les treize registres de causes civiles du Châtelet de Paris conservés pour la période allant de 1395 à 1455, le tribunal du prévôt royal devait examiner des répits au rythme de un tous les quarante-cinq jours. Cet ensemble de documents

---

20 E. AURIEAU, *Lettres de répit*, Bordeaux, 1910.
21 Jean BOUTEILLER, *Somme Rural ou le Grand Coustumier de practique civil et canon*, L. Charondas Le Caron éd., Paris, 1603, Livre II, titre 1, p. 646.
22 Sur ce point, voir : *Registres du Trésor des Chartes*, R. FAWTIER dir., t. I, Introduction, Paris, 1958 ; G. TESSIER, « L'enregistrement à la chancellerie royale française », *Le Moyen Âge*, 62 (1956), p. 39 et suiv. ; R. SCHEURER, « L'enregistrement à la chancellerie de France au cours du XVe siècle », *Bibliothèque de l'École des Chartes*, 120 (1962), Paris, 1963, p. 122 qui définit ces registres comme « les recueils dans lesquels sont enregistrées les lettres de grâce scellées de cire verte ».

montre que le répit royal, élément du *regimen* aux XIVe et XVe siècles, a été soigneusement défini comme un don gracieux et qu'une régulation de son usage a été mise en œuvre dans les juridictions royales.

Le répit royal, don gracieux

Les trois composantes de cet ensemble documentaire – formulaires de la chancellerie, législation royale, registres de justice –, convergent pour assigner aux années encadrant 1320 la date de naissance de la lettre de répit, ce qui coïncide avec la mise au point de la lettre de rémission. La première ordonnance royale mentionnant les répits est l'ordonnance « sur diverses matières financières » de Philippe V, datée du 25 février 1319, qui restreint l'émission des lettres de répit et d'état en faveur des combattants des armées royales au roi et à ses lieutenants[23]. Le plus ancien formulaire de la chancellerie royale attesté, celui de Jean de Caux, daté de 1318, comporte cinq rubriques consacrées à des répits, dont trois en faveur de croisés ou de combattants des armées royales[24]. Le répit, avant d'être une lettre de chancellerie favorable à un débiteur, fut en effet un privilège collectif concédé aux croisés, depuis le règne de Philippe Auguste, c'est-à-dire une composante du privilège de croix[25]. Un autre formulaire de chancellerie précoce[26], qui rassemble des actes de Philippe IV, Louis X et Philippe V, et qui fut compilé à la fin du règne de Philippe V comporte un *respectus,* ou répit jusqu'à un terme (**la** Nativité Saint Jean Baptiste) en faveur de combattants du roi dans les guerres de Flandre[27]. À peine

---

23 *Ordonnances des roys de France de la troisième race*, Paris, 1723-1849, t. I, p. 681, article 8 : « Pour les lettres de respits, et estats, que nous donnons, et de plusieurs autres au nom de nous, mesmement en faveur de ceuls qui dient qu'ils vont, ou veullent aller en nos guerres, plusieurs grands pertes et dommages viennent de jour en jour aux bons marchands de nostre royaume, dont nous deplait, nous voullons et ordenons, que d'ores en avant, nul ne donne telles lettres d'estat, si ce n'est par nous, ou par nos lieutenants… »

24 C.-V. Langlois, « Formulaires de lettres du XIIe, du XIIIe et du XIVe siècles (6e article). Les plus anciens formulaires de la chancellerie de France », *Notices et extraits des manuscrits de la Bibliothèque Nationale et autres bibliothèques*, t. XXXV, 2e partie, Paris, 1897, p. 793-830.

25 É. Bridrey, *La condition des croisés et le privilège de croix, étude historique du droit français*, Caen, 1900 ; J. A. Brundage, *Medieval Canon Law and the Crusader*, Madison-Milwaukee-London, 1969, p. 182 en particulier.

26 Bibliothèque Nationale de France (désormais abrégé BnF) lat. 4763. Après celui-ci, il faut attendre un demi-siècle pour trouver de nouveaux recueils : les BnF lat. 13868 et BnF lat. 4641.

27 BnF lat. 4763, fol. 40 : *respectum est datum de debitis usque ad terminum*. Le terme *respectus* désigne aussi, dans une autre rubrique, une intervention en faveur d'un créancier du roi, un combattant en attente de sa solde, qui a des créanciers.

la lettre de répit est-elle attestée dans la législation et à la chancellerie royale, son utilisation en justice l'est également : un mémoire au roi sur la justice du Châtelet de Paris, datant de 1321, réprouvait déjà la fréquence du recours aux répits[28]. La plus ancienne mention d'une lettre de répit repérée dans les archives du Parlement par Pierre Timbal date de 1322 : la cause était venue en appel d'une sentence du prévôt de Paris qui avait refusé d'entériner ce répit, en raison de la renonciation jurée du débiteur à y recourir[29].

La genèse administrative de cette grâce royale court sur près d'un siècle, plusieurs décennies étant nécessaires pour que la formule du répit se fixe. C'est chose faite avec le formulaire d'Odart Morchesne de 1427. Les répits constituent à partir de là l'un des dix-sept chapitres des formulaires au XVe siècle[30] et ont acquis une remarquable technicité au sein de la chancellerie royale. Ils se déclinent en quatre types de lettres, qui modulaient la faveur royale selon les catégories de débiteurs, leur degré d'endettement et de solvabilité, les types de dettes, les créanciers[31].

Le répit d'un an prescrivait aux juges du royaume, et pas seulement aux juges royaux, comme le précisent les *notae* qui assortissent les formulaires du XVe siècle[32], d'entraver pendant un an l'action coercitive des créanciers à l'encontre du débiteur et de ses pleiges, une fois que le débiteur aurait donné une caution[33]. Quatre conditions devaient être remplies par le débiteur. Les événements qui l'avaient acculé ne devaient pas être antérieurs de plus de six ou sept ans à la requête ; il devait se trouver dans une situation telle qu'il devait se séparer (« faire distracion ») de certains biens, pour régler sa dette ; il ne pouvait obtenir qu'un unique délai d'un an ; enfin, le répit n'était valable qu'à l'encontre des créanciers « puissans d'attendre », c'est-à-dire capables de supporter

---

28 *Ordonnances des roys de France de la troisième race*, Paris, 1723-1849, t. I, p. 741-742 en note.

29 P.-C. TIMBAL, *Les obligations contractuelles d'après la jurisprudence du Parlement (XIIIe-XIVe siècles)*, Paris, 1973-1977, t. II, p. 87, n. 38, Archives Nationales (désormais Arch. Nat.) X1^A 5, fol. 225v

30 S. LUSIGNAN, « La transmission parascolaire des savoirs juridiques. Les arts épistolaires de la chancellerie royale française », dans *Éducation, apprentissages, initiation au Moyen Âge. Les cahiers du CRISIMA*, 1 (1993), Montpellier, t. I, p.249-262.

31 BnF fr. 5024 ; éd. critique par Olivier Guyotjeannin et Serge Lusignan : http://elec.enc.sorbonne.fr/morchesne/3.htm. Ce formulaire est copié tout au long du XVe siècle et sert de matrice au formulaire imprimé officiel de la chancellerie du XVIe siècle, *Le grand stille et prothocolle de la chancellerie de France*, G.TESSIER, « Le formulaire d'Odart Morchesne (1427) », dans *Mélanges dédiés à la mémoire de Félix Grat*, Paris, 1949, t. II, p. 75-102.

32 BnF fr. 5024, fol. 15v.

33 BnF fr. 5024, fol. 15.

ce délai. Le répit de cinq ans s'entourait de conditions plus strictes. Il s'adressait uniquement aux juges royaux. La lettre leur prescrivait d'appeler les créanciers du débiteur et, dans le cas seulement où une majorité de créanciers (en nombre de créanciers et en montant de dettes) serait favorable à un délai de cinq ans, de contraindre les créanciers minoritaires à respecter ce délai. Le débiteur, pour obtenir cette faveur, devait se trouver dans une situation telle qu'il aurait dû faire cession de ses biens pour s'acquitter, en une sorte de faillite personnelle. En revanche, le recours au répit d'un ou de cinq ans devait toujours demeurer possible pour un débiteur : si le débiteur avait renoncé à un tel recours lors de l'obligation, cette renonciation était considérée comme nulle, s'il obtenait une dispense ecclésiastique (*dispensatio prelati*). Le répit exceptait les créances royales et celles des foires de Champagne et de Brie. Le répit de deux ans s'adressait aux débiteurs de créanciers reconnus comme usuriers. Aucune condition d'insolvabilité n'était alors exigée du débiteur. Ce dernier devait fournir une caution et régler le principal de la dette en deux termes, les usures étant annulées[34]. Les conditions de ce répit étaient finalement moins favorables pour le débiteur que celles des autres répits, dans lesquels aucun paiement n'était prescrit avant le terme final. La filiation entre ce répit, qui prescrivait un échelonnement en deux termes du remboursement, et les mesures royales anti-usuraires du XIIIe siècle est claire, bien que le délai soit réduit de trois à deux ans. Ces trois types de lettres étaient en place dès les formulaires du règne de Charles V. Enfin, il existait un répit de trois ans pour les établissements ecclésiastiques. Ce dernier comportait une application très précise. Le juge royal auquel le répit était adressé devait mettre en sa main le temporel de l'établissement débiteur et commettre une personne à la gestion de ses biens. Les revenus de l'établissement devaient pendant trois ans être répartis en trois volets, l'un affecté à l'entretien des religieux, le deuxième à l'entretien des biens de l'établissement, le troisième au remboursement des dettes. Le juge devait alors contraindre les créanciers à respecter ces conditions. Ce répit de trois ans émergea tardivement dans les formulaires, à la fin du XIVe siècle. Il naquit apparemment des interventions royales en faveur de monastères touchés par la guerre.

Le terme générique adopté pour ces quatre types de lettres apparaît dans le titre du chapitre des formulaires de chancellerie qui les rassemble à partir du formulaire d'Odart Morchesne de 1427. Ce chapitre figure sous la rubrique « répits ». Les quatre types de lettres reçurent, à une époque ou à une autre, dans les formulaires comme dans les registres

---

34   G. TESSIER, *Diplomatique royale française*, Paris, 1962, p. 264-265.

de justice, la dénomination « répit ». Le terme « répit », qui qualifiait au départ le seul répit d'un an, s'étendit donc aux autres variétés de lettres, originellement dénommées autrement. Ainsi, le « répit de cinq ans » ne naquit qu'avec le formulaire des règnes de Charles V et Charles VI[35], pour s'imposer ensuite, les dénominations *major pars, littera dilacionis* ou *quinquannion* lui étant jusqu'alors préférées. C'est le même formulaire qui introduisit la rubrique « répit à deux ans contre usuriers » en lieu et place du *biennium*. Le formulaire d'Odart Morchesne reprit et imposa cette dénomination. Le terme répit en vint finalement à qualifier toute intervention royale visant à concéder un délai de paiement à un débiteur. Or d'autres termes étaient disponibles, le terme de « délai », ou « dilation », celui de prorogation ou encore les mots construits par préfixation du radical « annion » (« quinquannion », « annion », « biannion »), qui ont été également employés.

Par l'octroi d'un répit, le roi prétend donner le temps : « nous a icelui suppliant ou cas dessusdit avons donné et octroyé donnons et octroyons de grace especial par ces presentes *terme respit et delay* de ses debtes paier[36] ». Le roi donne au débiteur une nouvelle échéance (« terme ») et une durée (« delay ») pour payer ses dettes. Que peut donc ajouter à cela le troisième objet du don royal, le « respit », qui s'est aussi imposé comme terme générique pour cette grâce royale à la chancellerie et dans les cours ?

Certes, *respectus* a, en latin médiéval comme en latin classique, le sens, parmi d'autres, de délai judiciaire ou de prorogation. Du Cange signale par exemple l'existence d'un *salvum respectum* ou « sauf respit d'hommage jusques a un an ». Le terme français « respit » a gardé ce sens de délai judiciaire, qui se retrouve dans la littérature coutumière et juridique, le *Très ancien coutumier de Normandie*[37], les *Assises de Jerusalem*[38], le *Livres de jostice et de plet*[39], chez Beaumanoir[40] et dans

---

35 BnF fr. 18114.

36 BnF fr. 5024, fol. 15.

37 *Le Très ancien Coutumier de Normandie*, E.-J. TARDIF éd., I, 2ᵉ partie, Rouen et Paris, 1903, p. 31 : « Plet e batailles pueent estre essonié ou respoitié par trois foiz, a chascune foiz par II homes. E après le tierz respit... »

38 *Assises de Jérusalem ou recueil des ouvrages de jurisprudence composés pendant le XIIIᵉ siècle dans les royaumes de Jérusalem et de Chypre*, A. A. Beugnot éd., Paris, 1841, t. I *Livre de Philippe de Novare*, p. 482 : « quarante jours de respit de prover ».

39 *Li Livres de jostice et de plet*, P. N. Rapetti éd., Paris, 1850, p. 347 : « et aura ses respiz et contremanz ».

40 Les « répis » y désignent tous les délais qu'un créancier peut consentir à un débiteur, voir par exemple Philippe DE BEAUMANOIR, *Coutumes de Beauvaisis*, A. SALMON

Le livre Roisin[41]. Mais *respectus* et « respit » ont aussi une histoire particulière qui ajoute des connotations qui relèvent d'un autre champ que celui de la technique juridique. *Respectus* désigna les délais concédés par le roi en faveur des croisés en 1188[42] et en faveur des débiteurs des Juifs en 1219[43]. En français au milieu du XIIIe siècle, sous la plume de Pierre de Fontaines, il désigna aussi un répit concédé par le roi aux croisés, vraisemblablement celui concédé par Louis IX en octobre 1245[44], qui est connu par un mandement au bailli de Vermandois, région d'origine de Pierre de Fontaines et dont il devint lui-même bailli en 1253. On retrouve ce même « respit » de croisade mentionné vers 1260 dans les *Récits d'un ménestrel de Reims*[45]. Privilège alors collectif, ce n'est qu'ensuite qu'il s'appliqua aux interventions royales en faveur de débiteurs isolés. Le « répit » au début du XIVe siècle est donc l'un des avantages qui composent le privilège de croix et un mode d'action royale en faveur de ceux que le roi considère comme les victimes de l'usure juive. Cette réalité construite au XIIIe siècle s'adosse à une évolution sémantique antérieure.

Avant de désigner un délai judiciaire, *respectus* désigne en latin classique l'action de regarder en arrière. Par suite, il désigne aussi la considération, l'égard (à l'origine du mot « respect »), comme dans les

---

éd., Paris, 1899-1900, rééd. G. Hubrecht, Paris, 1970-1974, t. II, chap. LV « des reclameurs », p. 321-325, mais aussi des délais judiciaires plus variés, *ibid.*, t. II, chap. LXV « des delais que coustume donne et des respis que li homme pueent prendre de jugier », p. 442, n°1866 : « S'il convient que li homme voisent en ost ou hors du païs par le commandement du roi ou du conte, les quereles qui sont en jugement doivent demourer en autel estat dusques a tant qu'ils soient revenu, ne teus delais qui est fes par commandement de souverain ne tout pas as hommes leurs respis. » Le sens de « respit » concédé par le roi à un débiteur (un croisé) apparaît une fois, *ibid.*, t. I, chap. VII « des defenses », n° 237, p. 121 : « ou quant li rois ou l'apostoiles donne respit des detes pour le pourfit de la crestienté et li defenderes alligue tel respit. ».

41 *Le Livre Roisin. Coutumier lillois de la fin du XIIIe siècle*, R. Monier éd., Paris-Lille, 1932, n° 136 : « boin respit de clains de cateuls et de tous ensignemens de cateuls ».
42 Il s'agissait d'un répit de deux ans en faveur des croisés, *Ordonnances des roys de France de la troisième race*, Paris, 1723-1849, t. XI, p. 255, en note et Rigord, *Gesta Philippi Augusti, Recueil des Historiens des Gaules et de la France*, t. XVII, p. 25-26 qui cite l'ordonnance.
43 Il s'agissait d'un répit de trois ans, en faveur des débiteurs des Juifs dépourvus de biens et travaillant de leurs mains dans le domaine royal et en Normandie, *Ordonnances des roys de France de la troisième race*, Paris, 1723-1849, t. I, p. 35. Voir W.-C. Jordan, *The French Monarchy and the Jews. From Philip Augustus to last Capetians*, Philadelphia, 1993, p. 324.
44 Pierre de Fontaines, *Le Conseil de Pierre de Fontaines ou traité de l'ancienne jurisprudence française*, M. A. J. Marnier éd., Paris, 1846, p. 483.
45 *Récits d'un ménestrel de Reims au XIIIe siècle*, N. de Wailly éd., Paris, Société de l'Histoire de France, 1876, p. 190, n° 368.

expressions *respectus humanitatis*, *respectu alicujus rei*. En découle le sens de refuge, recours. Le terme a en latin un sens relationnel, le *respectus* étant d'abord un regard, soit horizontal (respect) soit vertical (considération). En latin médiéval, ce champ s'est infléchi. Le Comité Du Cange a recensé cent trente-quatre occurrences du terme au Moyen Âge central, parmi lesquelles on retrouve les sens anciens de respect, délai, mais où apparaissent des sens nouveaux, celui de visite de la grâce divine, celui de vengeance divine, celui de terreur, celui de jugement, celui de refuge, celui enfin de redevance[46]. Autrement dit, la christianisation du lexique au Moyen Âge semble avoir infléchi la valeur sémantique du mot en faisant du *respectus* un regard essentiellement vertical. Le terme apparaît sept fois dans la Vulgate, cinq fois dans le seul Livre de la Sagesse[47], où *respectus* traduit le grec *épiskopè* et l'hébreu *pequddah*, qui désignent une intervention divine, tantôt gracieuse, tantôt vengeresse, en particulier la visite divine qui doit précéder l'établissement du règne de Dieu[48]. Chez les auteurs chrétiens, il est particulièrement fréquent dans l'œuvre de Grégoire le Grand, et en particulier dans ses *Moralia in Job*, son commentaire du Livre de Job, où il se rencontre plusieurs fois en couple avec *gratia*. *Respectus gratia* s'applique au regard de Dieu pour l'homme, dans cette œuvre qui rappelle la transcendance radicale de Dieu et l'impossibilité pour l'homme d'en pénétrer pleinement le sens. Le *respectus* est ce regard divin, qui considère l'homme qui ne voit pas celui qui le regarde.

Ainsi les mots *respectus* puis « respit », retenus par la chancellerie royale dès 1188 avec le répit de croisade, n'ont-ils pas la neutralité de termes juridiques comme « délai » ou « prorogation ». Ils créent par la métaphore ophtalmologique l'image d'un roi attentif à ses sujets et au travers duquel chemine le regard divin. Par le répit, sans égard pour le contrat ni pour le tiers engagé et lésé, le roi semble « visiter » de sa faveur le débiteur en difficulté. Le choix par la chancellerie des termes « *respectus* » et « respit » place ainsi l'action royale non dans le champ du droit ou de l'éthique, mais dans celui de la miséricorde et de la grâce.

---

[46] Je remercie les responsables du Comité Du Cange, en particulier Bruno Bon et Anita Guerreau-Jalabert, qui ont bien voulu me laisser consulter les fichiers de travail du *Novum Glossarium Mediae Latinitatis*, dictionnaire international de la langue latine médiévale de 800 à 1200 en cours de rédaction.

[47] Sg 2, 20 ; 3, 7 ; 4, 15 ; 14, 11 ; 19, 15. Les deux autres occurrences dans la Vulgate sont respectivement : Ps. 72, 4 et Si. 40, 6. Le mot y désigne aussi des interventions divines.

[48] C. LARCHER, *Études sur le livre de la Sagesse*, Paris, J. Gabalda et Cie, 1969, p. 316 et ID., *Le Livre de la Sagesse ou la sagesse de Salomon*, Paris, J. Gabalda et Cie, 1983-1985, t. I, p. 257, p. 285, t. II, p. 343, t. III p. 802, p. 1069.

Ainsi inspiré du *respectus* divin, le répit royal se présente comme le don gracieux par excellence. Pourtant, une grâce royale est aussi une construction institutionnelle et juridique précise, qui requiert une administration et qui met en œuvre une économie. Or, dans cette administration de la grâce royale, tous les répits n'étaient pas des lettres de grâce. En effet, la chancellerie royale a distingué deux types de lettres : les lettres de grâce *stricto sensu*, comportant la mention « de grace especial » qui marquait la concession de la grâce royale, et les lettres de justice, qui avaient des effets juridiques très nettement distincts[49]. Parmi les quatre variétés de répits, trois furent érigées au rang de grâces royales : il s'agit des délais d'un, deux, trois ans, le répit de cinq ans demeurant une lettre de justice sur toute la période considérée. Les répits d'un et de deux ans devinrent des lettres de grâce dès le XIVe siècle. Le répit de trois ans en faveur des gens d'église devint une grâce plus tardivement, au début du XVe siècle, entre le formulaire des règnes de Charles V et de Charles VI[50] et le formulaire de 1427[51]. En revanche, dans le formulaire imprimé du règne de François Ier, elle n'était plus une grâce, signe que la grâce royale était une production administrative qui pouvait être remise en cause[52]. Jamais en revanche, les répits de cinq ans, encore appelés *major pars* ou quinquenelles, ne furent considérés par la chancellerie royale comme des lettres de grâce. La lettre de justice constituait, pour les juges auxquels elle était adressée, un simple rappel de l'ordre légal, qu'elle visait à maintenir ou à rétablir, le répit de cinq ans se contentait donc de rappeler un juge royal au droit commun. Au contraire, les répits d'un an, de deux ans et de trois ans entraient en contradiction avec ce droit commun, ils concédaient un privilège exorbitant à un sujet particulier au détriment d'autres sujets. La lettre de grâce se présentait comme un acte arbitraire du souverain, qui tendait à modifier l'ordre légal au profit d'une personne. Les répits d'un an et de trois ans, ainsi, contrevenaient au droit commun des contrats, en suspendant l'exécution d'un contrat

---

49 G. Tessier, « Lettres de justice », *Bibliothèque de l'École des Chartes*, 101 (1940), p. 102-115 : la lettre de justice se définit comme une « lettre adressée à un juge par laquelle le roi lui mande de faire droit à une requête fondée sur l'équité, la coutume ou la loi ».

50 BnF fr. 18114.

51 Une lettre en faveur de l'abbaye de Solignac datant de 1401 porte d'ailleurs la mention « de grace especial », P. Morel, *L'abbaye de Solignac durant les Guerres de Cent Ans*, Extrait du Bulletin de la société archéologique et historique du Limousin, t. 78, Limoges, 1940, p. 19, pièce n° II. Henri Denifle, qui travailla à partir des suppliques du Vatican, ne mentionne pas les répits royaux, H. Denifle, *La désolation des églises, monastères, hôpitaux en France vers le milieu du XVe siècle*, Mâcon, 1897-1899.

52 BnF F 843.

régulièrement passé. Le roi n'intervenait qu'en vertu de l'insolvabilité fortuite du débiteur[53] et non du fait de l'existence d'un abus à la conclusion du contrat. La régularité de la transaction n'était pas en cause dans cette intervention du roi dans une transaction privée. La grâce royale se définit juridiquement par ce principe de dérogation : elle ne répond à aucun droit chez le bénéficiaire, elle est l'expression de la pure libéralité du roi et de ce que Jean Boutillier appelle « sa noblesse »[54], en quoi l'on serait tenté de voir sa « souveraineté ». Cette grâce était donc une affirmation forte de la souveraineté du roi sur les biens de ses sujets.

Une autre distinction formulaire entre les répits d'un an et de trois ans d'un côté, de cinq ans de l'autre, va dans le même sens. Dans le répit d'un an, le roi « donne et octroie de grace special » le répit[55]. De la même manière, dans le répit de trois ans, le roi « veut et octroie »[56]. En revanche, dans le répit de cinq ans, c'est la majorité des créanciers qui « donne » le répit[57]. L'emploi du verbe « octroyer », qui vient de *auctorare* (*auctor*, le garant), trace ainsi la frontière entre lettres de justice et lettres de grâce et renvoie à la responsabilité du donateur. Le don-octroi n'est pas équivalent au don fait par le créancier, en ce qu'il provient d'une volonté inaccessible au donataire, qui n'a pas à dévoiler ses raisons, ni à rendre de comptes. L'expression « de grace especial » dit la même chose à sa manière, l'événementialité et le caractère irruptif du don royal. Cette grâce royale, qui n'est pas juste et qui agit au-delà de toute justice, est d'ailleurs adressée à toutes les juridictions du royaume, tandis que les quinquenelles étaient adressées aux seuls juges royaux, nouvelle distinction qui signifie bien le caractère souverain du pouvoir qui s'affirmait dans la lettre de grâce. La distinction du don-octroi (répit d'un an) et du don fait par le créancier (répit de cinq ans) renvoie à la distinction d'un don sans réciproque possible et d'un don-échange. Entre

---

53 Le suppliant avait perdu ses biens en raison de « dures fortunes » (« guerres et gens d'armes » et « sterilité du temps »), d'après la formule du répit d'un an, BnF fr. 5024, fol. 15.

54 Jean BOUTEILLER, *Somme Rural ou le Grand Coustumier de practique civil et canon*, L. Charondas Le Caron éd., Paris, 1603, Livre II, titre 22 « de lettres de respits », p. 807 : « Item quant a la grace d'un an que peut faire le prince de sa noblesse... »

55 « Nous a icelui suppliant ou cas dessusdit avons donné et octroyé donnons et octroyons de grace especial par ces presentes terme respit et delay de ses debtes paier », BnF fr. 5024, fol. 15.

56 « Voulons et octroyons ausdiz religieux de grace especial par ces presentes... », BnF fr. 5024, fol. 17v.

57 « Il vous appert que la greigneur partie des creances de (…) se consente sanz fraude a lui donner terme respit et dilacion de ses debtes paier jusques au terme de cinq ans », BnF fr. 5024, fol. 16.

le roi et le débiteur, l'octroi du répit suppose une altérité radicale, il se veut don absolu, don purement généreux, sans espoir de retour, à l'image de la grâce divine.

La grâce apprivoisée : pratique et usages du répit

Pourtant, le caractère irruptif et souverain de ce don est immédiatement démenti par son usage. Institutionnalisé à la chancellerie et dans les juridictions royales, il fait l'objet d'une économie qui en atténue la gratuité et l'arbitraire.

La distinction entre lettres de justice et lettres de grâce permet à la chancellerie une première gestion du don royal. Les archives de la chancellerie n'ont pas conservé ces lettres de répit, mais les enregistrements de procès d'entérinement de répits à l'auditoire civil du Châtelet peuvent servir d'indicateur par défaut. Même s'il faut tenir compte du poids des répits dont la portée temporelle n'est pas indiquée par le clerc civil, il semble bien que le roi donnait plus aisément des répits de cinq ans et qu'il « économisait » ses lettres de grâce d'un an. Sur cinquante-six répits évoqués à l'auditoire civil du prévôt royal de Paris entre 1395 et 1455[58], on ignore la durée de validité de dix-neuf d'entre eux, vingt-quatre étaient des quinquenelles et treize des répits d'un an. Aucun répit de deux ans ou de trois ans n'a été impétré. La grâce royale pure semble donc avoir été rare, en matière d'endettement. Le roi préférait apparemment pousser les parties à s'entendre et les créanciers à consentir un délai de cinq ans, plutôt que de concéder unilatéralement des délais d'un an. La quinquenelle recommandait au juge de concéder un délai de cinq ans au débiteur, si une majorité des créanciers y consentait. Le débiteur qui la requérait devait donc négocier avec certains de ses créanciers pour obtenir leur consentement. On peut même supposer que, dans la plupart des cas, il ne requérait la lettre de chancellerie que s'il avait la certitude d'avoir l'accord d'une bonne partie de ses créanciers. Ces chiffres reflètent sans doute d'un côté la préférence des débiteurs pour des délais longs et, d'un autre côté, la préférence des créanciers pour des délais consentis et leur répugnance envers des délais imposés par le pouvoir royal.

Sur les quarante-huit sentences du Châtelet réglant explicitement le sort du répit, on compte treize entérinements de répits, soit une proportion de 27 %. Ainsi, un quart seulement des répits octroyés par le

---

58 Sept ans et demi d'activité très discontinue seulement sont documentés par les registres de causes civiles, Arch. Nat., Y 5220-5232.

roi était-il entériné au Châtelet, la déperdition entre les impétrations et les entérinements auprès du prévôt de Paris était considérable. L'attitude du juge ne semble pas avoir été constante : l'entérinement pouvait être la règle à une époque (en 1454-1455)[59], et l'exception à une autre (1430-1431)[60]. Ces entérinements ne sont guère commentés, le clerc civil les enregistrant, sans résumer les débats passés. Mais ils révèlent une préférence pour les quinquenelles, au détriment des répits d'un an. Huit des treize entérinements concernent en effet des quinquenelles. Les sentences du juge royal semblent donc accentuer le goût de la chancellerie royale pour ces répits consentis par les créanciers et renforcer la rareté relative des grâces. D'après les sentences du principal juge royal de la capitale, autant le pouvoir de grâce du roi en matière de dette était-il affirmé avec force, autant il était rarement appliqué dans les faits.

Doit-on voir dans les nombreux échecs d'entérinement des répits un signe flagrant de l'intransigeance du Châtelet à l'égard des débiteurs ? Faut-il y voir un effet de la pression des créanciers ou de celle des récriminations contre les grâces royales en matière de dettes ? Faut-il y voir une expression de l'autonomie du juge à l'égard des interventions royales ? S'il est impossible de trancher, il faut prendre en considération ce souci de ses prérogatives du juge royal, prérogatives qu'il défendait même à l'égard de lettres de chancellerie[61] : comment comprendre sinon que le juge prétendait parfois concéder, en quelque sorte en lieu et place du roi, le délai qui avait été concédé par le roi au débiteur ? En effet, le juge ne se contentait pas d'entériner le répit, mais il prétendait parfois le concéder lui-même :

« Entre Colet procureur Philippot Des Treilles d'une part et Simon Le Basennier procureur Denis Tonnel d'autre part, dit est que certaines lectres royaulx de respit a cinq ans obtenues et impetrees par ledit Philippot seront enterinees et en ce faisant que ledit Philippot aura et lui donnons terme et delay de paier audit Denis Tonnel la somme de IIII l.t. qu'il lui a confessé devoir par lectres obligatoires, jusques a cinq ans a prandre du jour et date desdites lectres de respit et condempnons icellui Denis Tonnel es despens[62]. »

---

59 Arch. Nat. Y 5232, cinq répits entérinés pour cette seule année.
60 Un seul répit sur les dix discutés est entériné en 1430-1431, Arch. Nat. Y 5230.
61 De ce point de vue, le juge du Châtelet reflète bien « l'idéologie de la magistrature ancienne » qui conteste la justice personnelle du roi, J. KRYNEN, *L'État de justice. France, XIIIe-XXe siècle*. I. *L'idéologie de la magistrature ancienne*, Paris, Gallimard, 2009, p. 38 en particulier.
62 Arch. Nat. Y 5232, fol. 170, 26 octobre 1454.

L'enregistrement de la sentence substituait ici au don royal le don fait par le juge. Remarquons toutefois que le mot « répit » n'était pas repris à son compte par le juge, signe qu'il faisait bien figure d'attribut de la souveraineté.

Le Châtelet déboutait la majorité des impétrants de leur répit, en prononçant leur condamnation à payer, voire à tenir prison, tout en leur concédant souvent, avec l'accord du créancier, un « aterminement », c'est-à-dire des délais de paiements qui pouvaient être relativement longs. Pour comprendre le contenu réel de ces sentences, il faut être attentif à toutes leurs clauses. On peut utiliser un total de 51 sentences[63], neuf relatives à des prisonniers pour dette et quarante-deux à des débiteurs non incarcérés.

Sort des répits et sort des impétrants au Châtelet de Paris (1395-1455)

		Aterminement	Délivrance de prison	Élargissement de prison	Délivrance de biens	Aucun avantage
Non précisé		3			1	
Répit entériné		13	2			
Répit rejeté	Total	17	2	4	4	11
	Dont renonciation	2	1	1	2	1
	Dont mise au néant	5	1	1	1	
	Dont débouté	10		2	1	10
Total		33	4	4	5	11

Le rejet du répit pouvait prendre la forme de plusieurs expressions différentes sous la plume du greffier : le débiteur y renonçait, il en était débouté, le répit était mis au néant. S'il n'y avait qu'une manière d'entériner le répit, il y avait donc plusieurs façons de le rejeter. Mais en aucun cas, il ne faut interpréter le rejet du répit comme un échec de l'impétration. Ce n'est que dans onze cas sur trente-huit que le répit rejeté ne procura aucun avantage au débiteur. Les avantages obtenus par l'impétrant dont le répit était rejeté étaient de plusieurs ordres : un délai ou « aterminement », la délivrance ou l'élargissement de son corps, la délivrance de ses biens

---

63 Dont trois ne précisent pas le sort du répit.

saisis par exécution. Ils pouvaient se combiner et être concédés dans des proportions variables. L'aterminement peut sembler parfois long : en 1431, Pierre de Faye était débouté de sa quinquenelle, mais obtenait un échelonnement de remboursement de sa dette de huit livres sur plus de trois ans, avec trois annuités fixées à chaque Pentecôte[64]. La même année, Henry le Servoisier était débouté de son répit d'un an, mais obtenait un échelonnement de remboursement de sa dette de quarante livres sur dix mois environ, par des mensualités de quatre livres[65]. Le juge pouvait aussi faire bénéficier le débiteur débouté d'une autre faveur : les biens saisis sur le débiteur étaient partiellement rendus, le reste étant destiné à dédommager le créancier[66]. Le prisonnier pouvait être délivré ou élargi. La négociation pouvait jouer sur tous les tableaux, le temps imparti au débiteur, le sort du corps ou celui de ses biens[67].

Le plus souvent pourtant, elle jouait sur le temps. La sentence qui rejetait le répit royal tendait donc à l'imiter en concédant un « aterminement ». Dès lors, quel intérêt le créancier avait-il à une telle opération ? Il obtenait en général la fixation d'un échéancier de remboursement, le premier terme de paiement étant parfois proche, ainsi que la condamnation du débiteur, voire sa condamnation à tenir prison, avec la confirmation de l'hypothèque emportée par l'obligation initiale si elle existait, et parfois un cautionnement. Autrement dit, la perspective d'un paiement effectif rapide, même partiel, était beaucoup plus sûre avec ce type d'arrangements qu'avec l'acceptation simple d'un répit qui repoussait toute poursuite, toute contrainte, et *a fortiori* tout paiement. Le répit était un donc argument qui poussait le créancier à consentir un aménagement de la dette.

Il arrivait évidemment que certains impétrants échouent totalement dans leur tentative d'obtenir l'entérinement d'un répit : le répit n'était pas entériné, ils étaient condamnés à payer et l'exécution sur leurs biens était ordonnée. Pour autant que les enregistrements permettent de les saisir, ces sentences écartaient des répits juridiquement infondés : l'impétrant

---

64 Arch. Nat. Y 5231, fol. 40, 4 juin 1431.
65 Arch. Nat. Y 5231, fol. 16, 5 avril 1431. Autres exemples : Arch. Nat. Y 5231, fol. 12, 22 mars 1431, Adam Doquier, qui est débouté de son répit, obtient un délai de plus de dix-huit mois pour payer sa dette de dix-neuf livres tournois, en deux paiements aux termes de la saint Remi ; Arch. Nat. Y 5231, fol. 22, 22 avril 1431 : Jehan de Stranfort est débouté de sa quinquenelle, mais il obtient un délai de plus de deux ans pour régler sa dette.
66 Arch. Nat. Y 5228, fol. 13, 14 juin 1414.
67 Arch. Nat. Y 5226, fol. 12, 2 mars 1407 : Guillaume de Bonhaing' voit son répit rejeté, obtient un délai de paiement de sept mois pour sa dette de deux cents écus et la délivrance des biens qui avaient été saisis sur lui.

avait commis une erreur de procédure (mise en défaut[68], impétration après la fin de l'exécution[69]), était pris en flagrant délit de mauvaise foi (un impétrant multiplia les exceptions c'est-à-dire les artifices de procédure[70]), se voyait opposer une créance privilégiée[71] ou des contre-lettres[72], avait déjà obtenu des délais[73]. Le juge exerçait ainsi son devoir de vérification des conditions de validité du répit, conformément aux recommandations de la chancellerie.

Ainsi l'impétration des répits au Châtelet révèle-t-elle moins l'arbitraire d'une faveur royale qui s'impose dans des relations privées quitte à léser certains sujets, qu'une occasion de renouer le dialogue entre des parties en conflit, utilisée par les impétrants et par les juges. Les enregistrements des causes civiles du Châtelet montrent bien que les lettres de répit impétrées par un débiteur poussaient le créancier à lui faire des concessions. Le recours au répit royal était donc un aiguillon pour une négociation avec le créancier.

Un autre fait marquant est le souci croissant de réécriture par le clerc civil de la concession royale. Le juge royal cherchait à faire sien le don en faveur du débiteur et à affirmer ainsi que la concession de délais de paiement était fondamentalement de son ressort, c'est-à-dire du ressort d'une justice attentive à toutes les parties en cause. Preuve en est le fait que dans la batterie des concessions possibles aux débiteurs était systématiquement préférée la concession de délais de paiement : le juge reprenait à son compte le répit. On serait tenté d'y voir un signe de l'affirmation de l'autonomie du juge contre le pouvoir de grâce du roi.

La pratique d'une juridiction royale montre donc que la grâce royale ne semblait pas alors pouvoir s'imposer par elle-même. Les sujets et les magistrats en discutaient : il y avait alors un dialogue possible entre les faveurs royales et les intérêts particuliers des sujets, dialogue qui se cachait derrière les débats judiciaires et les négociations. La grâce royale ne semblait pas définir un absolu, transcendant par rapport aux relations sociales. Sa fonction principale était de créer un espace possible pour la négociation entre les intérêts privés. Elle-même était au centre de plusieurs négociations : celle qui se jouait entre ces intérêts privés, celle qui se jouait entre la volonté de la chancellerie et le pouvoir judiciaire. Le caractère inachevé de la construction du répit comme grâce, qui laissa

---

68 Arch. Nat. Y 5220, fol. 143v, 7 mars 1396, Gerart de Celiers.
69 Arch. Nat. Y 5227, fol. 110v, 26 octobre 1409, Michel Haudry.
70 Arch. Nat. Y 5220, fol. 240v, 27 juin 1396, Guillaume Rose.
71 Arch. Nat. Y 5224, fol. 128, 27 novembre 1402, Godeffroy d'Arcueil.
72 Arch. Nat. Y 5226, fol. 4, 23 février 1407, Laurencin Hartuenet.
73 Arch. Nat. Y 5231, fol. 27, 3 mai 1431, Jehan Chabasse et sa femme.

toujours en dehors du champ de la grâce royale le répit de cinq ans, se prolonge dans cette comptabilité par laquelle la faveur royale était mesurée : limitation par la chancellerie de l'émission des lettres de grâce, contrôle judiciaire de la validité des lettres de grâce, rejet fréquent par le juge royal des lettres de grâce, tout ceci était aussi une manière d'organiser la rareté de la grâce royale et d'en maintenir le prix. Le répit royal, conçu sur le modèle du don gracieux, haute affirmation de la souveraineté, était ainsi l'objet d'une économie de la grâce à la chancellerie et à l'audience du juge royal. Transformant le débiteur d'un créancier en débiteur de la majesté royale, il était l'un des instruments de la construction de la sujétion, par le recours à la chancellerie et au tribunal, sujétion qui peut être vue comme le contre-don politique de ce don gracieux.

Une civilisation du don ?
Les usages d'un paradigme à l'époque moderne

Lucien FAGGION

> *Les uns veulent faire croire qu'il y en a une* [une des Trois Grâces] *pour adresser le bienfait, une autre pour le recevoir, une troisième pour le rendre ; selon d'autres, il y aurait trois sortes de bienfaisances qui consistent respectivement à obliger, à rendre, à recevoir et rendre tout à la fois. Pourquoi les mains sont-elles entrelacées en cette ronde qui revient sur elle-même ? Parce que le bienfait forme chaîne et, tout en passant de main en main, ne laisse pas de revenir à son auteur, et que l'effet d'ensemble est détruit s'il y a quelque part solution de continuité. Elles ont un air joyeux, comme ordinairement celui qui donne ou celui qui reçoit ; elles sont jeunes, parce que le souvenir des bienfaits ne doit pas vieillir ; vierges, parce que les bienfaits ne sont à aucun degré un lien, une gêne ; aussi les robes qu'elles portent n'ont-elles pas de ceintures, et elles sont transparentes, parce que les bienfaits ne craignent pas les regards.*
>
> SÉNÈQUE, *De Beneficiis*[1]

Les recherches conduites sur le don et le contre-don, dans la seconde moitié du XXe siècle, doivent beaucoup, sinon tout, aux travaux des sociologues et des anthropologues de la première moitié du siècle : à Marcel Mauss qui avait écrit et publié, en 1923-24, l'ouvrage intitulé *Essai sur le don*, soulignant que dans « bon nombre de civilisations archaïques […], les échanges et les contrats se font sous la forme de cadeaux en théorie volontaires mais en réalité obligatoirement faits et

---

1 SÉNÈQUE, *De Beneficiis*, Paris, Les Belles Lettres, trad. Prichac, 1972, Livre I, 3, 2-5.

rendus », d'où l'existence de dons volontairement accordés, à la fois libres et gratuits, contraints et intéressés².

---

2   M. MAUSS, « Essai sur le don, forme et raison de l'échange dans les sociétés archaïques », *Année sociologique*, seconde série, 1923-1924, tome I, mais dans M. MAUSS, *Sociologie et anthropologie*, Paris, PUF, 2001 [1ère éd. 1950]. En ce qui concerne les recherches historiques, lire G. ALGAZI, V. GROEBNER, B. JUSSEN (dir.), *Negotiating the Gift. Pre-Modern Figurations of Exchange*, Göttingen, Vandenhoeck & Ruprecht, 2003 ; J. F. BESTOR, « Marriage Transactions in Renaissance Italy and Mauss's *Essay on Gift* », *Past and Present*, 164 (1999), p. 6-46 ; J. BOUTIER, « Adresser ses vœux au grand-duc. Pratiques épistolaires entre recherche de la grâce et expression de la fidélité dans l'Italie du XVIIᵉ siècle », J. BOUTIER, S. LANDI, O. ROUCHON (dir.), *La politique par correspondance. Les usages politiques de la lettre en Italie (XIVᵉ-XVIIIᵉ siècle)*, Rennes, Presses Universitaires de Rennes, 2009, p. 249-274 : 250 ; J. G. CARRIER, *Gifts and Commodities. Exchange and Western Capitalism since 1700*, Londres – New York, Routledge, 1995 ; D. CARRIO-INVERNIZZI, « Gift and Diplomacy in Seventeenth-Century Spanish Italy », *The Historical Journal*, 51 (2008), p. 881-899 ; N. ZEMON DAVIS, *Essai sur le don dans la France du XVIᵉ siècle*, Paris, Seuil, 2003 [éd. américaine 2000] ; J.-P. DESAIVE, « Note sur les formes du don en Auxerrois sous l'Ancien Régime », E. MAGNANI (dir.), *Don et sciences sociales. Théories et pratiques croisées*, Dijon, EUD, 2007, p. 97-104 ; M. FANTINI, « Feticci di prestigio : il dono alla corte medicea », S. BERTELLI, G. CRIPÒ (dir.), *Rituale, cerimoniale, etichetta*, Milan, 1985, p. 141-161 ; ID., *La corte del Granduca. Forma e simboli del potere mediceo fra Cinque e Seicento*, Rome, Bulzoni, 1994 ; V. GROEBNER, « Gemein und Geheym. Pensionen, Geschenke, und die Sichtbarmachung des Unsichtbaren in Basel am Beginn des 16. Jahrhunderts », *Revue Suisse d'Histoire*, 49 (1999), p. 445-469 ; ID., *Gefährliche Geschenke. Ritual, Politik und die Sprache der Korruption in der Eidgenossenschaft im später Mittelalter und am Beginn der Neuzeit*, Constance, UVK Universitätsverlag Konstanz GmbH, 2000 ; ID., « Accountancies and Arcana : Registering the Gift in the Late Medieval Cities », E. COHEN, M. D. DE JONG (dir.), *Medieval Transformations. Textes, Power, and Gift in Context*, Leyde, Brill, 2001 ; ID., « The City Guard's Salute : Legal and Illegal, Public and Private Gifts in the Swiss Confederation around 1500 », G. ALGAZI, V. GROEBNER, B. JUSSEN (dir.), *op. cit.*, p. 247-268 ; A. GUÉRY, « La crise politique des dons royaux au XVIᵉ siècle », A. BURGUIÈRE, J . GOY, M.-T. TITS-DIEUAIDE (dir.), *L'Histoire grande ouverte : hommages à Emmanuel Le Roy Ladurie*, Paris, 1997, p. 154-162 ; ID., « Les finances de la monarchie française sous l'Ancien Régime », *Annales E.S.C.*, 1978, p. 216-239 ; ID., « Le roi dépensier. Le don, la contrainte et l'origine du système financier de la monarchie française d'Ancien Régime », *Annales E.S.C.*, 39 (1984), p. 1241-1269 ; ID., « Du don à l'impôt. Libéralité et finances de la monarchie française d'Ancien Régime », Ph. CHANIAL (dir.), *op. cit.*, p. 257-271 ; M. HARBSMEIER, « Gifts and Discoveries : Gift Exchange in Early Modern Narratives of Exploration and Discovery », G. ALGAZI, V. GROEBNER, B. JUSSEN (dir.), *op. cit.*, p. 381-410 ; K. J. KESSELRING, « Mercy and Liberality: The Aftermath of the 1569 Northern Rebellion », *History*, 90 (2005), p. 213-235 ; S. KETTERING, « Gift-Giving and Patronage in Early Modern Europe », *French History*, 2 (1988), p. 131-151 ; I. KRAUSMAN BEN-AMOS, « Gifts and Favors : Informal Support in Early Modern England », *The Journal of Modern History*, 72 (2000), p. 295-338 ; E. MAGNANI (dir.), *op. cit.* ; F. MIGNEAULT, « Bon vouloir et affection : don et réciprocité dans les entrées rouennaises au XVIᵉ siècle », *Cahier du Groupe de recherches sur les entrées solennelles*, Montréal, 2003, p. 11-23 ; A. NAGEL, « Art as Gift : Liberal Art and

Selon M.-J. Gérard-Segers[3], l'essai de Mauss a contribué à éclairer la question de la subjectivité implicite aux concepts de négociation et de médiation, rendant perceptible la place accordée par les sociétés *archaïques* à l'*au-delà* de l'*intérêt*, du marchandage, de l'individualité, de la durée, de concepts, tels que *mana, hau, potlatch*. Cet essai permit de définir la vie sociale comme étant un mode de rapports symboliques au sein desquels le renvoi utilitariste paraît fonctionner de façon absurde, voire antinomique, à l'image du *potlatch*, dont l'autorité et le prestige ne sont accordés qu'à celui qui parvient à détruire le plus grand nombre de biens précieux. Ces sociétés *archaïques* préfèrent tout laisser reposer sur les rapports symboliques, le don, échange humain représentant un *fait social total*[4].

Le don en appelle un autre en retour, dans une séquence temporelle continue, au sein de sociétés ne connaissant pas de marchés commerciaux spécifiques, où les biens sont échangés et redistribués. Sans doute est-ce à ce prix que la paix a été finalement maintenue tout comme la solidarité, l'amitié, le statut social. La perspective évolutionniste de Mauss a dû rendre difficile les recherches sur un tel paradigme au cours de la première modernité. Les échanges de dons, marqués par les signes de la modernité et par un mouvement évolutionniste irréversible, de nature européocentriste, avaient évolué et perdu leurs traits initiaux (Claude Lévi-Strauss) : aussi l'économie de la *prestation totale*, caractérisée par des échanges de présents entre divers groupes (marchés, crédits, contrats, arbitrages, alliances matrimoniales, invocations des dieux), avait-elle été dépouillée de ses traits originels par des marchés se développant selon des modalités nouvelles, à l'instar de la pratique du prix en argent et de celle des contrats

---

Religious Reform in the Renaissance », G. ALGAZI, V. GROEBNER, B. JUSSEN (dir.), *op. cit.*, p. 319-360 ; J. NAGLE, *La civilisation du cœur. Histoire du sentiment politique en France du XIIe au XIXe siècle*, Paris, Fayard, 1998 ; G. SIGNORI, « "Family Traditions" : Moral Economy and Memorial "Gift Exhange" in the Urban World of the Late Fifteenth-Century », G. ALGAZI, V. GROEBNER, B. JUSSEN (dir.), *op. cit.*, p. 285-318 ; J. G. SPERLING, *Convents and the Body Politic in Late Renaissance Venice*, Chicago-Londres, The University of Chicago Press, 1999, p. 18-71 (chapitre intitulé « *Potlatch alla Veneziana* : Coerced Monachization in the Contexte of Patrician Intermarriage and Conspicuous Consumption ») ; J. STAROBINSKI, *Largesse*, Paris, Gallimard, 2007 [nouvelle édition revue et corrigée ; 1ère éd. 1994] ; I. THOEN, *Strategic Affection ? Gift Exchange in Seventeenth-Century Holland*, Amsterdam, Amsterdam University Press, 2007 ; R. TREXLER, *Public Life in Renaissance Florence*, Ithaca, Cornell University Press, 1980, p. 270-330 ; M.-F. WAGNER, L. FRAPPIER, C. LATRAVERSE (dir.), *Les jeux de l'échange : entrées solennelles et divertissements du XVe au XVIIe siècle*, Paris, H. Champion, 2007.

3   M.-J. GÉRARD-SEGERS, « Réflexions psychanalytiques à propos du droit négocié », Ph. GÉRARD, F. OST, M. VAN DE KERCHOVE (dir.), *Droit négocié, droit imposé ?*, Bruxelles, 1996, p. 313-337 : 323.

4   M.-J. GÉRARD-SEGERS, *op. cit.*, p. 324.

individuels. L'économie de la *prestation totale*, fondée sur le principe de la triple obligation (donner, recevoir, donner en retour), l'esprit du don unissaient les individus et les objets d'une façon intime. Les donateurs accomplissaient leurs rituels sous le regard de Dieu et offraient un peu de leur être, un danger pour le donataire qui ne répondrait pas. Le droit et la religion, dès l'époque romaine, avaient apporté, selon Mauss, des modifications profondes et irréversibles, en détruisant du coup l'esprit archaïque du don, lequel connut, dès les années 1990, un renouveau d'intérêt des anthropologues et des sociologues, soucieux de comprendre l'évolution de son économie en fonction de la triple obligation. Les études réalisées en sciences sociales semblent prouver que les thèses de Mauss consacrées aux sociétés *archaïques* existent aussi dans l'Europe des années 1980-1990, certains secteurs de la vie sociale fonctionnant selon la logique d'un tel système. Claude Macherel, à la suite de Mauss, de Lévi-Strauss et de Sahlins, rappelle que

> « les hommes ont inventé deux manières d'échanger, deux grands mécanismes régulateurs de l'échange. Le don d'abord, ce geste en apparence libre et gratuit, en réalité contraint, et qui oblige celui qui reçoit à donner à son tour d'une manière qui paraîtra, elle aussi, volontaire et désintéressée. C'est le mécanisme le plus ancien ; la plupart des spéculations sur l'origine de la vie sociale en font un élément essentiel du passage de l'état de nature à l'état de société [...]. L'autre mécanisme est le marché, et c'est une institution relativement récente »[5].

Le don vu par les historiens a été trop souvent confondu avec la tendance à archaïser de façon artificielle son image[6]. Pourtant, un tel paradigme, étudié par les anthropologues et les sociologues, n'est pas une clef de lecture prétendument secrète censée ramener les chercheurs à un monde archaïque détenteur de significations partagées et d'harmonie préétablie[7], récemment rappelées par des sources qui ne cessent de renvoyer à des dons *bons* ou *mauvais*, à des donations et à des cadeaux, à des *bribes* et à des *bienfaits*[8]. Un tel lexique, une telle sensibilité à

---

5 C. MACHEREL, « Don et réciprocité... », p. 151-166 : 151.
6 G. ALGAZI, « Doing Things with Gifts », G. ALGAZI, V. GROEBNER, B. JUSSEN (dir.), *Negotiating the Gift. Pre-Modern Figurations of Exchange*, Göttingen, Vandenhoeck & Ruprecht, 2003, p. 13.
7 G. ALGAZI, « Doing Things with Gifts », G. ALGAZI, V. GROEBNER, B. JUSSEN (dir.), *op. cit.*, p. 9-27 : 13.
8 G. ALGAZI, V. GROEBNER, B. JUSSEN (dir.), *op. cit.*, *passim* ; J. T. NOONAN, *Bribes*, New York-Londres, MacMillan Publishing Company, 1984, p. 137-424 (chap. II-III).

l'intention et à l'acte de donner ne tendent-ils pas à souligner que les dons traduisent l'existence d'un niveau médian de l'action sociale, engageant les chercheurs à cerner la façon de gérer la polysémie de ce mot ? Les processus de négocier, le sens des transactions sociales ne sont pas limités, ni arbitraires. Ils visent à se rapprocher des registres culturels et rendent perceptibles les interactions fondées sur des lexiques et des modes d'applications précis, permettant ainsi au don de s'inscrire dans le champ historique, les répertoires culturels, les usages reconstruits par les individus et leurs propres perceptions de l'acte de donner. Il s'avère, en effet, que les dons font appel à de nombreuses définitions considérées comme autant d'actes de transfert qui ne s'inscrivent pas, de prime abord, dans un échange de marché ou une offre obligatoire. Sans doute fondamental, l'intérêt est de se concentrer sur la forme de l'échange, en insistant sur la réalité multiple et variable du don, qu'il soit réciproque ou unique, échangé entre des membres de même rang ou de statut inégal, libre ou obligatoire, voire les deux en même temps ; sur la propension des acteurs historiques à gérer librement le don dans des registres, des modèles et des contextes différents. Mauss proposa d'utiliser les dons comme des formes, leurs usages revêtant des traits multiples et complémentaires fondés sur des principes variés ou sur des allusions aux dons, lesquels ne peuvent être soustraits aux formes culturelles, mais sont différents et contradictoires, insérés dans des logiques de situations particulières dues à des traditions spécifiques ayant trait à ce mot et à ce geste[9]. Une telle histoire des usages du don, toujours renouvelée selon les époques et les espaces, permet d'envisager le fonctionnement de la société et de la politique, d'en présenter une analyse, même partielle et limitée dans le temps[10]. Aussi convient-il d'historiciser les concepts théoriques du don en prêtant attention à leur formation dans des contextes historiques précis, une approche favorisant une lecture nouvelle de ce paradigme qui ne se limite plus à des grilles de questions stimulantes, mais abstraites et privées de leur environnement (social, politique, économique, religieux, culturel, institutionnel). Le lexique utilisé peut, du reste, faire l'objet d'erreurs, car des mots tels que *don, donum, gabe, schenk*, ne sont pas dénués d'équivoque, des distinctions survenant sans cesse.

Pouvoir, réciprocité, patronage, dynamique de l'accumulation et de la dispersion du pouvoir princier, construction des réciprocités, contre-services non déclarés, autorité consolidée dans la négation de la

---

9 M. MAUSS, « Essai sur le don… ».
10 G. ALGAZI, « Doing Things with Gifts », G. ALGAZI, V. GROEBNER, B. JUSSEN (dir.), *op. cit.*, p. 15.

réciprocité sont à même de confirmer le caractère sans doute très subversif des *dons purs* qui ignorent apparemment le principe de la réciprocité et de l'interdépendance. Les modèles forgés par l'anthropologie et la sociologie, pour stimulants qu'ils puissent être, demandent à être repris, puis dépassés par les historiens, sensibles à la reconstruction de contextes multiples et différenciés, aux traditions, aux cultures et aux diversités de l'espace européen. L'intérêt prêté aux dons incite à les traiter comme des constructions relationnelles qui dépendent de la place détenue par les modèles d'échange, sujets aux modifications et aux structures de la pratique même du don, ainsi qu'au traitement transactionnel des relations sociales. Une telle étude propose une lecture plurielle et différenciée, à la fois réaliste et métaphorique, marquée par une *chorégraphie du don* (N. Zemon Davis), un *concordat du don et du cœur* (J. Nagle) et une *affection stratégique* (I. Thoen), qui relèvent de l'anthropologie politique et familiale, de l'économie et des liens sociaux, du sentiment affectif et de l'amitié. Qu'il s'agisse de l'échange, rituel ou symbolique, ou de don *dans l'économie des émotions et des marchés*, le lien – social et politique – s'en trouve réaffirmé, reconsidéré et renforcé.

Depuis Mauss, le don sollicite l'attention des chercheurs en sciences sociales et humaines, en raison des profondes modifications économiques qui ont marqué le XXe et le début du XXIe siècle, les répercussions sur le champ politique, social et culturel ayant bouleversé la nature du lien social : individus, groupes d'individus, familles, parentés, communautés, dominants, dominés, religions et États peuvent dès lors servir de clef de lecture pour comprendre l'échange de dons. Préoccupés par un tel paradigme, son interprétation et sa possible réactualisation dans le monde contemporain, les anthropologues et les sociologues cherchent à reprendre, à affiner, à élargir, à contredire, voire à confirmer, la célèbre thèse de Mauss : Claude Lévi-Strauss, Maurice Godelier, Jacques T. Godbout, Alain Caillé, Pierre Bourdieu, Marshall Sahlins, Annette B. Weiner, James G. Carrier, Aafke E. Komter, Mark R. Anspach, Alain Testard, Philippe Chanial[11], entre autres, n'ont pas manqué de soulever les

---

11 M. Mauss, « Essai sur le don… », *passim*, ainsi que P. Bourdieu, « La double vérité du don », *Méditations pascaliennes*, Paris, Seuil, 1997 ; M. R. Anspach, *À charge de revanche. Figures élémentaires de la réciprocité*, Paris, Seuil, 2002 ; A. Caillé et alii, *Ce que donner veut dire. Don et intérêt*, Paris, La Découverte, 1993 ; A. Caillé, *Don, intérêt et désintéressement. Bourdieu, Mauss, Platon et quelques autres*, Paris, La Découverte, 2005 [nouvelle édition augmentée ; 1ère éd. 1994] ; J. G. Carrier, *Gifts and Commodities : Exchange and Western Capitalism since 1700*, Londres-New York, Routledge, 1995 ; Ph. Chanial (dir.), *La société vue du don. Manuel de sociologie anti-utilitariste appliquée*, Paris, La Découverte, 2008 ; S. Coleman, « The Charismatic Gift », *Royal Anthropological Institute of Great Britain and Ireland*,

difficultés à décrire un tel concept et à multiplier les approches, afin d'en mesurer la validité, la pertinence et l'actualité, l'analyse se portant sur les lieux du don, sur les formes du lien social (le lien interpersonnel, le rôle de l'État comme substitution au don, le don entre étrangers, la marchandise, le don dans la société libérale), sur le passage du don archaïque au don moderne. Mauss pensa avoir jadis découvert l'universalité du don dans les sociétés anciennes se rapportant à toutes les sociétés et à la totalité de chacune d'entre elles.

Les historiens de la première modernité ont utilisé les théories de l'échange de dons, en démontrant que, derrière le marché de l'échange et de rétribution automatique, se trouve un champ d'explorations immense, certains essayant d'utiliser les théories issues de la sociologie et de l'anthropologie. L'*Essai* de Mauss repose, pourtant, sur une enquête à la fois théorique et historique différente, soumettant aux historiens et aux ethnographes des « objets d'enquêtes », qui ne se présentent pas comme un modèle, retenu insuffisamment incomplet par l'auteur lui-même, mais porteurs d'indications et de questions destinées à être poursuivies et approfondies[12]. Le message de Mauss invite ainsi

---

10 (2004), p. 421-442 ; J. T. GODBOUT (en collaboration avec A. CAILLÉ), *L'esprit du don*, Paris, La Découverte, 2000 [1ère éd. 1992] ; ID., *Ce qui circule entre nous. Donner, recevoir, rendre*, Paris, Seuil, 2007 ; « De la reconnaissance. Don, identité et estime de soi », *Revue du MAUSS*, 23 (2004) ; M. GODELIER, *L'énigme du don*, Paris, Flammarion, 1996 ; ID., *Métamorphoses de la parenté*, Paris, Fayard, 2004 ; ID., *Au fondement des sociétés humaines. Ce que nous apprend l'anthropologie*, Paris, A. Michel, 2007 ; A. E. KOMTER (dir.), *The Gift : An Interdisciplinary Perspective*, Amsterdam, Amsterdam University Press, 1996 ; C. MACHEREL, « Don et réciprocité en Europe », *Archives européennes de sociologie*, 24 (1983), p. 151-166 ; A. OFFER, « Between the Gift and the Market : The Economiy of Regard », *Economic History Review*, 50 (1997), p. 450-476 ; M. SAHLINS, *Stone Age Economics*, Londres, Tavistock, 1978 ; A. TESTARD, *Critique du don. Études sur la circulation non marchande*, Paris, Études Syllepse, 2007. Cf. l'étude critique de M. SAHLINS intitulée « *The Spirit of the Gift* : une explication de texte », J. POUILLON, P. MARANDA (dir.), *Échanges et communications : mélanges offerts à Claude Lévi-Strauss*, Paris-La Haye, Mouton, 1970, t. 2, p. 998-1012 ; B. SCHWARTZ, « The Social Psychology of the Gift », A. E. KOMTER (dir.), *The Gift, op. cit.*, p. 69-80 ; A. SMART, « Gifts, Bribes, and Guanxi : A Reconsideration of Bourdieu's Social Capital », *Cultural Anthropology*, 8 (1993), p. 388-408 ; A. B. WEINER, *Inalienable possessions. The Paradox of Keeping-While-Giving*, Berkeley–Los Angeles, University of California Press, 1992.

12 M. MAUSS, *op. cit.*, p. 273-274 : « Qu'on nous permette encore une remarque de méthode à propos de celle que nous avons suivie. Non pas que nous voulions proposer ce travail comme un modèle. Il est tout d'indications. Il est insuffisamment complet et l'analyse pourrait encore être poussée plus loin. Au fond, ce sont plutôt des questions que nous posons aux historiens, aux ethnographes, ce sont des objets d'enquêtes que nous proposons plutôt que nous ne résolvons un problème et ne rendons une réponse définitive. Il nous suffit pour le moment d'être persuadé que, dans cette direction, on trouvera de nombreux faits ». Ce passage fondamental et subtil est également cité,

les chercheurs à étudier l'objet de son essai pionnier, lesquels se sont engagés à considérer l'économie du don : de l'Antiquité, dès 1954, grâce à l'étude de Moses Finley (*Le Monde d'Ulysse*), dans laquelle il avait été possible de mettre en lumière la circulation des biens et des services grâce au don et à la réciprocité (butin de guerre distribué aux soldats, taxes, amendes, domestiques rétribués par des dons, commerce élaboré en termes de bénéfices réciproques). Puis, Georges Duby qui saisit les sociétés européennes des VIIe et VIIIe siècles comme étant construites sur la guerre et le don. Toutefois, les résultats obtenus montraient que de nouvelles formes de donation apparaissaient et que, dès 1180, l'esprit du profit faisait reculer l'esprit de largesse, réalité perceptible aussi à l'époque moderne, selon des modalités modifiées. Dans *La Grande Transformation* [1944][13], qui concerne l'économie pré-moderne, Karl Polanyi soulignait le passage d'un système de réciprocité et de redistribution du don à un système de marché autorégulé global. Dans le cadre de la modernité européenne, de nouvelles études ont permis de reprendre le débat et de restituer, voire de recomposer, un système de don mis à mal par la volonté de chercher une mutation qui distinguerait le monde occidental des sociétés *archaïques*. Depuis les années 1980-1990, la perception des relations sociales, comprises à travers l'idée du don, du cadeau, du présent, a changé. L'édification de l'État moderne, sujet apparemment classique de l'historiographie, ainsi que le patronage étatique exercé dans des domaines divers (arts, lettres, société, politique, économie, religion) ont incité notamment Natalie Zemon Davis[14], Alain Guéry[15], Sharon Kettering[16], Alexander Nagel[17], Jean Nagle[18], Jean Starobinski[19], Jutta Gisela Sperling[20], Marcello Fantoni[21], Gadi Algazi,

---

en anglais, par Gadi Algazi, « Doing Things with Gifts », G. ALGAZI, V. GROEBNER, B. JUSSEN (dir.), *op. cit.*, p. 9-27.

13 K. POLANYI, *La Grande Transformation. Aux origines politiques et économiques de notre temps*, trad. C. Malamoud, préface de L. Dumont, Paris, Gallimard, 1983.
14 N. ZEMON DAVIS, *op. cit.*
15 A. GUÉRY, « Les finances de la monarchie française... », p. 216-239 ; ID., « Le roi dépensier... », p. 1241-1269 ; ID., « La crise politique des dons royaux... », A. BURGUIÈRE, J. GOY, M.-T. TITS-DIEUAIDE (dir.), *op. cit.*, p. 154-162 ; ID., « Du don à l'impôt... », Ph. CHANIAL (dir.), *op. cit.*, p. 257-271.
16 S. KETTERING, « Gift-Giving and Patronage... ». p. 131-151.
17 A. NAGEL, « Art as Gift : Liberal Art and Religious Reform in the Renaissance », G. ALGAZI, V. GROEBNER, B. JUSSEN (dir.), *op. cit.*
18 J. NAGLE, *op. cit.*
19 J. STAROBINSKI, *op. cit.*
20 J. G. SPERLING, *op. cit.*
21 M. FANTONI, *op. cit.*

Valentin Groebner et Bernhard Jussen[22], à dépasser la modélisation traditionnelle, élaborée au cours de la première moitié du XXe siècle, et à proposer des clefs de lecture nouvelles sur le fonctionnement subtil des sociétés d'Ancien Régime[23].

Alors que Mauss considérait de façon subsidiaire le lien existant entre le don et le pouvoir, les historiens sont parvenus à exposer une théorie du don qui dépasse celle de l'économie. Il apparaît que la formation de l'État moderne n'a pas rejeté les transactions médiévales de dons, mais les a utilisées, en augmentant leur nombre, jusqu'à ce que le thème de la corruption apparaisse comme un élément constitutif du gouvernement centralisé. L'octroi de dons et de contre-dons est nuancé et dépasse la classique dichotomie *volontaire – obligatoire, gratuit – intéressé*. La réalité est plus sensible aux fluctuations humaines et aux tempéraments des individus qui peuvent jouer sur différents registres, comme ce fut le cas entre Michel-Ange et Vittoria Colonna, noble poétesse romaine, tous deux ouverts à la pensée évangélique, qui s'échangèrent des dons, non sur le principe d'un quelconque échange de patronage, mais sur celui de l'amitié désintéressée. L'histoire de l'art, dans ce cas, a permis de pallier des lacunes provenant de la recherche historique, nourrie par la sociologie et l'anthropologie.

Trois approches possibles du don et de la réciprocité peuvent être saisies pour l'époque moderne : d'abord, les modalités (ou registres) du don – et non une modélisation refusée par Natalie Zemon Davis ; puis, les liens entre le don et la politique ; enfin, ceux tissés entre l'amitié, la faveur et la grâce.

Les configurations du don

Au XVIe siècle, l'existence de deux croyances centrales ancestrales paraît prédominer, celle du don humain uni aux dons divins et celle de la réciprocité, la première soulignant que le bien possédé par l'individu n'est qu'un don de Dieu, le bien obtenu sous forme de don qui doit être ensuite réparti sous une forme analogue. Les textes sacrés traitent, du reste, de dons spirituels (sagesse, justice, vertu d'Isaïe, mesure de foi, grâce de la Rédemption du Christ), mais le monde créé à l'image de Dieu, gouverné par lui, pouvait être également retenu comme un don divin censé augmenter le nombre des humains. Aussi les individus ne

---

22 G. ALGAZI, V. GROEBNER, B. JUSSEN (dir.), *op. cit.*
23 Voir également le récent ouvrage de M.-F. WAGNER, L. FRAPPIER, C. LATRAVERSE (dir.), *op. cit.*, *passim*.

pouvaient-ils y répondre qu'en se montrant reconnaissants envers Dieu, en exprimant leur gratitude envers le donateur et en augmentant le don, les termes bibliques émaillant les propos des hommes et des femmes au XVIe siècle. Le don offert à autrui appelait en retour le don au donataire, selon la morale chrétienne. À cet impératif liant Dieu aux individus s'ajoutait celui de la réciprocité (dons, bénéfices, production, marché), le symbole le plus courant pour exprimer ce don, distribué et redistribué, étant mis en valeur par les Trois Grâces – symbole de la chaîne du bienfait, passant de main en main, revenant toujours au bienfaiteur, détruite si une fois elle s'arrête, mais dans son prix et dans sa beauté, si les anneaux se suivent et se succèdent sans interruption –, traduction de la bienfaisance selon Sénèque et des avantages mutuels du don – *donner, recevoir, rendre* –, qui faisaient ressortir le *caractère naturel* de la gratitude. Le lien à Dieu (rapport vertical du don) et les besoins sociaux (circulation horizontale des bienfaits répartis entre les hommes) étaient conçus selon un rapport de complémentarité, l'idée de contrat et de propriété sous-tendant l'interaction individuelle. Du coup, l'image des Trois Grâces trouve sa légitimité dans la gratitude retenue nécessaire au bon fonctionnement de la société, à l'instar des pressions coercitives ou des contrats écrits, ces derniers étant perçus comme l'expression du souci commun, destinés à rééquilibrer l'inégalité des choses établie entre les hommes, dans la mesure où chacun tend à respecter des règles en principe mutuellement acceptées. Au XVIe siècle, la réciprocité du don et le contrat formel sont intégrés dans un espace moral identique. Les mots employés pour qualifier les dons ne sont pas nombreux, les plus couramment utilisés étant ceux de l'ancien *don*, d'une acception formelle, et le médiéval *présent*, connoté de façon moins formelle, mais les deux termes étaient parfois utilisés ensemble comme en 1539, lors de la visite de Charles Quint à Orléans, à l'occasion de laquelle les conseillers municipaux employèrent les mots *présent* et *don*. Le terme gréco-romain *xenium* – cadeau destiné à lier une amitié avec un étranger – n'avait pas d'équivalent en français, tandis que *cadeau* désignait en France, au XVIe siècle, seulement la lettre capitale ornée. Aux termes *don* et *présent* s'ajoutent l'*aumône* : ainsi, les donataires, considérés comme pauvres, du moins vivant dans des conditions difficiles, suscitant la *pitié*, la commisération, recevaient tout *en aumône, pour aumône* ou *par aumône*. Le lexique est même plus nuancé, certains biens étant appelés *présents* à l'occasion de moments précis de la vie d'un individu ou d'un groupe ; le *legs*, une libéralité octroyée par voie testamentaire ; une *offrande*, ce qui était offert à Dieu et à l'Église au cours du service religieux ou après les prières ; les *étrennes*, les cadeaux remis à une personne pour le nouvel an ; la *bienvenue*, une fête célébrée par les collègues lors de l'arrivée d'un nouveau membre ou de sa promotion à une autre position, de tels termes s'intégrant dans un espace mental particulier, souple, mais moins facile à cerner, car le don pouvait recevoir un label distinctif approprié à un contexte précis, à la phrase, au geste, au mot accompagnant le geste, lequel consent au donateur et au récipiendaire d'appréhender une situation à travers le don établi entre les parties, l'esprit du don reposant aussi bien sur les noms que sur les contextes dans lesquels s'effectuait la relation interpersonnelle. Les règles de conduites et le jeu de la réciprocité reposent au XVIe siècle, en France, sur quatre types de comportements qui se confondent parfois : la charité chrétienne, préoccupation ancienne, élaborée au Moyen Âge, prenant néanmoins des traits particuliers et irréversibles à l'époque moderne ; la noble libéralité, les faveurs de l'amitié et la générosité de voisinage. Réalisée dans la vertu, le désintéressement total, le respect des lois divines et de la miséricorde, sous les auspices de Dieu, qui octroie un juste retour, la charité s'exprimait envers les amis, la famille, les voisins, la compassion et la pitié, caractérisant ceux qui vivaient dans l'embarras et l'affliction. Les services rendus étaient d'ordre spirituel ou matériel (aumônes, les sept actes de la miséricorde), mais le don charitable était attendu, car les actes de miséricorde étaient les commandements de Dieu et celui qui ne répondait pas à ceux-ci encourait le péché, par exemple, celui d'avarice pour quiconque se refusant de donner à une personne en danger de mort. Toutefois, la charité nécessitait un regard moins désintéressé, sacré, voire désenchanté, car le donateur s'assurait que ceux bénéficiant de l'aumône étaient de vrais nécessiteux, le don étant accordé en cas de ressources insuffisantes aux pauvres voisins. Rien n'était indiqué sur les promesses de services de ceux ayant reçu l'aumône, le principe de réciprocité du don charitable reposant sur le sentiment de gratitude du récipiendaire, lequel devait se rappeler des dons reçus, louer son bienfaiteur et rendre des *services*. Un tel *contre-don* profitait au donateur, mais si celui-ci était anonyme, il prenait une autre orientation, le retour devenant asymétrique, le donataire pauvre n'ayant que sa voix et son corps pour exprimer sa gratitude, à l'origine d'un réel déséquilibre. À la réalité chrétienne du don charitable s'ajoutait la valeur séculière et éthique de la libéralité, laquelle cumulait les idéaux médiévaux d'hospitalité, de largesse, les concepts de bienfaits et de générosité, destinés au monde princier, la littérature, parfois critique à l'égard de la profusion de biens[24], relayant l'existence de pratiques de munificence, notamment à travers le célèbre

---

24 Voir, par exemple, les *Éthiques* d'Aristote, les *Offices* de Cicéron, les *Bienfaits* de Sénèque.

conte de Mélusine, où la profusion de nourriture, de vins, de dons, de bijoux, d'objets de grande valeur, scellait son mariage avec Raimondin. Un tri des obligations engagées s'imposait néanmoins, la restitution du don libéral se réalisant selon une modalité fondée sur la dette d'un don qui attend son contre-don dans un délai non précisé, induit par l'engagement du don. Distribués par cette libéralité nobiliaire, les dons et les bénéfices créent des liens qui sont ceux de l'amitié, dont la valeur est plus élevée que l'argent. Contrairement à la charité, qui est anonyme, le don libéral engageait des individus qui se connaissaient, le geste devenant une aide, non une nuisance, car la requête n'était pas formulée dans le style du mendiant, ni dans celui de la *bénédiction* médiévale, dont l'attribution était accordée sans que soit dit ce qui était voulu (« *Sire, octroyez-moi une faveur* »). Il fallait alors spécifier la nature du don, se servir des formules de politesse des services rendus, des besoins réels et de leur valeur, ainsi que de la gratitude attendue[25]. Malgré la source de tensions évidentes entre ces deux types d'idéaux – charitable et libéral – dans leurs relations au don et dans les modalités à ces formes d'attributions, les individus les confondaient souvent au XVIe siècle. Le mot *ami* avait un sens extensible, utilisé dans l'intimité conjugale – le mari et l'épouse signant leurs lettres en *amitié affectueuse*, mais aussi dans une sphère étendue aux *parents et amis*, autorisés à donner un avis, notamment au sujet du contrat de mariage d'un orphelin ou de relations conflictuelles lors d'une situation impliquant un étranger menaçant, les amis étant également répartis en fonction de l'échelle sociale, quoique le terme ait été adressé par les membres issus des classes supérieures à leurs pairs. L'amitié naissait de l'amour et de la sympathie, non de l'utilité, mais elle reposait néanmoins sur des services mutuels, des bénéfices, des obligations, intégrant les dons, gages de l'amitié. Forme d'anticipation du rituel de l'amitié et de la sincérité, les faveurs de l'amitié étroite étaient dictées par une logique de réciprocité du don stricte, les choses devant être données avant d'avoir été demandées. L'appréhension de ce sujet

---

25 Voir les analyses de S. Kettering au sujet des relations patron – clients aux XVIe et XVIIe siècles, lesquelles font ressortir trois traits du don décrit par Mauss : l'échange entre le patron et le client était destiné à créer un lien personnel ; il existait une réciprocité qui était dictée, de façon tacite, par les règles et le langage de la courtoisie. L'usage du don et du contre-don relève de l'euphémisme, volontaire, désintéressé, mais obligatoire et intéressé pour le patronage, la protection et l'assistance matérielle du patron, le clientélisme étant le service à la fois personnel et affectif qui ne se produisait pas dans toutes les relations interindividuelles. L'échange de politesse et de compliments entre les nobles autorisaient du coup une régulation et scellait une réciprocité dans l'échange ainsi exprimé, à l'origine du lien social. S. KETTERING, « Gift-Giving and Patronage… ». p. 131-151.

reste, selon les espaces sociaux envisagés, difficile à cerner : les actes notariés, qui impliquent un nombre élevé de clients et de témoins testamentaires, peuvent donner un éclairage sur ces liens affectifs, souvent considérés comme acquis pour l'existence d'une communauté[26]. Maurice Aymard a contribué à approfondir ce sujet pour l'Europe, en prêtant son attention sur la France, surtout pour les XVIIe et XVIIIe siècles[27]. Le voisinage reste également un terrain propice à la recherche, privilégié par les études se rapportant à l'histoire des mentalités (sorcellerie, criminalité, répression des délits par les autorités laïques et ecclésiastiques). À l'opposé, la générosité de voisinage (la maisonnée paysanne, artisanale, bourgeoise) présente un éventail d'événements étendu et diversifié. Aussi est-il question d'*amour familier*, les chrétiens et les juifs, selon les saintes Écritures et les proverbes de l'époque qui insistaient sur les avantages pratiques d'un tel *amour*, étant appelés à ne pas laisser partir un voisin les mains vides.

Charité, libéralité nobiliaire, affection, amitié, bonnes relations de voisinage tissent les liens sociaux au sein d'une communauté urbaine ou rurale, créant des catégories destinées à mesurer les nombreuses relations d'échange au XVIe siècle, tout comme les sentiments et les vertus censés être traduits par elles. Toutefois, les cas de figure liés au don et à sa pratique ne sont pas complets et ne rendent pas perceptible l'offrande sacrificielle et le don révérencieux qui dévoilent la crainte comme l'admiration. En dépit de la richesse et de la diversité des contextes dans lesquels se déploient les dons, il existe un fil rouge susceptible de donner un sens à ces multiples formes d'échange, un discours commun se retrouvant dans les traités de morale publiés au XVIe siècle, dans lesquels tout manquement à diverses formes de dons sont attribués à l'avarice, rendu manifeste dans les livres de comptes où il est possible de trouver le verbe *donner* utilisé pour les pensions honorifiques, les dons coutumiers, les cadeaux de famille et de modestes aumônes, alors que, sur un registre nouveau, des dons figuraient parfois sous l'intitulé *dons, prix et bienfaits*.

---

26 Voir, par exemple, L. FAGGION, « Le lien social en Terre Ferme vénitienne au XVIe siècle. Amitié, amour et *droit* du sang », G. BUTI, A. CAROL (dir.), *Comportements, croyances et mémoires. Europe méridionale, XVe-XXe s.*, Aix-en-Provence, Publications de l'Université de Provence, 2007, p. 109-118 ; ID., « Le notaire et le consensus à Trissino (Vénétie, 1575-1580) », G. AUDISIO (dir.), *L'historien et l'activité notariale. Provence, Vénétie, Égypte, XVe-XVIIIe siècles*, Toulouse, Presses Universitaires de Toulouse Le Mirail, 2005, p. 112-127 ; ID., « Les femmes, la famille et le devoir de mémoire : les Trissino aux XVIe et XVIIe siècles », *Rives nord-méditerranéennes*, n° 24 (2006), p. 53-62.

27 M. AYMARD, « Amitié et convivialité », P. ARIÈS, G. DUBY (dir.), *Histoire de la vie privée*, t. 3 : *De la Renaissance aux Lumières*, Paris, Seuil, 1986, p. 455-499.

Chaque don attendait sa contrepartie, mais les modalités de l'échange soulevaient des sentiments à l'origine de tensions très fortes.

L'attribution de don était déterminée par des attentes tout comme elle était modélisée par des pratiques fréquentes, scandées par les échanges. L'intérêt se porte ainsi sur les objets et les services circulant comme dons, au temps de cette circulation et aux acteurs du don, quel que soit leur rôle, donateur ou récipiendaire. Quoique les dons soient à l'origine de l'amitié, ils coexistent avec les règles du marché et le contrat de type formel, un certain nombre de dons étant conçu selon le calendrier annuel, suivant le rythme des saisons. La nouvelle année, par exemple, qui se situait au centre de festivités de douze jours marquant la période de Noël, figure comme la journée la plus importante de don public de l'année. Deux traditions du don caractérisaient cette période, l'une remontant aux Romains, l'autre aux Druides, du moins d'après les érudits français du XVIe siècle. Les *étrennes* – les *strenae* romaines – étaient des dons de bon augure et, malgré les critiques de l'Église primitive, ont été conservées pendant des siècles, données en petites quantités aux groupes subalternes de la population rurale et urbaine, quoiqu'il n'ait pas été rare que des étrennes généreuses fussent accordées par des nobles ou le monarque. De même, des écrivains n'hésitaient pas, à l'occasion du Nouvel An, à dédier leurs écrits à des personnages influents, à des amis, offrant au lecteur un poème ou un livre entier perçu comme des *étrennes* qui connaissaient une évolution à la fois verticale et horizontale : vers le haut et le bas, selon les groupes d'âge et de rang, confondant les bons augures et la reconnaissance des services rendus dans l'attente de leur perpétuation ou de la réalisation de nouveaux dons. Réalisés au sein du même milieu social, certains renforçaient l'idée de réciprocité dans le groupe, des jeunes gens célibataires, accompagnés parfois de jeunes femmes, jouant de la musique, chantant et sollicitant des présents (nourriture, pièces d'argent). Si le voisinage ne participait pas à cette forme de générosité populaire, la mauvaise fortune et la mauvaise réputation pouvaient s'abattre sur lui. De telles formes de célébration et de réciprocité païennes avaient été pourtant combattues par l'Église jusqu'au XVIIe siècle. Les dons publics les plus fréquents, assimilés à des thèmes chrétiens, étaient le Carême et Pâques, les présents provenant de laïcs qui les offraient au clergé ou à des institutions paroissiales, le mouvement de charité passant des laïcs au clergé, des riches aux pauvres, mais la vie quotidienne était ponctuée par d'autres formes de don qui accompagnaient le cycle de vie de l'individu et de la famille, selon des modalités plus complexes (fiançailles, mariage, naissance, mort, parenté spirituelle, rites de passage[28]), avec des échanges de dons symétriques, sauf dans le cas de rites de passage où il fallait plutôt donner que recevoir des cadeaux, afin de remercier tel ou tel saint d'avoir vécu une année de plus ; de même, le nouveau membre d'un corps professionnel offrait sa *bienvenue* à ses pairs et à ceux de sa corporation. La donation entre vifs permettait également aux femmes donataires de léguer à qui elles voulaient leurs biens à leur gré, en passant devant notaire. Liés aux cycles de la vie, les dons paraissent mettre au jour une structure plus systémique que ceux caractérisés par le calendrier, la comptabilité entre les deux domaines n'étant pas rigoureuse, car il existait une sorte de *chorégraphie* des dons, certains étant mesurés, d'autres privés ; certains réalisés une seule fois, d'autres – tels le legs ou la dot – se distribuant sur plusieurs années. Le principe du don et du contre-don n'exprime pas le cercle des relations d'échange des familles au sein d'une communauté, les champs mouvants d'actions de donations, à l'origine ou le résultat des liens entre groupes, étant déterminants.

Les cadeaux passent d'une personne à l'autre et rendent perceptible une histoire complexe des obligations et des attentes entre les individus et les familles, qui disposent du même statut, et entre les gouvernants et les gouvernés, les enjeux étant en majorité sociaux et économiques, même si les cadeaux laissent entrevoir d'autres réalités relationnelles, dans lesquelles l'idée du contrat est exprimée. Les cadeaux étaient en mesure d'entretenir des relations dans lesquelles s'intégraient les paiements et les pensions régulières, un tel caractère économique soulignant la présence d'une frontière où se côtoient le don, la vente, le salaire et toute autre forme de paiement contractuel formel. Mais cet aspect pose la question, soulevée par les anthropologues, les sociologues et les historiens, de la portée réelle du don face aux marchés économiques. La distinction entre le don et la vente est déjà un élément de discussion au XVIe siècle, mais ce sont les interactions entre les systèmes du don et ceux du marché qui prévalent, certaines ayant pu bloquer le déploiement du don, d'autres le favoriser et l'engager dans des voies différentes. Une telle mutabilité du système était acceptée, quoique discutée, et constituait la *trame* des relations interpersonnelles dans les mondes urbain et rural. Fondé sur la gratitude, la réciprocité, la propriété, le don paraissait au plus grand nombre comme une atteinte à la morale de délivrer des services contre le prix ou un paiement préétabli, ceux qui avaient été rendus dans les arts libéraux et les professions libérales n'étant pas strictement réglés et

---

28 Dans le cadre de la parenté spirituelle, du parrainage, du compérage et des formes de dons qui s'y rattachent, voir l'ouvrage fondamental de G. ALFANI, *Padri, padrini, patroni. La parentela spirituale nella storia*, Venise, Marsilio, 2007.

accompagnés d'une revendication de reconnaissance, exprimée soit par des présents, soit par des paiements rémunérés, car tout travail mérite salaire (Luc, 10, 7). Ainsi, il est possible de traiter de *paiements déguisés*, les membres d'une corporation offrant des dons à l'occasion d'un nouveau reçu (docteurs licenciés à l'université, facultés de médecine et de théologie, collèges des notaires et des juges en Italie); les *paiements déguisés* ayant une double valeur, à la fois le renforcement de l'idée ancienne que le savoir était un don divin et devait ainsi être rendu par le jeu de la réciprocité grâce aux dons et à la gratitude, et la solidarité corporative et le prestige des théologiens, des médecins, des hommes de loi, des dons qui s'inscrivent dans un rite de passage des jeunes gens à un statut nouveau. Les considérations matérielles et symboliques du livre éclairent la valeur du don et de l'échange. Les idées centrées sur le Livre ou les livres, dépositaires du savoir, considéré comme étant un don de Dieu, modifient légèrement la situation. Auteurs, éditeurs, propriétaires de livres avaient hérité de l'ancienne idée selon laquelle la propriété d'un livre était à la fois collective et privée, Dieu ayant quelque droit sur l'objet. D'où le don de livres, d'une vente qui n'excède pas un juste prix, d'un objet qui ne doit pas être thésaurisé. Une telle perception souligne que sa production, ainsi que sa vente, paraissaient moins commerciales que d'autres produits, l'auteur étant identifié par sa dédicace et ne bénéficiant d'aucun droit d'auteur formel. Les livres imprimés au XVIe siècle témoignaient de la vente et du don, la dédicace de l'auteur, du rédacteur et du traducteur étant insérée à l'intérieur de l'ouvrage, censée créer une relation de don, le livre comprenant sa propre histoire, marquée par des enjeux, des symboles, des transmissions (livre vendu, cédé en legs, conservé, distribué).

Dans le cadre des formes les plus courantes de la vie économique, où le champ du savoir était moins privilégié, les paiements et certaines formes de présents circulaient à chaque échelon de la hiérarchie sociale. Les officiers du roi recevaient des *gages* et pouvaient obtenir des pensions annuelles (pension considérée d'abord comme un présent en récompense des services rendus, puis comme un salaire et un gage), la frontière entre le don et la récompense étant vague mais perceptible dans le langage de l'époque. Même dans le monde du travail manuel et artisanal, le flou domine. Aussi est-il souvent question de sentiments et d'espoirs exprimés dans les contrats notariés, d'engagements mettant au jour le jeu d'échange de gratitudes et d'obligations dans le registre du don. À cela s'ajoutent les pourboires (du patron, des clients) et d'autres formes de rétributions supplémentaires (gibier, poisson, fruits, vin) qui conféraient une double autorité à l'employeur, reconnue d'abord par le contrat de vente, ensuite par l'esprit du don, fondé sur la réciprocité, permettant à l'employé de jouer un double rôle défini par le travail rendu et par la relation de services personnels. Néanmoins, le monde du travail engageait des rapports particuliers qui autorisent de distinguer, sinon l'esprit du don, du moins son espace : dans un tel échange, il existe une relative incertitude ayant trait au temps et à la valeur, car il est difficile de savoir quand le retour du don intervient (ni rapidement au risque de pécher par orgueil, ni tardivement sous peine d'humilier le donateur), mais il fallait laisser passer du temps. Au contraire, dans le cadre de l'échange commercial, l'affaire signée et le paiement réalisé, une fin était possible, les deux parties n'ayant plus de compte à se rendre.

Selon une logique reposant sur l'harmonie sociale, le don est l'ordonnateur des relations sociales, établit des dispositifs, détermine le statut de chaque individu, maintient une sorte de cohésion communautaire au sein de laquelle chaque membre détient sa place. La relation entre le don et le marché paraît avoir été tendue, d'où le passage d'un état idéal – le don témoignant de l'amitié et de la gratuité du geste – à celui conflictuel, le don pouvant échouer, sujet de grandes préoccupations au XVIe siècle. Le premier cercle dans lequel peuvent apparaître des conflits est la famille, où se construisent les destins sous le regard des parents qui décident, les clauses des testaments rendant perceptible l'existence de dissensions familiales (désignation du successeur, attribution des biens, conditions de l'héritage). La théorie chrétienne du don et des Trois Grâces enseignaient que le donateur était tenu d'offrir sans attendre en retour quoi que ce soit, le donataire devenant son obligé. Les testaments et les donations anticipaient le don en retour ou le mentionnaient avec force détails, afin d'éviter un retour incertain, peu respectueux des intentions du testateur, le doute subsistant entre gratitude attendue et ingratitude possible de l'héritier. De la famille on passe au groupe, cercle élargi, quoique déterminé par des logiques comportementales importantes et codifiées : du don et d'une réponse inaboutie ou inattendue peuvent découler des difficultés importantes dans le cadre de l'amitié et de ses semblables. Cette situation de la relation du don public peut être décrite par Montaigne qui les vécut avec tourments et décrivit l'ambivalence que tous devaient ressentir, mais en silence, personne ne voulant l'exprimer[29]. Aussi trouve-t-on opposés, d'une part, la clarté du contrat, le caractère impersonnel d'une loi se voulant juste et l'économie de la conversation honnête ; d'autre part, les ambiguïtés, les dépendances et les excès des obligations supposées par les échanges.

---

29 Cf. N. Zemon Davis, *op. cit.*, p. 115-117.

Le don a été saisi sous une approche sociale globale qui intègre les liens verticaux et horizontaux, le monde professionnel et les corporations, la famille, la parenté, le voisinage, les choix familiaux pour l'héritage et la tâche que les fils se voient attribuer dans la Maison et la société, avec la liste des dons heureux et de ceux qui le sont moins, probablement plus nombreux. Mais, du point de vue de la configuration sociologique, quelle est la place des femmes dans la relation entretenue avec le don ? Elles se signalent dans toutes les phases du don : circulation de la nourriture, de vêtements, de bijoux, de donations entre vifs, de bénéfices, de présents, d'aumônes destinées aux différents groupes de la société, éviction de certains à l'héritage, révocation des dons ou adjonction de nouvelles conditions. Cependant, quoique présentes et actrices de cette pratique, elles ne semblent pas se manifester au sujet du coût et des contraintes du registre et du système du don. Il est vrai que les traités sur le courtisan laissent une place mineure aux femmes, prétendument caractérisées par la dissimulation, la recherche du luxe, et leur rôle officiel dévolu les cantonnait, en principe, dans celui du mariage. Néanmoins, elles étaient actives dans le don moins pour elles-mêmes que pour les membres de leurs familles, assumant un rôle d'intercession, de médiatrice, en faveur de la maisonnée (mari, frères, fils). Dans le cadre des dédicaces d'ouvrages publiés, un autre aspect est mis en lumière par les femmes écrivains, leur préoccupation réelle étant non un malaise au sujet du don qu'elles géraient, mais leur autorité en tant que femmes exposées au public des lettrés, ainsi que l'exigence d'obéissance qui apparaît dans la forme d'échange. En dépit de la thèse universaliste de Marcel Mauss et de Claude Lévi-Strauss, de leurs dédains pour les choix individuels et la manipulation des structures de pouvoir, les analyses qu'ils ont proposées offrent un cadre conceptuel fondamental pour l'étude des structures familiales, légales, politiques et sociales qui, en restreignant l'action individuelle, la rendent possible, à l'intérieur de laquelle prennent place les luttes pour le pouvoir.

Les dynamiques de l'échange peuvent ainsi être appréhendées dans une recherche réalisée sur les nonnes à Venise aux XVIe et XVIIe siècles[30], tenues depuis longtemps pour des victimes marginalisées et passives d'un système moralement corrompu et tyrannique, la définition de l'échange de dons, comme compétitif et spéculatif, pouvant être détournée. Comment expliquer le taux extrêmement élevé de religieuses issues du patriciat entre 1550 et 1650, quel type de facteurs (politique, économique, social,

---

30 J. G. SPERLING, *Convents and the Body Politic, op. cit.*, p. 18-71 (chapitre intitulé « *Potlatch alla Veneziana* : Coerced Monachization in the Context of Patrician Intermarriage and Conspicuous Consumption »).

religieux, culturel) a pu amener la majorité des patriciennes à prendre le voile, que relève un tel phénomène social, de masse, une telle entrée forcée dans les ordres des patriciennes? Claude Lévi-Strauss avait relevé que, dans une société patriarcale, comme c'est le cas à Venise à la Renaissance, les femmes étaient échangées comme des dons : le système de la dot facilitait la circulation des fiancées parmi les hommes de rang et de statut similaires; le caractère de l'échange nuptial conduisait à une inflation des dots, à l'hypergamie et à l'augmentation du nombre de femmes célibataires à l'échelon le plus élevé de la société. Selon J. G. Sperling, l'entrée au couvent constitua une forme d'échange et le caractère compétitif de l'échange du don contribua à la mobilité sociale au sein d'un corps politique en principe homogène. Le concept de *potlatch*, saisi comme un phénomène social renfermé, un *service total*, présente l'intérêt d'élargir la perspective d'analyse dans le cas vénitien et de cerner les entrées en religion des patriciennes comme un problème d'une portée plus grande que celle, habituellement retenue, de nature économique, la pratique des vocations forcées étant au cœur de la politique et de l'idéologie républicaine, longtemps reléguée à la fin d'une chaîne d'explications causales. Les vocations forcées doivent être appréhendées dans un contexte de dépenses manifestes, rendre perceptible la nécessité des patriciens à afficher la magnificence aristocratique au sein de l'élite et éclairer les effets destructeurs de la lutte pour l'honneur et le prestige, les dimensions politiques des entrées forcées en religion figurant comme le jeu total des stratégies du patriciat à se reproduire en entité politique authentique et sans tache. L'analyse de J. G. Sperling révèle que les vocations forcées cernées comme pratique sociale parurent réaliser ce que les théoriciens politiques exigèrent d'une classe dirigeante aristocratique, afin de passer réellement pour noble. Les historiens estimèrent, récemment, que la contrainte d'afficher l'honneur par le biais de l'échange réciproque et important de dons, loin d'être associée à une pensée économique rationnelle et moderne, façonna le comportement des élites dirigeantes en Italie. Le processus de fermeture du patriciat de Venise était spécifique et de genre, la pureté du corps étant définie par l'interdiction des patriciennes à prendre un époux, tandis que les femmes de rang inférieur pouvaient se marier si elles compensaient leur absence de prestige par des dots très élevées. L'écart entre l'endogamie masculine et féminine menaçait le principe constitutionnel vénitien de l'échange équitable. En effet, la formation de l'héritage d'une classe dirigeante républicaine fondée sur l'endogamie féminine supposait l'existence d'une définition légale des droits politiques identiques parmi les patriciens, droits reposant sur la pratique sociale de l'échange de patriciennes comme si elles étaient de valeur égale. Des lois d'héritage asymétriques autorisant les patriciens, mais non les femmes, à assurer une descendance patricienne, malgré la conclusion de mésalliances, bouleversa l'équilibre et accéléra la différenciation en termes de richesse et de statut, dont l'uniformité, pourtant essentielle, n'était rien de plus qu'un idéal de nature constitutionnelle. L'échange compétitif et honorable de femmes et de dons, le déploiement de la magnificence à l'occasion des fiançailles, l'interaction entre la fermeture aristocratique et les modèles d'héritage agnatique expliquent un système de mariage patricien restreint. L'inflation de la dot et les pratiques d'enfermement de nombreuses patriciennes dans les couvents furent les conséquences d'une telle dynamique, l'honneur patricien exigeant que les femmes ne puissent pas toutes revenir « avec intérêt », puisqu'elles étaient de fait retirées du marché matrimonial.

À l'origine, les recherches tendirent à faire ressortir que la pratique de la vie religieuse à Venise constituait un moyen de préserver les patrimoines familiaux menacés par l'inflation de la dot, reprenant l'explication, de nature le plus souvent apologétique, des contemporains eux-mêmes. Or une telle théorie ne parvenait pas à expliquer pour quelle raison les pères acceptèrent des dots élevées, ne jugèrent jamais nécessaire de réduire la part d'héritage des fils et évitèrent de marier leurs filles avec des gens du commun sur la base de dots basses, si l'argent était justement tout ce dont ils avaient besoin pour éviter que leurs filles ne meurent pauvres[31]. Le refus des patriciennes, riches et pauvres, à épouser des hommes de statut inférieur à une époque où l'entrée dans les ordres atteignait des taux extrêmement élevés laisse supposer que la logique du gaspillage honorable, inhérent à tous les systèmes de don, orienta le mouvement vers les espaces conventuels à la fin du XVIe siècle. À l'opposé des femmes de l'aristocratie de Sicile et de Naples, où les stratégies relatives à l'entrée dans les ordres faisaient partie intégrante des nouvelles formes de noblesse, exprimant les aspirations dynastiques des familles nobles du sud de l'Italie par l'étalage de la magnificence, les patriciennes de Venise prenant le voile accomplissaient un acte de sacrifice patriotique, une attitude qui avait une signification civique essentielle. Selon la conception du *potlatch*, la forme de la compétition est l'expression de la destruction massive de richesses, le gaspillage rituel des capacités de reproduction des patriciennes. Dans les sociétés du don, le prestige est défié et maintenu par le retour de dons « avec intérêt ». Le don « compétitif » est une forme domestiquée d'agression, un mécanisme d'exclusion, les occasions d'avancement et d'insertion étant limitées,

---

31   J. G. SPERLING, *Convents and the Body Politic, op. cit.*, p. 18-71.

et l'endogamie du patriciat vénitien et la circulation compétitive des femmes pouvant ainsi être saisies comme un système de don réciproque, dans lequel les habitudes de dépense et de reproduction de l'aristocratie étaient pratiquées en offrant des femmes « avec intérêt », usage propre à la compétition politique des élites. Corps républicain supposé égalitaire, le patriciat était pourtant incapable de concilier son image d'entité homogène avec les effets différenciés de l'inflation de la dot, du prestige et de la légitimité de l'autorité du patriciat reposant sur la conviction que chaque patricien était doté de qualités et de vertus propres. Les modes du don de la classe dirigeante républicaine étaient ainsi censés attendre que les biens reçus soient rendus par des objets de valeur similaire, les lois somptuaires, les efforts pour définir une somme légale maximale pour les dots devant être compris dans cette optique. Mais les patriciens donnaient en retour, « avec intérêt », facilitant la différenciation sociale déjà très forte au sein de la classe dirigeante. Le *potlatch* paraît offrir une solution à la situation contradictoire qui caractérisa le patriciat vénitien, féru de ses valeurs républicaines. L'incapacité à restituer le don d'une fiancée par un fiancé de prestige et de richesse analogue ou supérieure traduit le profond déséquilibre auquel était parvenu le patriciat, qui menaça de bloquer le système de circulation endogamique. L'impasse due au fossé entre le statut et les dots disponibles fut atténuée en écartant du marché matrimonial les femmes qu'il n'était pas possible d'échanger, et rendit compte d'un système politique en crise. Ne pouvant fonctionner comme des dons, elles étaient sacrifiées à leur époux spirituel dans une cérémonie religieuse qui les engageait dans une autre forme d'échange nuptial. Seule l'entrée forcée au couvent permit d'atténuer l'embarras provenant d'un système de don paralysé qui figurait au cœur de l'ordre politique de Venise au temps de la Renaissance. Métaphores des qualités mythiques de la noblesse, les nonnes patriciennes furent les dépositaires des valeurs aristocratiques, les couvents et le corps des religieuses devenant les espaces où l'honneur, la pureté et la distinction nobiliaire résidaient en tant que groupe. Aussi le sacrifice des patriciennes au service de Dieu peut-il être perçu comme le contre-don du patriciat envers la reconnaissance de la grâce divine concédée à la cité en 421, le jour de l'Annonciation de Marie et date de naissance de Venise.

Le don et le lien politique

La pratique des présents était fréquente, voire banale, dans la vie politique au début des temps modernes, mais elle soulevait la difficulté de reconnaître le *bon* présent du *mauvais*, et celle du sens à donner à la réciprocité politique dans un système monarchique. Les dons abondent également dans l'espace d'une ville mineure et majeure, non seulement en faveur du roi, mais aussi auprès des notabilités municipales, lors de la prise de possession d'une fonction, lesquelles distribuaient vins, olives, fruits confits, fromages, gibier. Aussi les cadeaux donnés à des juges, par exemple, étaient-ils d'un usage courant, mais déconcertant, comme en 1541 à Lyon, quand le chancelier refusa d'accepter ce que les consuls citadins lui offrirent. Pourtant, en 1494, puis en 1528 et en 1560, des édits avaient été promulgués, afin d'interdire aux gouverneurs et aux autres officiers de rang élevé, en particulier dans les États provinciaux, d'accepter des cadeaux. Divers édits, celui de 1560, témoignèrent des efforts du roi à contrôler les officiers judiciaires, à s'assurer de leur loyauté et à entendre les plaintes de ses sujets. Toutefois, les dons en nature (nourriture, vin, denrées périssables) étaient maintenus dans les rapports sociaux et politiques, quoique l'édit 1561 ait interdit cette pratique (sauf pour le gibier provenant des forêts des seigneurs). Ces manifestations soulevaient de sérieuses critiques, lorsque le politique cherchait à se préserver de toute collusion possible avec des individus influents ou des groupes de pouvoirs. Dans le monde du don où se créaient des formes d'amitiés et des obligations de reconnaissance, il s'agissait de savoir quand commençait la corruption.

En France, il n'existe pas de terme spécifique pour la désigner, alors qu'en Angleterre, le terme *bribe* avait des connotations péjoratives, qualifiant au début du XVIe siècle un présent destiné à corrompre un jugement ou à soutirer des faveurs politiques[32]. En revanche, en France, le mot *bribe* qualifie, encore aujourd'hui, un petit morceau de pain, le mot *pot-de-vin*, péjoratif au XIXe siècle, exprimant au XVIe siècle une certaine quantité de vin commandée lors d'un dîner ou servant de boisson amicale entre des marchands à l'occasion d'un accord de vente (aussi s'agissait-il du *vin de marché*). Les *dons* et les *présents* étaient évalués, selon le contexte, comme un don bon ou mauvais, une telle pratique soulevant de vifs débats. Cette réalité n'échappe pas aux autres États européens, à Venise qui combattit le *broglio* – achat de voix par les patriciens quand il s'agissait de voter au Grand Conseil[33]; au sein de la Confédération helvétique, où des usages analogues existaient[34]; à Berne, qui rend perceptible l'existence d'un système de sociabilité, de clientèles, de parenté et des réseaux de connaissances en 1500; à Bâle

---

32 J. T. Noonan, *op. cit.*, p. 137-424.
33 D'où le mot français *imbroglio* à connotation péjorative.
34 S. Teuscher, *Bekannte, Klienten, Verwandte*, Cologne, Böhlau, 1998.

où les cadeaux pouvaient être qualifiés de « dangereux »[35], distinguant le cadeau du pot-de-vin, réalisé en public ou en privé. Si celui-ci était offert en public, il devenait un don, car il était visible dans l'espace politique, alors que les pots-de-vin entraient dans la sphère négative, puisqu'ils n'étaient pas visibles, restaient cachés, étaient tenus secrets. De telles pratiques de la représentation, dans le champ politique, participent des ambiguïtés inhérentes au don, faisant ressortir les éventuelles manœuvres qui ont pu caractériser le monde dirigeant bâlois entre les dernières décennies du XVe siècle et les premières décennies du XVIe siècle, mais aussi les cadeaux affectifs, rapports ambivalents marqués par l'obligation (étude des rituels, de la politique et du langage de la corruption à Bâle). Dans le cas des villes allemandes de la fin du Moyen Âge, les cadeaux témoignent de l'existence d'une asymétrie entre donateurs et donataires, les cadeaux, envisagés comme le résultat à la fois d'une émotion et d'une forme tyrannique des relations de dépendances difficiles à exprimer ouvertement, sorte de substitut destiné à apaiser des tensions sociales, génératrices d'ordre et de consensus, figurent comme des formes d'expression qui remplacent les gestes forcés et violents.

Le pouvoir politique s'appuie sur le don royal, très fréquent, dont le rôle est central et en crise à partir du XVIe siècle[36] : dons en tant que tels, confirmations de dons réalisés par le précédent souverain, proche ou lointain, révocation de dons, restitution de dons confisqués ou révoqués, le roi étant tenu de gérer tous les dons anciens et présents – qualifiés également à l'époque de *récompense, gratification, pensions*, termes qui révèlent un profond changement dans la relation entre le donateur et le donataire –, de façon explicite, lorsque le souverain s'occupe des relations entretenues avec les grands, soit par la richesse, soit par le pouvoir. Pourtant préoccupés à ne pas détruire l'équilibre de forces parfois difficile à réaliser et renforcé par l'octroi de dons, les rois cherchent, au cours du XVIe siècle, à donner un cadre administratif aux dons, du moins aux plus importants d'entre eux, afin de pouvoir en régler à la fois l'usage et l'application, les mesures adoptées (entre autres, celles de 1515, 1516, 1517, 1535 et 1539) soulignant que les souverains, malgré une attitude ambiguë et la nécessité de rester fidèle à ce type d'échanges, souhaitaient

---

35 V. GROEBNER, « *Gemein* und *Geheym*. Pensionen, Geschenke, und die Sichtbarmachung des Unsichtbaren in Basel am Beginn des 16. Jahrhunderts », *Revue Suisse d'Histoire*, 49 (1999), p. 445-469 ; ID., *Gefährliche Geschenke, op. cit.* ; ID., « Accountancies and Arcana ... », E. COHEN, M. D. DE JONG (dir.), *op. cit.* ; ID., « The City Guard´s Salute… », G. ALGAZI, V. GROEBNER, B. JUSSEN (dir.), *op. cit.*, p. 247-268.

36 Voir note 16.

restreindre le nombre de prestations ou d'exemptions. Difficile à actualiser dans les faits, cette volonté témoigne de deux conceptions du pouvoir et de la société, celle qualifiée de segmentaire de la société dont le don s'avère un enjeu fondamental, réservé au roi et aux grands seigneurs, et celle désignée de solidaire qui conçoit le corps social et le corps politique comme une même entité marquant une première crise de l'échange de don. Mais le pouvoir royal ne peut ignorer le rôle des finances et les liens créés entre le souverain, qualifié de *dépensier*, et le système financier français sous l'Ancien Régime, l'exercice de la fonction royale et du pouvoir nécessitant des dépenses, d'où une notion d'échange saisie aussi bien dans son acception économique (désignant les modes de transfert de biens et de services réalisés) que dans celle associant une intention réciproque, un engagement de la volonté, entre plusieurs parties : le donataire possède la faculté de faire des dons et d'en recevoir, le don figurant comme un fait de civilisation. Le roi donne d'abord et ce qui est accordé engage le récipiendaire à la fidélité, l'échange se réalisant entre le bien et le pouvoir. Aussi le prince s'illustre-t-il par la largesse, la libéralité, dont la place détenue est importante dans l'idéal éthique monarchique[37].

Cependant, un tel rapport ne semble pas aller de soi, car il souligne un usage impliquant des forces sociales, des pouvoirs, celui du souverain, et la libéralité ne va pas sans poser d'autres questions, notamment celles des dépenses excessives aliénant la population appauvrie. La libéralité signifie gouverner ses sujets, leur accorder des biens en vue de s'assurer, en retour, leur fidélité et leur loyauté. Le don accordé ne peut l'être sans une quelconque attente. Aussi donner signifie-t-il montrer son pouvoir, être identifié comme dominant, attribuer des dons (terres, objets de luxe, domestiques), être puissant et détenir les leviers des pouvoirs publics. L'échange de dons qui caractérise le Moyen Âge et l'époque moderne commence à être critiqué par des auteurs qui s'interrogent sur le lien établi entre dons et pouvoirs, et soulèvent l'existence d'un autre lien, celui instituant les rapports sociaux. S'il est vrai que la libéralité, la générosité, la largesse du prince sont vantées, de tels gestes ne constituent plus, néanmoins, une vertu, ni un bon principe de gouvernement, alors que l'impôt retient l'attention des sujets, les dépenses excessives, le faste, l'ostentation, le luxe, la vie de cour somptueuse, étant critiqués. Il convient alors de retenir les frais engagés et d'éviter une diminution des richesses, la dépense d'apparat renvoyant à une forme de *potlatch*, dans laquelle la rivalité n'existe plus, tandis que la dépense fastueuse – un moyen d'éblouir le roi voisin ou concurrent, à l'instar des dons entre

---

37 Voir J. STAROBINSKI, *op. cit.*, *passim*.

souverains – soutient le rang dans un esprit de concurrence avec ceux de même niveau. Signes de reconnaissance, d'amitié, de liens entre États, les dons entre les rois soulignent l'existence de l'altération. C'est ainsi que la France passe du « don à l'impôt »[38], une opposition caractérisant l'éthique sociale du roi et de la noblesse, dont l'attitude repose sur le rang et sur les dépenses de prestige, et celle de la bourgeoisie professionnelle, soucieuse de gérer celles-ci sur ses revenus, de dépenser moins qu'elle ne parvient à gagner, fondant sa richesse sur le gain qui provient de l'activité professionnelle et de la compétence. Le don peut être lu sous l'angle de la formation de l'État moderne, lorsque, appréhendé au nom de l'engagement réciproque, il figure comme un procédé politique qui émane du pouvoir, est vanté, puis critiqué par les théoriciens, puisqu'il suppose l'existence de la contrainte, forme de règle du pouvoir. Tout concourt à assurer au roi le monopole de la contrainte et de la violence, un monopole qui accompagne celui de l'impôt et laisse émerger une autre façon de concevoir les problèmes économiques, au-delà du rapport instauré jusqu'alors par le don ou la largesse, habituellement inscrit dans un échange et un principe de pouvoir, fondé sur l'idée d'une abondance, une idée qui souligne et accentue une inégalité sociale dénoncée aussi bien par les humanistes que par les réformateurs au siècle des Lumières. L'impôt altère le jeu de l'échange libéralement octroyé, reposant sur un principe de réciprocité tacitement accepté et volontairement suivi. Une monarchie désormais sans lien, une contrainte exercée sur la population (impôt), des dépenses royales excessives qui ne tiennent pas compte des ressources de la couronne, créent un profond déséquilibre de nature politique et déterminent un changement du paradigme du don.

La politique se nourrit aussi du lien "cordial", analysé par Jean Nagle du XIIe au XIXe siècle qui propose de cerner l'histoire du sentiment politique en France par une approche anthropologique du cœur, une notion qui a joué un rôle essentiel dès le Moyen Âge en Occident et a été considérée comme un « organe » des noblesses européennes, correspondant à l'établissement d'un système du don caractérisé par la prière, la requête préliminaire et la reconnaissance obligée. Sollicitant l'obtention d'un fief, le vassal formule une prière et promet son cœur – au centre des vertus nobles, vrai fondement du groupe des chevaliers, monnaie du fief ainsi obtenu en échange duquel il doit reconnaissance et fidélité –, dans l'espoir du bienfait et du cœur du seigneur. Expression du système féodal, l'acte de fidélité et l'hommage du vassal composent à la fois la phase de la demande de fief et l'offre du don de la personne

---

38 Voir note 16.

(dépendance à son seigneur, reconnaissance de son statut hiérarchique inférieur, égalité recouvrée par le serment de fidélité conclu par le « baiser en bouche »[39]), récompensée par le donataire à travers un contre-don (investiture de fief). Le langage métaphorique du don sous l'Ancien Régime, authentique « concordat symbolique du cœur et du sang »[40] – tel qu'il ressort de la description livrée, dès la fin du XIe siècle, par Adalbéron de Laon –, prévaut dans les rapports tissés au sein de la société française à l'époque moderne. Tout paraît dépendre d'un équilibre symbolique, accepté, intériorisé, les trois ordres, sous l'autorité de l'Église et du monarque, se reconnaissant à l'intérieur d'un jeu de don et de contre-don, dans lequel le clergé, la noblesse et le tiers-état composent le corps politique du royaume, le noble cœur qui domine jusqu'au milieu du XVIIIe siècle, et l'ordre qui repose sur le règne secret des cœurs (disposition à l'humilité et à la reconnaissance) et sur l'expression manifeste – et externe – de l'ordre intime du cœur. Une telle ostentation codifiée (tenue vestimentaire réglée, ordre processionnel, hiérarchique, théâtral rigoureusement suivi) doit contenter Dieu, rend perceptible le respect d'une alliance, éloigne la probable et redoutée colère divine (famine, peste, guerre). Le thème du cœur et du sang crée le discours politique et le lien social, le souverain et le cœur royal, source de bienfaits et de grâces, garantissant l'amour, la paix, la concorde, la reconnaissance, l'harmonie, l'accord des cœurs, la cohésion de l'État royal. Issue du don, la reconnaissance fabrique les liens du corps politique : quel que soit le champ envisagé, elle rappelle la force de la société vivant dans la valeur du cœur. L'obligation, la dette reposent sur la libéralité de Dieu, du roi, du seigneur, de la famille, de l'ami et supposent une réponse nécessaire au don par le contre-don, le système intégrant la loi de reconnaissance qui provient d'un « bon cœur »[41] tout comme d'un excès de contre-don, marque explicite de la fidélité et de la loyauté[42]. Aussi le pouvoir royal est-il farouchement défendu par le monarque qui ne supporte pas de voir son rôle remis en cause ou limité : ses décisions ne peuvent, en effet, souffrir d'aucun refus émis par les élites. Ainsi Henri III veut, en 1586, que les dons relèvent de son ressort et soient signés de sa main, sans passer par les secrétaires d'État.

La vénalité des offices constitue dès lors un élément réel et important d'altération des liens tissés entre le roi et ses sujets, le souverain ou le

---

39 J. NAGLE, *op. cit.*, p. 48-49.
40 *Ibid.*, p. 74.
41 *Ibid.*, p. 236.
42 *Ibid.*, p. 237.

seigneur perdant leur liberté de choix dicté alors par l'argent (octroi d'office, de terre), la dette morale que suppose le don attribué s'affaiblit aux dépens du donataire et met en crise les liens. L'esprit du don, la notion du cœur actualisée par la reconnaissance du geste dépendent, aux yeux du roi, d'une grâce concédée généreusement, les lettres de provision soulignant la valeur et la force de l'acte du don de l'office jusqu'à la fin de l'Ancien Régime. En retour, le pouvoir consolide le lien personnel en réclamant aux officiers le paiement d'un droit de confirmation au début de chaque règne. Henri III ne voulut-il pas raviver la reconnaissance devant lui échoir par la création du droit de marc d'or des offices, signe de gratitude que l'officier exprimait au roi lors de son entrée en fonction, l'argent recueilli étant destiné à entretenir les chevaliers du Saint-Esprit, issus de la noblesse et dévoués à la religion du royaume? Cependant, le langage métaphorique du don, le « concordat symbolique du cœur et du sang » s'épuisèrent au cours du XVIIIe siècle, malgré la noblesse qui parvint, peut-être, à intégrer le cercle du don. Les sujets en quête de faveurs, de pensions, de bienfaits, se manifestèrent auprès des grands et du roi, mais l'échange symbolique changea, une partie de la noblesse étant forcée de demander, acte ressenti comme humiliant et avilissant, et de recevoir, alors qu'elle ne comptait plus rendre, l'idéal pour le donataire étant de recevoir sans être amené à demander, voire à quémander. L'attitude royale s'avère singulière, car tout se donne désormais selon le mérite de l'individu, qui remet en question le don et la libéralité, puisque le souverain n'en a plus la maîtrise, les ministres et les chefs de bureaux ayant acquis au XVIIIe siècle la compétence dans le domaine des bienfaits et la dépense étant évaluée en fonction du revenu. La faveur, la libéralité, la naissance déclinent à l'avantage de l'économie et du mérite, et altèrent le principe même de la grâce du don.

Le politique se légitime par le don sous une forme qui peut être ritualisée, telle les entrées solennelles en France du XVe au XVIIe siècle qui traduisent l'existence d'un lien aux multiples contours définissant un type de communication entre plusieurs partenaires[43]. Les entrées royales constituent une manifestation symbolique de la monarchie française, à l'instar d'autres événements (funérailles, sacre, lit de justice), et proposent une sorte de dialogue politique. Les entrées solennelles ritualisées, à caractère identitaire, au cœur de la formation et de la consolidation de l'État moderne, obligeant le roi envers Dieu et ses sujets, mobilisant

---

43 B. Paradis, L. Roy, « "Le cueur craintif est de tout danger seur, puisque Titan en ce pays arrive". Le don dans les entrées solennelles en France aux XVe et XVIe siècles », M.-F. Wagner, L. Frappier, C. Latraverse (dir.), *op. cit.*, p. 105-140; J. Provence, « La comptabilité de l'éphémère : l'exemple des entrées troyennes », *Ibid.*, p. 158-162.

l'affection de tous, s'organisent selon une dramatisation du don, mécanisme intégré dans un registre de comportements censés fonder et maintenir les relations interpersonnelles, en dépit du statut détenu par chaque « acteur » de ces entrées, lesquelles perdent, sous le règne de Louis XIV, les traits de réciprocité et d'obligation royale, car tout est centré sur la personne du souverain absolu. Les dons articulent un rituel de réciprocité, dont l'objectif est la mise en place d'une affection, qui repose sur le discours du cœur vantant le sentiment de l'amour réciproque, fixe des liens sociaux et affectifs marqués par la dilection, dépasse les simples rapports gouvernants – gouvernés.

Amitié, faveur, grâce

L'espace curial a joué un rôle important dans la mise en scène du registre du don et les liens tissés entre le prince et ses sujets. Selon Norbert Elias, la cour est une pièce essentielle dans la stratégie monarchique de reproduction des tensions, l'équilibre entre les différents groupes sociaux de force à peu près équivalente et l'attitude ambiguë de chacun d'entre eux face au maître central, une attitude qui ne provient pas de la création d'un roi déterminé. Mais, le jeu des interdépendances et des dissensions ayant atteint un tel degré de rivalités, il revient au souverain, en l'occurrence Louis XIV, maître du jeu interrelationnel, de le maintenir dans son instabilité. Tout en préservant l'aristocratie comme groupe social distinct et en la soumettant au prince, la cour détient le principal mécanisme autorisant les rois de France à perpétuer leur pouvoir, l'antagonisme entre l'aristocratie et la robe, entre la noblesse d'épée et les détenteurs de charges étant tel que l'équilibre des tensions recherché constitue la condition à la construction du pouvoir absolu. Interdépendants et solidaires, mais adversaires, ces deux groupes ne peuvent entrer ensemble en conflit avec le souverain, celui-ci étant toujours plus fort que chaque groupe pris isolément, d'où sa victoire certaine, le roi réussissant à réguler les désaccords, à établir l'équilibre des tensions en attribuant aux deux ordres des droits presque similaires, à ne laisser aucun des deux groupes l'emporter sur l'autre, procédés censés permettre au roi d'agir en pacificateur et d'instaurer le calme. Il est dans l'intérêt du souverain de perpétuer cette rivalité, afin que l'équilibre des tensions soit assuré par lui, processus en mesure de lui garantir le monopole de domination, dont l'impôt, l'armée et l'étiquette de cour constituent les trois instruments définissant conjointement cette forme sociale originale qu'est la société aulique. Dans les sociétés des États dynastiques, composées des élites curiales, les sphères privées et publiques se mêlent, le sentiment d'une obligation envers un homme puissant pouvant susciter la crainte. Les liens familiaux, les rivalités, les amitiés ou les inimités figurent comme des facteurs intégrés dans le traitement des affaires de gouvernement et dans le reste des affaires officielles.

Le don en appelle ainsi en retour un autre dans une séquence temporelle continue, au sein de sociétés qui ne connaissent pas de marchés commerciaux spécifiques, où les biens sont échangés et redistribués. Sans doute est-ce à ce prix que la paix est maintenue au même titre que la solidarité, l'amitié, le statut social. Une telle attention présente des intérêts multiples liés aux configurations sociales et politiques spécifiques des régions, des États, des villes et des arrière-pays pris en examen. Selon l'espace politique envisagé, les caractéristiques et les résultats de l'analyse peuvent ainsi varier, et mettre au jour des normes et des pratiques pertinentes censées éclairer le rapport des échanges symboliques et matériels. Si l'on aborde le cadre des échanges et le monde politique, dans une dimension élargie qui puisse englober la société et l'institutionnel, avec ce qui peut s'ensuivre (distribution et redistribution de biens accordés libéralement, recherche de faveurs, de pensions, de facilités, de patronage) dans une République italienne ayant évolué peu à peu d'un système seigneurial à un État à structure monarchique comme Florence, il est possible de traiter des relations interpersonnelles subtiles établies entre une famille – les Médicis – et les autres membres des élites florentines. Il s'agit d'envisager ce temps long du point de vue des pouvoirs et de leur distribution, susceptibles d'appréhender des échanges aussi bien symboliques que matériels, et les liens de dépendances établis.

La date officielle de la prise de pouvoir des Médicis est l'année 1434, lorsque Côme, revenant de son exil forcé, réussit, grâce au soutien de la Seigneurie, à réintégrer le corps politique citadin. La force des Médicis repose sur leur puissance financière, en mesure de leur assurer une autorité certaine dans la République et sur la mainmise d'un réseau d'associés et de clients qui peuvent devenir leurs alliés politiques[44]. Profitant de ses richesses et de ses réseaux de clientèles, Côme a su attaquer la faction opposée et mettre des hommes dévoués à la cause de sa famille. Les usages du pouvoir permirent aux Médicis d'obtenir un consensus politique authentique, le système électoral ayant été ainsi manipulé par Côme dans le respect apparent des institutions républicaines, en s'appropriant le pouvoir des *accoppiatori*, collège détenant un pouvoir exécutif, composé d'hommes fidèles aux Médicis qui contrôlaient une phase essentielle du système électoral florentin. Néanmoins, les Médicis n'eurent jamais

---

44 J. BOUTIER, S. LANDI, O. ROUCHON (dir.), *Florence et la Toscane, XIVᵉ-XIXᵉ siècles. Les dynamiques d'un État italien*, Rennes, Presses Universitaires de Rennes, 2004.

le contrôle absolu du gouvernement et furent confrontés régulièrement à la concurrence d'autres grandes familles de Florence, mais leur force était puisée dans la manipulation du système politique citadin, dans le prétendu respect des institutions de la République. Un tel système de gouvernement, qui n'était pas officiel, exigeait l'élaboration d'un réseau de connaissances, familiales et diplomatiques, censé leur garantir l'appui politique des familles d'oligarques. Côme, le premier, eut recours aux liens de patronage personnel, politique, économique et artistique qui transformaient des groupes d'intérêts en clientèles, sur la base des parents, des voisins, extension naturelle du cercle parental, consolidé par une politique de concessions de prêts et de donations aux familles du patriciat et aux artisans, et des amis, la plupart des citoyens influents, compétents, dont le rôle politique est primordial. Les Médicis ont cherché à leur offrir des charges publiques, des bénéfices ecclésiastiques, des déductions fiscales et, en échange, attendaient de leurs protégés la gratitude et le soutien. Le patronage assuré a été, en réalité, plus étendu et a concerné également les confréries, des établissements religieux, des artistes et des intellectuels. C'est ainsi que Marsile Ficin, Donatello, Brunelleschi, Botticelli furent des protégés des Médicis. Véritable forme d'investissement politique, le mécénat médicéen permit de créer des dettes de reconnaissance morale qui renforcèrent le rôle joué par cette famille. Laurent le Magnifique ne fit qu'amplifier, dès 1469, le mouvement jadis initié par Côme, en se comportant en véritable prince de la Renaissance italienne : le patronage des fêtes urbaines, de la culture et des arts, contribua à nourrir le mythe médicéen que ne manqua pas de célébrer, plus tard, le juriste et historien François Guichardin. Au mécénat et au patronage qui étaient accordés aux artistes, aux intellectuels et aux écrivains s'ajoute un autre élément constitutif du don : les cadeaux, dont la nature contractuelle demeure essentielle. Ce pouvoir princier dans un État républicain se poursuit, une fois les Médicis au pouvoir, élevés au statut de duc, puis de Grand-duc, dès la seconde moitié du XVIe siècle, désireux de se constituer une cour, à l'instar des autres États monarchiques d'Europe.

Les usages du don par les Grands-ducs de Toscane englobent une casuistique de prestations assez étendue, caractérisées par le maintien de la domesticité, le contrôle des carrières de la bureaucratie et de la cour[45]. Ces gratifications qui marquent la vie curiale des Médicis régulent les équilibres sociaux et politiques, car tout se trouve inséré dans la sphère de l'exercice du pouvoir et dans les normes qui fixent l'étiquette. La nature du transfert des biens, les motivations, les circonstances, les gestes

---

45 M. FANTONI, *op. cit.*, p. 97-137.

du don et le niveau social dans lequel survient l'échange constituent des clefs de lecture pour saisir les dynamiques auliques en Toscane. Aussi la valeur du don augmente-t-elle en fonction du rang détenu par le bénéficiaire, selon une échelle de prestige croissante, allant de la compensation à la rétribution et à l'attribution de privilèges, de titres et de charges politiques, le don étant dès lors un indice des interactions de dépendances sociales et politiques. Les liens tissés grâce au don permettent à la fois de dévoiler la volonté du Grand-duc de gérer le statut des courtisans et de confirmer la place du souverain lui-même, dont le rôle s'avère fondamental dans la distribution des dons, puisqu'il en est l'auteur dans 95 % des cas. L'exemple des vœux présentés au Grand-duc contribue aussi à appréhender la pratique des échanges[46]. Comme l'a analysé J. Boutier, dans les sociétés de l'époque moderne fondées sur l'inégalité sociale, légitimées par le statut social et juridique, les lettres de vœux sont rédigées par des personnes ayant un statut « inférieur » qui leur rappelle les liens de fidélité et d'allégeance qui les font dépendre des dominants, dans l'intention de souligner le respect dû au seigneur, de renforcer et de maintenir de tels liens qui figurent comme un retour des faveurs octroyées[47]. Sans doute apparues en Italie dès la seconde moitié du XVIe siècle, ces lettres font partie des pratiques épistolaires habituelles en Europe occidentale au XVIIe siècle, reposent sur des modèles rhétoriques qui se distinguent en fonction de leurs destinataires, rappelant ainsi le statut de l'expéditeur, l'intention de la lettre, les modes littéraires qui caractérisent la période où s'affirme une telle pratique sociale et expriment le « langage de la fidélité »[48]. Même si elles donnent du prince l'image d'un dispensateur de faveurs, la faveur convoitée ne relève pas, néanmoins, du don (objet, pension, office) que le souverain est censé attribuer. En tout cas, l'usage du destinataire face à la réponse du Grand-duc soulève l'hypothèse, selon Norbert Elias, qu'une telle lettre était un « fétiche de prestige », expression reprise par M. Fantoni sur le don à la

---

46 J. BOUTIER, « Adresser ses vœux au grand-duc. Pratiques épistolaires entre recherche de la grâce et expression de la fidélité dans l'Italie du XVIIe siècle », J. BOUTIER, S. LANDI, O. ROUCHON (dir.), *La politique par correspondance. Les usages politiques de la lettre en Italie (XIVe-XVIIIe siècle)*, Rennes, Presses Universitaires de Rennes, 2009, p. 249-274.

47 Voir, également, pour l'espace néerlandais au XVIIe siècle, I. THOEN, *Strategic Affection ?...*, *op.cit.*

48 Expression que Jean Boutier reprend chez A. L. HERMAN, « The Language of Fidelity in Early Modern France », *Journal of Modern History*, 67 (1995), p. 1-24.

cour médicéenne[49], des dons divers s'intégrant dans les hiérarchies et les équilibres des pouvoirs au sein de la société des courtisans.

Valeur emblématique du système politique monarchique, la faveur permet d'éclairer les rapports interpersonnels et l'histoire des échanges au sein de la société de la première modernité. Les exemples offerts par la cour des derniers Valois contribuent à recentrer l'analyse de l'économie du don, de la faveur accordée par le Prince, exercée dans une perspective sociale et politique[50]. L'apport de la sociologie, celle d'Elias, aide à lire le cadre des échanges dans une optique se situant dans le domaine des représentations et des réponses données à ces formes de dialogue qui rendent manifeste la réalité des échanges. Quelle signification de la politique de faveur exercée par le souverain convient-il de trouver ? L'examen de la pratique de la faveur, sa théorisation, le système des signes, prennent un contour significatif des usages du politique au cours du XVIe siècle en France. Il est ainsi possible de saisir l'évolution des relations entre le pouvoir royal et la noblesse au cours d'une période qui s'annonce essentielle dans la formation et la construction de l'État moderne, les *mignons* tant décriés figurant comme des instruments de pouvoir censés exprimer autant l'image de la majesté que les signes de cette puissance. L'étude du *favori* éclaire cette dimension à la fois politique et sociale, perçue sous l'angle anthropologique, de la libéralité, de la faveur accordée à autrui, avec des objectifs précis et rationnels, l'entourage du prince se situant au cœur du monde aulique, instrument et reflet de sa puissance souveraine. Rétribution souvent ostentatoire d'honneurs symboliques ou matériels, celle-ci autorise les favoris à concentrer et à monopoliser la grâce du souverain qui s'exprime par la forme du don gratuit du regard et de la bienveillance de sa liberté. La faveur doit être ainsi appréhendée comme une situation de pouvoir informel qui n'est pas fondé sur le statut social ou les offices, mais sur un lien de nature *dilective*, traduction d'une relation volontaire et affective avec des individus choisis. Reprenant un lexique propre à Bourdieu, il est possible d'avancer que le *favori* est un individu marqué par la plus grande capitalisation de signes de l'exception (prérogatives symboliques, dignités, récompenses), lesquels rappellent l'existence de rapports de dépendance qui dévoilent la force et la légitimité du pouvoir royal en la personne d'Henri III, l'exercice de la grâce permettant d'exalter

---

49 M. Fantini, « Feticci di prestigio : il dono alla corte medieca », S. Bertelli, G. Cripò (dir.), *Rituale, cerimoniale, etichetta*, Milan, 1985, p. 141-161.

50 X. Le Person, *« Practiques » et « practiqueurs ». La vie politique à la fin du règne de Henri III (1584-1589)*, Genève, Droz, 2002 ; N. Le Roux, *La faveur du roi. Mignons et courtisans au temps des derniers Valois (vers 1547-vers 1589)*, Seyssel, Champ Vallon, 2000.

la souveraineté et jouant en faveur d'une intégration politique qui associe la noblesse au pouvoir royal en des temps aussi troublés que ceux de la deuxième moitié XVIe siècle. Une histoire politique de la faveur permet de tisser les fils d'un discours sur la royauté dans le dernier tiers du XVIe siècle, période où la faveur se concentre entre les mains d'un groupe restreint d'individus qui constituent autant d'agents d'un processus à la fois de réintégration politique du royaume et de consolidation du pouvoir monarchique, et forme autant d'indices sur l'histoire d'une pratique qui passe d'une économie de la faveur à une autre différemment conçue, fondée sur un rapport de type privé et *dilectif*.

Si la cour connaît un développement particulier sous Henri III, celle-ci est déjà marquée, dans la première moitié du XVIe siècle, par une politique royale qui repose sur le principe de la justice et tend à privilégier le connétable Anne de Montmorency, clé de voûte du système de rétribution, distributeur unique des ressources de l'État et organisateur de l'appareil de gouvernement. La conception prise par l'exercice du bon gouvernement, articulé initialement sur une économie familiale de l'État, expression même du principe de la justice, est à l'origine de la faveur royale. La grâce du prince est conçue comme une harmonie partagée entre les sujets selon le modèle d'une équitable répartition des biens et de l'image de la famille (l'affection du père pour ses enfants). Dans cet idéal domestique du gouvernement, la cour est un espace assez ouvert où les élites du royaume parviennent à négocier leur participation à la sphère de l'autorité publique. Aussi le pouvoir du connétable de Montmorency s'exerça-t-il dans ce contexte marqué par des valeurs d'équilibre.

Le paradigme de la *faveur* connaît une histoire qui n'a pas été linéaire. Dès le milieu du XVIe siècle, la *faveur* se trouve équilibrée par la notion de concorde, le début des guerres civiles bouleversant les structures de pouvoir, jadis caractérisées par un système participatif traditionnel. La reine mère Catherine de Médicis tend, dès 1559, à exclure la faveur selon l'idéal de l'association des sujets au souverain. Cherchant à se rattacher les membres des différentes factions opérantes à la cour et ceux des partis religieux, elle se fonde sur les ressources de la couronne (gratification en argent, distinctions honorifiques, commandements). Cette politique se justifie par une idéologie de l'amitié ou de l'harmonie qui suppose l'exercice du don, la faveur étant légitimée par ce discours saisi comme un lien social généralisé qui rassemble les élites. Mais dès le début des guerres civiles, ce modèle, qui fonde les rapports entretenus entre le roi et ses sujets, en particulier les nobles, fait émerger l'idée de la perversion du modèle familial et économique du gouvernement reposant sur une répartition équilibrée des honneurs et des faveurs. Un tel système domestique de gouvernement connaît de sérieuses entraves avec la faveur royale, celle-ci figurant comme un don gratuit qui exprime la valeur créatrice de la majesté, les rapports interpersonnels ne se concevant pas sur le modèle lignager au centre duquel le souverain est le maître suprême et naturel, mais au contraire sur la force de la grâce émanant de la personne royale.

La notion de *faveur* se fonde sur un lien vertical de la relation prince – courtisan, et un débat nouveau apparaît à l'époque qui privilégie la réflexion sur la grâce princière, des textes comme celui de Baldassar Castiglione constituant une des sources essentielles. Chez Castiglione et ses émules, la *faveur* est le lien privilégié entre le prince et son entourage, selon le modèle de la grâce divine qui établit une tension entre Dieu et l'homme dans la perspective du Salut, le vocabulaire rendant compte de la prégnance de cette *faveur* entendue comme *grâce*. Le mot *faveur* apparaît dans la langue française en 1130, avec le sens de *don* ou de *bienfait*; *favoriser*, mentionné dès le XIVe siècle, signifie *donner faveur* et *favorer*, censé accorder des choses précieuses, existe au XVe siècle, *favori* n'apparaissant qu'à partir du milieu du XVIe siècle. Le *Dictionnaire* de Robert Estienne [1549] fait état des termes *faveur*, *favori*, *favorable* et *favorablement* qui englobent 44 entrées. La cour – du prince ou de la justice – reste un espace où s'exprime une forme d'autorité cristallisée par la *faveur*, paradigme polysémique, alors qu'il existe un troisième emploi de ce mot rendant manifeste l'idée d'une *faveur divine*, d'une force transcendante. Dès le début des guerres civiles, l'usage de *faveur* se libère du champ politique et désigne soit des objets matériels, constituant autant de signes de la *faveur* (bague, cordon, écharpe, ruban...), soit une expression incarnée de la *faveur* dans une dimension possessive (mon *favorit*, ma *favorite*), tandis que *favori* se rattachait à la personne du roi (le *favori* du roi). Selon les théoriciens de la noblesse française, la *faveur* connaît à l'époque une connotation particulière et supplémentaire qui se rapporte au lien privilégié unissant la noblesse à son souverain et à l'honorabilité du noble dans le bon fonctionnement de la société. Il fait partie de la *grâce* et de la *générosité équitable*, modèle d'échanges où rien n'est attendu en contrepartie, soulignant sa caractéristique mystérieuse et arbitraire, une axiologie qui demeure positive jusqu'au milieu du XVIe siècle en France. Modèle de l'acte souverain, fondée sur la notion de l'amour en Dieu et le don gratuit et universel, la *faveur* exclut l'idée de favoritisme et met en jeu l'honneur du prince – Seigneur par l'attribution de sa grâce, laquelle ne repose pas sur le rang, le statut et les qualités morales de ses bénéficiaires. Du coup, l'exercice figure comme un risque possible de dérèglement de la juste répartition des honneurs, car la faveur et le don sont susceptibles de menacer les équilibres existants, s'ils ne sont attribués qu'à un groupe minoritaire. L'économie du don royal fixe une relation verticale inégalitaire qui renforce l'autorité du donateur, intégré dans un réseau d'obligations dépendant de la réponse attendue et différée du contre-don. La concorde, l'association, la pratique d'une amitié généralisée entre le souverain et sa noblesse, l'économie humaniste de la *faveur* sont abandonnées en 1572, après le massacre de la saint Barthélemy, au profit de la consolidation de l'autorité monarchique fondée sur l'exercice de la grâce : dans ce registre, le futur Henri III excelle et impose une nouvelle conception de la cour et de la politique, restreignant à ses sujets l'accès à la personne royale, véritable gestionnaire des réseaux de clientèles. Unique dispensateur de la grâce, le souverain est alors le seul organisateur de la réintégration politique, le maître à la fois des ressources de l'État, en mesure de rémunérer les fidèles, et de la hiérarchie des honneurs, distribués selon des objectifs et des procédés précis lui permettant de devenir un roi de justice absolu.

Le binôme *amitié-majesté* contribue à réaliser une lecture particulière des échanges dans la société de la première modernité qui témoigne de la difficulté à associer ces deux concepts pour les auteurs de l'époque : les amitiés et les relations affectives jouent un rôle primordial dans la vie publique au XVIe siècle, structurant aussi bien la sociabilité nobiliaire que les mécanismes de l'organisation politique fondés sur des vecteurs émotionnels. Reposant sur la notion de réciprocité interactionnelle, le concept de *philia* forme le modèle des relations humaines et fait ressortir, selon les idées de l'amitié d'Aristote et de Cicéron, un lien de société qui est dicté par l'exercice de la raison et de la vertu. Aussi la *philia* présente-t-elle plus des aptitudes morales que des fondements affectifs, un mode de cohérence et d'intégration dans la Cité, en faisant appel à l'idée de concorde. Cependant, une difficulté subsiste et rend les configurations sociales particulières : une amitié authentique ne peut exister que s'il se vérifie une égalité de condition sociale entre les individus. Or le rang du roi est supérieur à celui de ses sujets, même nobles, lesquels ne sont que des instruments d'une politique royale qui les dépassent, l'idée de faveur paraissant ardue à intégrer dans les formes publiques de l'amitié, car elle perturbe le cadre habituel des rapports entre le souverain et ses sujets, le prince ayant le droit d'accorder sa confiance et son affection à des favoris qui figurent comme des images de lui-même, dans la mesure où les intérêts de l'État sont absents de leurs préoccupations. Le droit du prince à la félicité dépend seulement de ces affaires privées ou domestiques, mais de telles relations ne doivent influencer en aucun cas les devoirs qui reviennent au chef de l'État, encore moins l'intégrité de sa majesté.

Rythmée par la *caresse* et la louange, dispensée à certains sujets, la faveur royale peut faire l'objet d'interprétations et de malentendus multiples, parfois entretenus en temps de troubles, la faveur pouvant être accompagnée de signes qui ne sont pas forcément perçus de façon positive[51]. Les *caresses* décrites au XVIe siècle, constituant un langage et une manière de se comporter récurrents dans le cadre des rites d'interaction sociale et politique, sont censées alimenter des discours sur les relations interpersonnelles. Exprimée à la fois dans la correspondance et les propos, dans une intention le plus souvent stratégique, destinée à entretenir de bons rapports, la *caresse* est employée dans l'éloge, la louange, le compliment, le panégyrique, à l'intérieur du jeu de la compétition politique. Qu'il s'agisse de tromperies ou de trahisons, celles-ci entretiennent des liens sociaux, peut-être illusoires, mais nécessaires dans le monde curial et l'entourage royal, le souverain lui-même, tel Henri III, ne se privant pas d'utiliser de tels procédés en public envers ses différents interlocuteurs, les gestes d'amitiés, les accolades, les embrassades destinées à scander – même de façon symbolique – le rapprochement du monarque vers autrui. Soucieux de publicité, le roi prodigue des *caresses* – face pourtant cachée servant les intérêts de celui (le roi ou, alors, de ceux) qui s'emploie dans ce registre –, afin que tous puissent le voir et l'entendre, comme en août 1588, lors de la réconciliation entre Henri III et le duc de Guise, le souverain s'étant montré bienveillant envers le duc, une attitude qui fut saisie comme une faveur royale rare accordée à son adversaire d'hier et qui modifia la place et la dignité de Guise à la cour. Ces manifestations sont des signes d'une amitié retrouvée, rendue perceptible par de tels gestes et paroles, une amitié qui devient une réelle obligation pour le duc, désormais redevable envers le monarque, obligation qui en appelait d'autres dans le royaume, lien instrumentalisé destiné à amadouer le duc de Guise, ultra-catholique, jadis farouche opposant au roi, et à donner éventuellement naissance à des différends au sein des réseaux à la tête desquels était le nouvel obligé. Les *caresses* des courtisans et des conseillers du souverain passaient souvent pour des flatteries dans de nombreux textes (pièces satiriques, œuvres poétiques, écrits sur les troubles civils), dénonçant leur rôle tenu pour méchant, trompeur, mauvais et flatteur, qui masquait des intentions parfois guère avouables. Pourtant très décrié à l'époque, le danger provenait des artifices du flatteur jouant sur les apparences de l'amitié, afin d'obtenir ce qu'il convoitait, une amitié feinte dont le souverain devait savoir se prémunir.

---

51 X. Le Person, *op. cit.*, p. 523-547.

Dieu étant l'ordonnateur de toute chose, partie intégrante de tous les dons, en sa qualité de donateur originel, spectateur des transactions de dons et, parfois, de donataire, il n'est pas possible d'occulter le rôle joué par le divin dans les sociétés d'Ancien Régime. Ainsi les relations de don dans les institutions religieuses jouèrent un rôle particulier, car elles contribuèrent à donner le ton pour les offrandes à effectuer. Mais les exemples souffrent des crises religieuses que connaît l'Europe au XVIe siècle, et le système du don se trouve impliqué dans cette réflexion qui divise les tenants du catholicisme et du protestantisme. Aussi les doutes sur la réciprocité ont-ils gagné la France au cours du XVIe siècle. Le poids de l'obligation trouva une expression angoissée dans la critique protestante des voies catholiques du salut. Les réformes religieuses au XVIe siècle figurent comme une querelle sur le don, sur la question de savoir si les individus pouvaient faire preuve de réciprocité envers Dieu, s'ils pouvaient obliger Dieu et connaître la valeur réelle des dons que se faisaient les uns et les autres. Cette querelle, toutefois, évolua de façon autonome, selon ses propres termes, mais en même temps que la dispute sur les obligations du roi envers ses sujets.

Le système catholique du don reposait sur l'ancienne considération que les choses sacrées ne pouvaient être vendues (simonie). L'idée était établie que l'Église était une institution dans laquelle circulaient des dons, qui était fondée sur une réciprocité intense, allant de la simple cire de bougie à la foi, sur un échange entre les vivants et les morts, entre les laïcs et le clergé, les laïcs donnant calices, vêtements de prêtre, argent, tandis que le clergé faisait des prières et des intercessions liturgiques, les biens circulant également au sein du clergé lui-même (prêts, financement de messes, cire de chandelle). Mais les laïcs et les clercs donnaient aussi des dons aux pauvres, souvent dans un cadre sacré (nourriture, vêtement, aumônes, dots, repas, draps) et les dons à Dieu, l'aumône étant déjà un don fait à Dieu. La messe représentait l'élément central de cette symbolique chrétienne, en l'honneur de Dieu, alors qu'elle était critiquée par la communauté protestante. Pour les catholiques, ce culte symbolisait la réciprocité du don entre les humains et Dieu, et entretenait l'espoir des hommes en la faveur divine. C'est au cours du glissement des dons usuels vers des paiements exigés que se mesure la grave crise affectant l'Église catholique de l'intérieur, par les jésuites souvent très critiques, comme de l'extérieur, par les protestants qui s'opposaient à certains usages tenus pour impropres à l'Église primitive : sont ainsi évoquées, parfois avec une forte insistance, la simonie et la réciprocité restreinte pratiquées par les catholiques pour des groupes limités (enfants, frères et sœurs spirituels, parents, serviteurs). Qu'en est-il de l'usure perçue du point de vue du sacré, l'usure censée relever du pur intérêt financier, de l'égoïsme de l'homme d'affaire préoccupé à tirer profit d'un prêt accordé et à établir un rapport impersonnel entre lui et le client ? Les idées exprimées en Espagne aux XVIᵉ et XVIIᵉ siècles, qui privilégient la catholicité moderne par une nouvelle lecture de l'Église, de l'idée du don et de la grâce, prennent une ampleur singulière grâce à l'examen de l'usure[52]. L'*antidora*, expression du contre-don, est le système grâce auquel le surplus suivant la restitution de l'emprunt effectué est légitimé par la volonté de rendre perceptible la relation d'amour que le prêt accordé a fixé entre les deux parties. Aussi le thème de la rétribution du prêt peut-il être envisagé dans le cadre de la réciprocité sociale et de l'interaction, une telle économie des échanges sociaux s'intégrant dans un contexte culturel dominé par la doctrine du droit commun catholique et le lien familial. S'affirme une théologie de l'amour pour une anthropologie des proportions : lorsque le calcul se confond avec les sentiments et traduit une réalité marquée par la nuance et des valeurs sociales fortement enracinées à l'époque, l'usure identifie un système de grâces qui génèrent des obligations individuellement libres, mais collectivement contraintes. L'*antidora* est opératoire dans un double registre naturel, à la fois obligatoire et libertaire. Comment l'expliquer ? Le prêt, en fait, ne peut se réduire à un acte de libéralité, car il manquerait dès lors l'exigence d'égalité. Mais il n'est pas enfermé dans le domaine de la justice au sens strict, car la possibilité du bénéfice ferait défaut. Le premier registre respecte la proportion, l'ordre essentiel de relations sociales, alors que l'autre rend possible l'amitié qui forme un lien social fondamental. Aussi est-il possible de renouveler l'histoire et la perception des phénomènes apparemment si sûrs, si classiques et si déterminés que sont la religion et le don, saisis sous l'angle de la grâce[53]. L'appréhension de la nature du don s'enrichit si elle est considérée par rapport à d'autres formes de l'échange. Que le don soit une sorte de transaction n'empêche personne de comprendre que la valeur des choses ne correspond pas à leur valeur économique, aucune équivalence n'étant réellement envisageable entre les dons offerts et ceux reçus, car tout repose sur la valeur des individus concernés et le prix fixé (ou la valeur

---

52 B. Clavero, *La grâce du don. Anthropologie catholique de l'économie moderne*, Paris, A. Michel, 1996 ; première édition en langue espagnole à Milan, *Antidora. Antropología católica de la economia moderna*, Giuffrè, 1991.
53 B. Clavero, *op. cit.*, *passim*.

attribuée à l'objet), la frontière entre le don et les formes de l'échange étant ainsi difficile et peu rigide[54].

Le phénomène ainsi enclenché par le système de don et de contre-don semble inscrit dans des perceptions le plus souvent cohérentes et tracées, dont les résultats s'avèrent apparemment uniformes et prévisibles, et renforcent la valeur du lien social. Les recherches récentes, conduites par les historiens, tendent à souligner d'autres aspects de ce paradigme polysémique. Entre le donateur et le récipiendaire qui fonde la pratique du don apparaît, en réalité, des incertitudes et, partant, des risques. La notion de négociation contribue à dégager la capacité de reconstruire la logique de l'action des hommes et des femmes du passé, tâche ardue nécessitant une analyse du contexte et l'acceptation que le hasard peut également dicter l'action sociale. Les tensions relevées rappellent que les dons peuvent parfois échouer. Les pratiques de la représentation, notamment dans la sphère politique, participe des ambiguïtés naturelles du don, assumant un rôle particulier, censé distinguer le *cadeau* du *pot-de-vin*, réalisé en public ou en privé, déterminant son caractère légal ou illicite. Les processus de modernisation des relations économiques, sociales et politiques liées aux usages multiples et redéfinies du don, ne doivent-ils pas être, en définitive, compris dans la différenciation des modes de l'échange, lesquels mériteraient à juste titre d'être distingués, opposés et associés ? Les changements se vérifiant dans le lexique politique (passage du *don* au *pot-de-vin*, du *don* à l'*impôt*), ainsi que dans les stratégies de diversion et de conversion, contribuent à donner un sens nouveau et modifiable aux transferts des objets dans les sphères de l'échange et du don qui s'annoncent imprévisibles. Théologie de l'amour pour une anthropologie des proportions, langage métaphorique du don, concordat symbolique du cœur et du sang, chorégraphie des dons, affection stratégique, participent du lien social, selon des modalités, des usages, des discours, des perceptions et des contextes qui diffèrent d'un État à l'autre, d'une époque à l'autre. Le système de réciprocité, le *potlatch* « à la vénitienne », la *mana*, le *hau*, aident à cerner les multiples formes que peut assumer le don et le contre-don à l'époque moderne, et à tisser le lien social.

---

54 L. FONTAINE, *L'économie morale. Pauvreté, crédit et confiance dans l'Europe préindustrielle*, Paris, Gallimard, 2008, p. 258-263, mais aussi C. MULDREW, *The Economy of Obligation. The Culture of Credit and Social Relations in Early Modern England*, New York, Palgrave, 1998.

La réciprocité de l'échange matrimonial : enjeux économiques et politiques (Venise, XVe-XVIIe siècles)

Anna BELLAVITIS

Introduction

En critiquant la théorie de Claude Lévi-Strauss sur l'échange comme fondement unique de la société, Maurice Godelier insiste sur le fait que « au-delà de la sphère des échanges, existent d'autres domaines, une autre sphère constituée de tout ce que les humains s'imaginent devoir soustraire à l'échange, à la réciprocité, à la rivalité, devoir conserver, préserver, voire enrichir », et affirme que « la société humaine a tiré son existence de deux sources, l'échange, le contrat, d'une part, le non contractuel, la transmission, de l'autre »[1]. Godelier ajoute que « la place du don ne peut être définie que si l'on prend une vue plus précise des rapports qui existent entre la sphère des choses sacrées qu'on n'échange pas et celle des objets précieux ou des monnaies qui entrent dans les échanges de dons ou les échanges marchands »[2]. Il existe en même temps interdépendance et autonomie relative entre la sphère de l'aliénable et celle de l'inaliénable, mais aussi une limite infranchissable entre ce qui peut être objet de don (et de contre-don) et ce qui, au contraire, doit être préservé pour être transmis. Transmettre signifie aussi donner, mais selon des modalités différentes de celles qui règlent la sphère de ce qui peut être échangé. En situant notre problématique dans le cadre des études d'histoire de la famille à l'époque moderne, nous pourrions remplacer le mot « société » par le mot « famille », le mot « échange »

---

1 M. GODELIER, *L'énigme du don,* Paris, Flammarion, 1996, p. 53.
2 M. GODELIER, *op. cit.*, p. 54.

par « contrat matrimonial » et le mot « transmission » par « transfert de biens d'une génération à l'autre, organisé par les normes successorales et les pratiques testamentaires ». Dans les familles, la sphère des « choses » qu'on n'échange pas ne concerne pas le domaine du sacré, mais plutôt le domaine du lignage : ce sont les biens lignagers qui sont soustraits aux mécanismes de l'échange.

Les biens lignagers sont les biens destinés à la descendance masculine, alors que les femmes, en quittant leur nom et leur maison d'origine, sortent du lignage et les biens immeubles qui caractérisent l'identité lignagère (les palais de famille) ne leur sont pas destinés. Ces règles de dévolution des héritages définissent les sociétés des villes italiennes d'Ancien Régime comme « lignagères », car « les biens garantissant l'aisance et la stabilité sociale sont transmis de manière privilégiée, sinon exclusive, par les hommes »[3]. Mais, « à la différence des sociétés lignagères africaines, les sociétés européennes, même lignagères, n'excluent jamais tout à fait les femmes des mécanismes dévolutifs »[4]. Cette distinction nous renvoie au débat sur la « *diverging devolution* », c'est-à-dire, selon la formule de l'anthropologue Jack Goody, la bilatéralité de la succession qui assure aux garçons comme aux filles une part de l'héritage des parents[5]. En réalité, le fait que dans les systèmes lignagers européens les femmes soient dotées ne veut pas dire qu'elles reçoivent des biens de la même qualité et quantité que les hommes, au contraire.

Selon la typologie décrite pour la Grèce ancienne, le sexe détermine une exclusion absolue de la maison, qui revient toujours à des mâles issus de mariage légitime, alors que les filles sont dotées et vont « jouer les mères dans d'autres maisons de la cité »[6]. En revanche, à Athènes, comme à Venise, les relations patrimoniales entre les frères, par rapport aux biens du père, sont totalement égalitaires : « masculinité, légitimité et égalité fraternelle sont des principes absolus »[7]. Notons que cette égalité entre frères légitimes est le fondement de la structure républicaine de la cité grecque, comme elle l'est de la république aristocratique de Venise.

---

3 G. AUGUSTINS, *Comment se perpétuer ? Devenir des lignées et destins des patrimoines dans les paysanneries européennes*, Nanterre, Société d'ethnologie, 1989, p. 333.
4 G. AUGUSTINS, *op. cit.*
5 J. GOODY, *Famille et mariage en Eurasie*, Paris, Presses Universitaires de France, 2000.
6 A. FINE, C. LEDUC, « La dot, anthropologie et histoire. Cité des Athéniens, VIe-IVe siècle/Pays-de-Sault (Pyrénées Audoises), fin XVIIIe siècle-1940 », A. GROPPI, G. HOUBRE (dir.), *Femmes, dots et patrimoines,* n° monographique, *Clio. Histoire, femmes et sociétés,* 7 (1997), p. 19-50.
7 A. FINE, C. LEDUC, « La dot, anthropologie et histoire... », p. 28.

Succession et dot en droit vénitien

En droit vénitien aussi, toute l'organisation de la succession est fondée sur le principe que les biens immeubles se transmettent par voie masculine[8] : quand il s'agit de l'héritage paternel, les fils héritent à égalité des immeubles et les filles des meubles, et les filles déjà mariées, et donc dotées, ne reçoivent plus d'héritage de leurs pères. Toutefois, une fille qui considère que sa dot n'est pas « convenable » a la possibilité de demander un complément, à prendre sur les biens immeubles du père. En revanche, le partage des biens, meubles et immeubles, de la mère est totalement égalitaire, entre tous les fils et toutes les filles, célibataires, mariées, ou veuves. En faisant circuler les immeubles entre les femmes, les Statuts de 1242 admettent à l'évidence la possibilité que des femmes en possèdent, alors qu'on vient de montrer que les normes de ces mêmes Statuts sur la transmission des héritages paternels tendent à exclure cette éventualité. En réalité, à Venise les femmes ont plus de droits à recevoir et à transmettre des héritages que dans beaucoup d'autres villes italiennes. Par exemple, selon les Statuts de Gênes, Florence, Pise, Sienne, Arezzo, les filles sont exclues de la succession maternelle au profit de leurs frères ou de leurs descendants, sans qu'il ne soit fait aucune obligation à la mère de contribuer à leurs dots. À Arezzo, Pistoia et Florence, les filles sont en plus exclues de la succession de leurs grand-mères et arrière-grand-mères[9].

Dans le cas de Venise, on peut parler de bilatéralité du système successoral : une « bilatéralité imparfaite », comme je l'ai définie ailleurs[10], mais réelle. Par exemple, le fait qu'une fille déjà dotée puisse rentrer dans la succession du père si la dot ne provient pas des biens paternels, ou, encore, le fait que la fille qui juge sa dot insuffisante puisse en exiger un

---

8 Pour les normes des Statuts sur la succession « *ab intestat* », cf. *Novissimum Statutorum ac Venetarum Legum Volumen,* Venise, ex typographia Ducali Pinelliana, 1729, surtout le Livre IV. Sur les origines de ces normes, cf. O. DILIBERTO, « Successione legittima, diritto romano », *Enciclopedia del diritto*, vol. XLV, Milan, Giuffré, 1992, p. 1296-1317 ; A. PADOVANI, « Successione legittima, diritto intermedio », *op. cit.*, p. 1317-1322.

9 I. CHABOT, « Richesses des femmes et parenté dans l'Italie de la Renaissance. Une relecture », I. CHABOT, J. HAYEZ, D. LETT (dir.), *La famille, les femmes et le quotidien (XIVe-XVIIIe siècle). Textes offerts à Christiane Klapisch-Zuber*, Paris, Publications de la Sorbonne, 2006, p. 263-290. Voir aussi EAD., « Notes sur le système successoral florentin (XIVe/XVe-XVIIIe siècles) », A. GROPPI, G. HOUBRE (dir.), *Femmes, dots et patrimoines, op. cit.*, p. 51-72 ; R. AGO, « Universel/particulier : femmes et droits de propriété (Rome, XVIIe siècle) », *op. cit.*, p. 101-116 ; EAD., « Ruoli familiari e statuto giuridico », *Quaderni Storici*, 88, 1 (1995), p. 111-133.

10 A. BELLAVITIS, *Identité, mariage, mobilité sociale. Citoyennes et citoyens à Venise au XVIe siècle*, Rome, Collection de l'École Française de Rome, 282, 2001, p. 152-154.

complément, sont des corrections importantes au système de l'« *exclusio propter dotem* ». Même la distinction entre meubles et immeubles doit être questionnée, car à Venise, comme dans d'autres traditions juridiques, certains biens apparemment immobiliers (terres et édifices) peuvent être considérés des biens meubles et vice-versa. D'autre part, dans une économie marchande, telle celle de Venise à l'époque de la promulgation des Statuts, admettre les femmes à la succession des biens meubles signifie les admettre à la succession des biens les plus importants.

Dans les sociétés marquées par le droit romain, l'épouse reçoit, au moment du mariage, une dot qui représente sa part de l'héritage paternel, alors que l'époux reçoit l'héritage du père à la mort de ce dernier. Des donations « *inter vivos* », des participations aux revenus : il peut y avoir évidemment plusieurs formules pour échapper à cette attente et recevoir son héritage, ou une partie de celui-ci, du vivant du père[11]. En revanche, il est certain que l'héritage que la fille peut espérer recevoir de son père lui parvient sous forme de dot, promise au moment du mariage et, normalement, payée dans les années qui le suivent.

Il y a donc, en principe, un décalage temporel dans l'accès des deux époux à l'héritage paternel[12], mais à Venise, au XVIe siècle, dans environ la moitié des mariages, le père de l'époux est déjà mort au moment des noces et dans environ un tiers des cas le père de l'épouse l'est aussi[13]. À Venise aussi, comme dans d'autres régions d'Europe à la même époque[14], le mariage ne se réalise que quand les questions d'héritage sont déjà réglées aussi bien pour les hommes que pour les femmes. On peut y voir simplement de banales raisons démographiques, mais on peut aussi rappeler que, selon le modèle dit « de Hajnal », le mariage retardé, pour attendre l'héritage des parents, est l'une des caractéristiques du système familial d'Europe occidentale[15].

---

11 Cf. L. BONFIELD, « La distribuzione dei beni tra gli eredi negli atti di successione matrimoniale inglesi dell'età moderna », *Quaderni storici*, 88, 1 (1995), p. 63-83.

12 Cf. B. DEROUET, « Dot et héritage : les enjeux chronologiques de la transmission », *L'histoire grande ouverte. Hommages à Emmanuel Le Roy Ladurie*, Paris, Fayard, 1997, p. 284-292.

13 Cf. A. BELLAVITIS, *Identité, mariage, mobilité sociale, op. cit.*, p. 171.

14 Cf. par exemple, le cas de l'Italie du Sud étudié par Gérard DELILLE, *Famille et propriété dans le Royaume de Naples (XVe-XXe siècle)*, Rome-Paris, École Française de Rome, 1985 et celui d'Aix-en-Provence étudié par Claire DOLAN, *La famille, le notaire et la ville à Aix-en-Provence durant la seconde moitié du XVIe siècle*, Toulouse, Presses Universitaires du Mirail, 1998.

15 J. HAJNAL, « European Marriage Patterns in Perspective », D. V. GLASS, D. E. C. EVERSLEY (dir.), *Population in History*, Londres et Chicago, Arnold et Aldine, 1965. Sur les modèles familiaux européens, cf. les nombreuses synthèses parues ces dernières années, A. BURGUIÈRE, C. KLAPISCH-ZUBER (dir.), *Histoire de la*

La dot, propriété de la femme, est payée au mari, qui en a la gestion et l'usufruit ; en revanche, pendant toute la durée du mariage, la femme ne peut pas y toucher, mais, en droit vénitien, elle peut la léguer. La femme est considérée comme la première créancière hypothécaire du mari, dès son établissement dans sa maison. Non seulement la famille du mari est obligée de rendre la dot à la veuve, mais le mari qui vend des biens dotaux doit aussi faire un dépôt équivalent à l'État et, dès le moment du mariage, des biens, généralement immobiliers, de la famille du mari sont hypothéqués à garantie de sa restitution.

Le premier paradoxe du système est qu'il s'agit d'un bien dont la « *proprietas* » passe du père à la fille, sans que cette dernière en ait jamais la « *possessio* », qui est transférée au mari. Mais c'est en même temps un bien qui doit revenir en possession de sa propriétaire, car, tout en étant « donné », il reste toujours la propriété du donateur, suivant un modèle qui s'apparente à celui du « *keeping while giving* » formulé par Annette Weiner[16]. Toutefois, à la différence des biens « lignagers », les biens des femmes ne sont pas inaliénables, puisqu'il suffit de « rendre » à la propriétaire des biens équivalents à ceux qu'elle avait « donnés ». On a donc des biens qui changent de possesseurs sans changer de propriétaire et qui, ensuite, sont en principe rendus, sous une forme qui peut être identique, ou équivalente, mais aussi augmentée, si le contrat de mariage prévoit le versement d'une « contredot » du mari à la femme, en cas de veuvage, mais qui peut aussi être diminuée d'un « tiers », selon les normes somptuaires vénitiennes.

Il faut alors introduire, également pour l'héritage féminin, la dimension temps. La récupération de l'héritage paternel n'est pas subordonnée, pour les filles mariées, à la mort du père, mais à celle du mari. Il est évident que si le fait de survivre à ses parents fait partie de l'ordre du probable, survivre à son mari rentre seulement dans l'ordre du possible. L'âge des époux joue alors un rôle fondamental. Au XVe siècle, dans son traité sur le mariage, Francesco Barbaro incite les jeunes patriciens à choisir des épouses à peine pubères, afin de les éduquer et de façonner leur caractère

---

famille, vol. 3, *Le choc des modernités*, Paris, A. Colin, 1986; J. CASEY, *The History of the Family*, Oxford, Basil Blackwell, 1989; M. BARBAGLI, D. I. KERTZER (dir.), *Storia della famiglia in Europa. Dal Cinquecento alla Rivoluzione francese*, Bari-Rome, Laterza-Yale University Press, 2002; sur l'Italie, cf. M. BARBAGLI, *Sotto lo stesso tetto. Mutamenti della famiglia in Italia dal XV al XX secolo*, Bologne, Il Mulino, 1988 (1ère éd. 1984); D. I. KERTZER, R. P. SALLER (dir.), *La famiglia in Italia dall'antichità al XX secolo*, Florence, Le Lettere, 1995 (Yale 1991); F. MAZZONIS (dir.), *Percorsi e modelli familiari in Italia tra '700 e '900*, Rome, Bulzoni, 1997.

16 A. WEINER, *Inalienable possession. The paradox of keeping-while-giving*, Berkeley, 1992.

selon leurs bons désirs. En réalité, au début du XVᵉ siècle, les garçons se mariaient vers vingt-six, vingt-sept ans et, à la fin du siècle, vers trente-trois, trente-quatre. Pour les filles, faute de données, il faut s'en remettre aux souhaits, voire aux consignes, exprimés dans les testaments des parents. Une grande variété d'âges au mariage pour les filles est prévue par les testaments patriciens, allant de douze à vingt ans, mais, au début du XVᵉ siècle, la plupart s'arrêtent à quatorze ans, alors que, vers la fin du siècle, on remarque la tendance à reculer le mariage des filles, vers leurs dix-huit ans[17]. Dans les testaments des marchands du XVIᵉ siècle, il est souvent prévu que les garçons restent à la maison, « sous leur mère » jusqu'à vingt-cinq, voire trente ans, et que les filles ne soient pas mariées avant l'âge de dix-sept ou dix-huit ans[18]. À la même époque, les garçons vénitiens sortent de leur période d'apprentissage entre dix-neuf et vingt ans et les filles entre seize et vingt-et-un ans[19]. Le statut d'apprenti étant, par définition, incompatible avec une vie de famille[20], l'âge à la fin de l'apprentissage est à considérer aussi comme l'âge à partir duquel il devient envisageable, pour des jeunes gens, de s'établir à leur propre compte et de fonder une famille. Par rapport aux autres groupes sociaux, il semble donc que les âges au mariage des artisans soient plus élevés pour les filles et moins élevés pour les garçons. En conclusion, puisqu'il semble bien que l'écart d'âge entre mari et femme soit strictement lié au groupe social, on peut dire que plus la dot est importante, plus cet écart est élevé et plus il y a de chances qu'il y ait, tôt ou tard, une veuve à rembourser.

Des biens qui circulent

Les Statuts spécifient que, pour la restitution de la dot à la veuve, il faut choisir les « propriétés attenantes et les plus utiles », et qu'il faut commencer par les biens *de foris*. En fait, si la dot, en tant que « part

---

17 S. Chojnacki, *Women and Men in Renaissance Venice. Twelve Essays on Patrician Society*, Baltimore-Londres, Johns Hopkins University Press, 2000, p. 186 et suivantes.
18 A. Bellavitis, *Famille, genre et transmission à Venise au XVIᵉ siècle*, Rome, École Française de Rome, 2008.
19 Ead., « Apprentissages masculins, apprentissages féminins à Venise au XVIᵉ siècle », *Histoire Urbaine*, 15 (2006), p. 49-73.
20 Sur le problème du mariage des « jeunes » de boutique et apprentis, cf. M. E. Wiesner, « Wandervogels and Women : Journeymen's Concepts of Masculinity in Early Modern Germany », *Journal of Social History*, 24 (4), 1991, p. 767-782 ; J. Ehmer, « Servi di donne. Matrimonio e costituzione di una propria famiglia da parte dei garzoni come campo di conflitto nel mondo artigiano mitteleuropeo », *Quaderni Storici*, 80, n° 2, août 1992, p. 475-507.

patrimoniale des enfants mis en circulation »[21] est presque inévitablement composée de biens meubles, elle est souvent rendue en biens immeubles, du moins à Venise. Il s'agit des biens, appartenant à la famille du mari, sur lesquels elle avait été « assurée ». Si l'on assume que la dot implique la circulation des biens, on peut trouver normal que l'on fasse circuler les « meubles » (*mobiles*). En réalité, la définition de ce qui était « meuble » ou « immeuble » est objet de débat parmi les juristes à l'époque moderne et, au XVIIIe siècle, il est certain que les biens immobiliers, quand ils sont en dehors de Venise, sont considérés des biens meubles[22].

Cette évolution, à vrai dire assez paradoxale, qui fait des terres ou des maisons en « Terre ferme » des biens meubles et des maisons bâties sur les eaux de la lagune, des biens immobiliers, se réalise dans le contexte des débats sur la restitution de la dot à la veuve. On peut supposer qu'il s'agit de répondre à des conflits d'interprétation qui trouveraient leur origine dans les Statuts qui, tout en déclarant que les immeubles étaient destinés aux fils et les meubles aux filles, prévoyaient de rendre aux veuves, en remboursement de leurs dots, des propriétés « utiles et attenantes » en commençant par les biens « *de foris* ».

Selon une glose du XIVe siècle aux Statuts, les biens « *de foris* » sont ceux « *in quibus vir vel socer non habitat* ». Si on s'en tient à une traduction littérale de la phrase, la veuve n'a pas le droit de chasser son beau-père et, dans les cas où la femme décède avant son mari, sa famille n'a pas le droit de chasser le veuf de la maison « dans laquelle il habite », c'est-à-dire, en fait, les immeubles qui ne rentrent pas directement dans la ligne de succession masculine, les biens lignagers.

On peut voir, dans cette hiérarchie des biens, qui n'est d'ailleurs pas propre à Venise, un exemple de ces biens qui sont, en principe, exclus des circuits d'échange et de réciprocité et que l'auteur de l'*Essai sur le don* avait volontairement écartés de son analyse, en précisant que « nous parlons surtout des meubles », car la « propriété foncière […], intransmissible, liée à la famille, au clan, à la tribu, beaucoup plus qu'à l'individu, ne peut pas sortir de la famille pour être cédée à un étranger »[23]. En droit normand, l'ambiguïté de la définition des biens meubles et immeubles ne réside pas dans leur emplacement, mais dans le fait qu'il s'agit, ou pas, de biens appartenant au lignage du mari : si elle est considérée comme

---

21 A. FINE, C. LEDUC, « La dot, anthropologie et histoire… », p. 28.
22 Cf. A. BELLAVITIS, *Identité, mariage, mobilité sociale*, *op. cit.*, p. 150.
23 Cité par M. GODELIER, *L'énigme du don*, *op. cit.*, p. 65-66.

un bien lignager, même une somme d'argent devient « immeuble »[24]. Les biens lignagers revêtent donc un caractère quasi-sacré.

Comme on l'a vu, dans la transmission *ab intestat* des biens immeubles du père, les Statuts privilégient les fils, mais, dans le cas présent, il ne s'agit plus de transmission intra-familiale, mais de transmission des biens de la belle-famille à la veuve du fils. Puisque la dot, payée préférablement en argent et meubles, est assurée sur des biens immeubles, la réciprocité du système fait qu'un paiement en meubles soit rendu en immeubles.

La question est de savoir de quels « immeubles » il s'agit. En étudiant la circulation des biens immobiliers entre les familles patriciennes aux XVIIe et XVIIIe siècles, Jean-François Chauvard est arrivé à la conclusion que les biens « dont l'ancrage est faible au sein du patrimoine – biens des femmes, biens achetés ou périphériques » sont utilisés pour payer les dots, alors que « ce sont les biens lignagers qui sont le plus souvent convoqués pour rembourser la veuve, parce qu'ils ne sont pas irrémédiablement perdus pour la famille du mari. Dès lors que le couple a engendré une descendance, les biens cédés à la mère ont toute chance de réintégrer, après sa mort, le lignage du mari »[25]. L'héritage du père (la dot) devient alors l'héritage du mari (les biens lignagers utilisés pour sa restitution), les biens féminins deviennent des biens lignagers. Toutefois, une veuve qui demande sa dot doit quitter la maison du mari et a probablement l'intention de se remarier : comment la famille du défunt mari peut-elle être certaine que les biens lui reviendront ?

Stanley Chojnacki, à partir de l'étude des sentences de restitution de dots à des veuves patriciennes aux XIVe et XVe siècles, constate que

> « *in nearly 3/5 ot the claims involving dead wives, the husbands also were deceased. In an indeterminate but undoubtedly large number of those cases, the widow had chosen not to claim her dowry but instead to live in her late husband's house* »[26].

Ces veuves patriciennes qui, aux XIVe et XVe siècles, ne demandent pas la restitution de leurs dots, ne représentent en fait aucun danger pour

---

24 G. AUGUSTINS, *Comment se perpétuer? op. cit.,* p. 337. Sur la part des meubles et des immeubles dans la dot et le douaire, cf. F. BOUGARD, L. FELLER, R. LE JAN (dir.), *Dots et douaires dans le haut Moyen Age,* Rome, Collection de l'École Française de Rome, 295, 2002.

25 J.-F. CHAUVARD, *La circulation des biens à Venise. Stratégies patrimoniales et marché immobilier (1600-1750)*, Rome, Bibliothèque de l'École Française de Rome et d'Athènes 323, 2005, p. 388.

26 S. CHOJNACKI, *Women and Men, op. cit.*, p. 98.

le patrimoine lignager, mais quand une veuve demande la restitution de sa dot elle n'a plus le droit de vivre dans la maison de son mari. Elle va probablement se remarier, ce qui comporte des risques encore majeurs de dispersion du patrimoine qu'elle récupère de sa belle-famille. S'il y a des filles, la question de la dot se pose à nouveau et, puisqu'il y a transmission préférentielle des biens de la mère à la fille, ces biens lignagers éventuellement reçus par la veuve du fils risquent d'être « remis en circulation » pour la dot de la fille.

Une veuve qui demande à la famille de son mari la restitution de sa dot doit suivre une procédure complexe, expliquée par les Statuts[27]. Dans un délai d'un an et un jour après la mort du mari, les veuves ou leurs représentants peuvent manifester leur intention de lancer la procédure en présentant aux Juges du *Proprio* son contrat de mariage ou des témoins qui confirment le montant de sa dot. Une fois cette démarche effectuée, la veuve doit encore prouver que la dot, ou des biens équivalents, sont en possession du mari. Elle dispose alors de trente ans pour le faire[28]. Ce n'est qu'après avoir reçu cette preuve que les Juges rendent une sentence. Toutefois, si la veuve déclare ne pas avoir été au courant de la procédure, ou, comme le dit une glose aux Statuts, si la femme est décédée avant et que ce sont ses héritiers qui font la démarche, le délai d'un an et un jour peut aussi être dépassé. Donc, en fait, la procédure pouvait s'étaler sur des décennies et engager les héritiers du mari et de la femme encore longtemps après leur décès[29].

Une fois qu'elle avait reçu sa sentence, la veuve ne recevait plus rien des biens du mari, mais pouvait encore vivre dans sa maison, jusqu'à restitution complète de la dot[30]. On comprend que cette norme pouvait déjà poser quelques problèmes à des femmes n'ayant pas de biens propres et, peut-être, en décourager plus d'une. En 1343, une correction aux Statuts précise que si, à la mort du mari, ses héritiers payent à la

---

[27] Sur la procédure, cf. L. Guzzetti, « Dowries in fourteenth-century Venise », *Renaissance Studies*, vol. 16, n° 4, 2002, p. 430-473.

[28] R. Cessi (éd.), *Gli Statuti veneziani di Jacopo Tiepolo del 1242 e le loro glosse*, Venise, Ferrari, 1938, p. 83-85.

[29] Sur les conséquences de la dette des maris à l'égard de leurs épouses, engendrée par le système dotal, cf. M. Martini, « Rapports patrimoniaux et crédit dans les ménages nobles. Dot et apanage des femmes à Bologne au XIXe siècle », A. Groppi, G. Houbre, *Femmes, dots et patrimoines, op.cit.*, p. 139-154 ; A. Arru, « Donare non è perdere. I vantaggi della reciprocità a Roma tra Settecento e Ottocento », *Quaderni storici*, 98 (1998).

[30] R. Cessi (éd.), *Gli Statuti veneziani, op. cit.*, p. 89. Dans d'autres villes italiennes, les veuves pouvaient continuer à vivre sur les biens du mari jusqu'à restitution complète de la dot, cf. M. Bellomo, *Ricerche sui rapporti patrimoniali tra coniugi. Contributo alla storia della famiglia medievale*, Milan, 1961, p. 219.

veuve sa dot et sa robe de deuil, sans qu'elle ait eu à en demander la restitution aux Juges, elle doit quitter la maison du mari dans les deux mois. Si elle refuse, les Juges peuvent l'y obliger[31] : en fait, une femme qui vient de perdre son mari peut aussi être chassée de sa maison sous l'œil bienveillant de la République. Plusieurs autres normes du XVIe et du XVIIe siècle introduisent des contrôles plus stricts sur la veuve et ses prétentions, des peines pour celles qui « occultent » des biens du mari au moment d'en faire l'inventaire[32], l'ordre à suivre dans la restitution des biens[33] et les droits des créanciers du mari défunt[34].

L'examen des actes des Juges du *Proprio*[35] permet de conclure qu'au XVIe siècle, dans les trois-quarts des cas environ, ce sont les veuves qui demandent restitution de leur dot, dans l'année qui suit le décès du mari. Il est tout à fait exceptionnel que ce délai soit dépassé mais si cela arrive c'est toujours par « ignorance de la loi »[36]. Dans 15 % des cas, le dossier est présenté par les enfants, parfois représentés par un tuteur s'ils sont mineurs et, dans 10 % des cas, il s'agit d'autres parents (frères, sœurs, nièces, neveux ou petits-enfants).

En 1592-93, les patriciens sont environ 15 % du total (25 sur 153) mais il faut penser qu'ils ne représentent que 2 à 3 % environ de la population vénitienne. Ils sont donc surreprésentés dans cette source et, dans la moitié des cas (13 sur 25), c'est la veuve qui présente sa demande. Ces sources viennent confirmer l'existence d'un problème spécifique au patriciat relativement à la restitution de la dot, pour les raisons déjà évoquées : plus grande différence d'âge entre mari et femme ainsi que, bien évidemment, l'intérêt de récupérer un patrimoine parfois très important. La différence d'âge a aussi comme conséquence que les veuves soient encore en âge de se remarier, ce qui explique pourquoi elles demandent leur dot à la famille du mari.

---

31 *Novissimum Statutorum ac Venetarum Legum Volumen, op. cit.,* f° 89-90.
32 *Novissimum Statutorum ac Venetarum Legum Volumen, op. cit.,* f° 184, 1554, 25 février, *Corretion del serenissimo Marco Antonio Trevisan,* chap. IX-X; f° 202, 1620, 5 avril, *Corretion del serenissimo prencipe Antonio Prioli*; f° 221, 1640, 18 mars, *Corretion in tempo del serenissimo prencipe Francesco Erizzo.*
33 *Novissimum Statutorum ac Venetarum Legum Volumen, op. cit.,* f° 196-197, 1613, 22 mars, *Corretion del serenissimo prencipe Marc'Antonio Memo.*
34 *Novissimum Statutorum ac Venetarum Legum Volumen, op. cit.,* f° 198-199; f° 219, 1640, 12 mars, *Corretion in tempo del serenissimo prencipe Francesco Erizzo.*
35 Archivio di Stato de Venise (désormais ASV), *Giudici del Proprio, Vadimonia* reg. 36, 1553-4 et 86, 1592-3.
36 Cf., entre autres, le cas de la veuve d'un marin de Burano, Angela Costantini, ASV, *Giudici del Proprio, Vadimoni,* reg. 36, 1553, 9 septembre.

Cette source nous montre, donc, des veuves de tous les groupes sociaux prendre en main leur destin et celui de leurs enfants, pour fournir la preuve de leur droit à la restitution de la dot. Par exemple, en 1553, à propos de la dot de Faustina, veuve de Domenico de Alberi, une voisine déclare : « Je ne connais pas la valeur de sa dot, mais tout le monde disait qu'elle avait une belle dot et de très belles robes : une robe en soie écarlate, avec des manches roses en taffetas, et d'autres de toutes sortes ». Une autre affirme : « Quand elle s'est mariée, j'étais chez ma marraine mais, à mon retour, je me suis installée chez elle pour apprendre à tisser et j'ai vu toutes les choses magnifiques qu'elle avait reçues en dot. Un beau lit, des robes, des draps de lin et d'autres choses qui coûtaient beaucoup d'argent, mais je ne saurais pas dire combien, car je ne m'y connais pas assez »[37]. Dans le cas de Marieta Da Balao, veuve d'un pêcheur, deux témoins présentent deux inventaires presque identiques du trousseau, contenant des robes et des fourrures et aussi « une ceinture en argent, car c'était la mode à l'époque », sans en donner l'évaluation. Les deux femmes appelées à témoigner vivaient comme apprenties chez la mère du mari, où elles avaient vu arriver et s'installer la jeune épouse, quarante ans auparavant[38].

En 1592-93, sur un total de 153 actes, dans la quasi-totalité des cas la dot est composée uniquement de meubles, au sens actuel du terme, c'est-à-dire le trousseau, toujours présent et généralement évalué, et de l'argent. Meubles par définition, les dots, on l'a dit, peuvent être « assurées » sur des immeubles et les Statuts, en contemplant cette éventualité, en définissent la nature et la qualité. L'analyse d'autres séries de registres de cette même source permet de vérifier la théorie dans la pratique[39]. Il s'agit de l'étape ultérieure de la procédure : une fois que la sentence avait été émise, il fallait détailler les biens à transférer à la veuve ou à ses héritiers.

Les registres contiennent la description et l'évaluation des biens à rendre, selon leur qualité. Dans les registres *Minutarum*, se trouvent essentiellement des immeubles urbains, mais aussi quelques terres ou maisons à la campagne, dont la majorité se trouve dans les registres *De foris*. Les inventaires, très intéressants, contenus dans la série *Mobili*, ne sont pas des inventaires dotaux, mais des inventaires des biens appartenant au mari et qui doivent servir à rembourser sa veuve de sa dot. Dans l'année 1592, environ 55 000 ducats en immeubles dans Venise, 22 000 ducats en

---

37 ASV, *Giudici del Proprio, Vadimoni*, reg. 36, 1553, 4 août.
38 ASV, *Giudici del Proprio, Vadimoni*, reg. 36, 1553, 28 septembre.
39 ASV, *Giudici del Proprio,* séries *De foris, Dejudicatum, Minutarum, Mobili.*

objets et 95 000 ducats en immeubles en dehors de Venise sont transférés à des veuves ou, dans une minorité de cas, à leurs héritiers[40]. La même année, les dots dont on avait demandé la restitution s'élevaient à 222 300 ducats, dont 4 915 en immeubles dans Venise et 9 680 en immeubles en dehors de la ville[41]. La proportion des meubles et des immeubles entre les dots déclarées et les dots rendues est donc de un à dix environ.

Les raisons de cette disparité sont à chercher dans l'obligation d'assurer la dot reçue et il est évident qu'un bien immobilier constitue l'assurance la plus sûre et la plus durable. Si, pour les familles les plus riches, on peut reconstruire des stratégies patrimoniales dans le choix des immeubles transmis aux veuves, dans la plupart des autres cas, le bien immobilier n'est très probablement rien d'autre que ce que les Juges ont trouvé de plus sûr et plus apte à assurer la survie de la veuve. Il faut néanmoins insister sur ce décalage temporel dans la possibilité des femmes d'accéder à l'héritage, ainsi que sur ce jeu de rôles qui fait que l'héritage du père devient en fait l'héritage du mari.

Les enjeux politiques de la réciprocité

Le décalage temporel entre mari et femme dans l'accès à l'héritage paternel, qui est le fondement du régime dotal, détermine également des circuits de réciprocité entre les familles des époux qui s'étalent dans le temps et parfois sur plusieurs générations. À l'intérieur d'une élite politique fermée, comme le patriciat de Venise, la bonne gestion de ces circuits peut être un élément d'équilibre et une des clés de la stabilité pluriséculaire du système. Une stricte réciprocité dans le régime matrimonial, dans les mécanismes de l'alliance est en fait une composante essentielle du bon fonctionnement interne d'une élite[42] : c'est ainsi, du moins, qu'on peut interpréter la législation sur le mariage et la dot, élaborée, dans le droit vénitien, à partir des Statuts médiévaux et jusqu'aux lois somptuaires de l'époque moderne. De ce point de vue, on peut y voir aussi une différence nette avec d'autres villes italiennes et notamment avec Florence, où les normes sur l'héritage de la dot, depuis les Statuts de 1325, prévoyant que celle-ci soit héritée par le veuf, créent des tensions entre les lignages car, en cas de mort de la femme, il n'y a aucun système de compensation de la perte économique subie par sa famille d'origine. Par ailleurs, la restitution de la dot à la veuve est prévue à Florence aussi, comme dans la

---

40 ASV, *Giudici del Proprio, Minutarum*, reg. 26 ; *De foris*, reg. 27-28, *Mobili*, reg. 86-87.
41 ASV, *Giudici del Proprio, Vadimonia*, reg. 86.
42 Cf. M. A. Visceglia, *Il bisogno di eternità. I comportamenti aristocratici a Napoli in età moderna*, Naples, Guida, 1988.

plupart des villes de l'époque, mais dans la pratique une série d'obstacles compliquent le processus (par exemple, en imposant des délais tellement brefs qu'ils étaient impossibles à respecter) provoquant ainsi des conflits à n'en plus finir[43]. Le système vénitien est beaucoup plus attentif à créer des compensations et des réciprocités.

Les Statuts vénitiens du XIIIe siècle ne fixaient pas le montant maximal de la dot, qui devait simplement être « convenable à la qualité de la femme et à la quantité des biens ». Dès le XIVe siècle des normes imposent des limites aux cadeaux de mariage et aux dots, mais c'est seulement à partir du XVe siècle que l'inflation dotale paraît poser problème aux législateurs, du moins à en juger de ce qu'on peut lire dans une loi somptuaire de 1420. « Nos nobles ne peuvent plus marier leurs filles, ou bien ils dépensent toutes leurs richesses, au plus grand préjudice de leurs héritiers », ou, encore, « ils sont obligés d'emprisonner leurs filles dans les monastères en suscitant leurs justes larmes » ou bien de « les laisser célibataires à leurs risques et périls ». Pour « corriger cette corruption », la loi fixe pour les dots un montant maximum de 1 600 ducats, y compris « objets, argent, cadeaux au mari et à sa famille et tout ce qu'on peut évaluer »[44]. Cette loi s'adresse formellement aux « citoyens de toutes conditions », mais porte une attention particulière aux dots des nobles, en autorisant pour les *populares* qui épousent un patricien des dots atteignant 2 000 ducats. Lors du débat sur la loi au Grand Conseil, on proposa même de laisser complètement libres les dots des femmes *populares* qui voudraient épouser des membres du patriciat. L'amendement fut rejeté, parce qu'il risquait de bouleverser complètement le marché matrimonial, en rendant trop intéressantes pour les patriciens les mariages avec les filles du « peuple ». Dans les mêmes années, on essayait d'affirmer la pureté du patriciat par des lois qui en excluaient les fils d'esclaves et imposaient des contrôles plus rigoureux aux fils de domestiques. En excluant les femmes « viles », au sens latin du mot, c'est-à-dire celles qu'on pouvait acheter « bon marché », on était symboliquement en train de parcourir à grande allure le chemin qui, selon la formule de Diane Owen Hughes, avait mené « from bridewealth to

---

43 I. CHABOT, « Widowhood and Poverty in Late Medieval Florence », *Continuity and Change*, 3 (1988), p. 291-311 ; C. KLAPISCH-ZUBER, *La maison et le nom. Stratégies et rituels dans l'Italie de la Renaissance*, Paris, École des Hautes Études en Sciences Sociales, 1990, notamment « Le complexe de Griselda. Dot et dons de mariage », p. 185-209.
44 ASV, *Senato Misti*, reg. 53, f° 70.

dowry »[45]. Si la dot devenait le symbole de la respectabilité de l'épouse, qui non seulement n'était pas « achetable à bas prix », mais apportait des richesses, l'inflation des dots ne pouvait qu'en être multipliée. Bien évidemment, cet apport de richesses, ce « don », exigeait un « contre-don », en termes de prestige, de nom, d'où le fait que les *patres* de l'élite tolèrent que des filles du « peuple » apportent des dots (des « dons ») plus importantes à leurs fils. Mais, à l'intérieur de l'élite politique, il fallait, au contraire, que l'échange reste équilibré, en dépit des aspirations à la mobilité sociale à l'intérieur même du patriciat. Dans une élite politique fermée, mais nombreuse, comme celle de la république aristocratique de Venise, il faut en fait prendre en compte les différences de statut, richesse, pouvoir, entre celles qu'on appelait, à l'époque moderne, les « classes » du patriciat vénitien. Dans cette optique, selon Stanley Chojnacki, la loi de 1420 a été voulue par les familles qui avaient plus de poids politique parce que, depuis des générations elles avaient réussi à contrôler les élections du Doge et qu'on appelait pour cette raison « maisons ducales », dans le but de gêner les alliances entre les autres familles patriciennes, et notamment les « maisons neuves », économiquement plus puissantes, et à la recherche d'identité et de prestige, et les « maisons anciennes », les familles dont l'histoire se confondait avec l'histoire même de la ville, mais désormais en déclin économique[46]. Comme toute loi somptuaire, en somme, cette première loi spécifique sur l'inflation dotale s'appuie sur l'idéal d'une *aurea mediocritas*, qui réunirait tous les *optimi cives* de la Commune médiévale[47].

La loi de 1420 introduit aussi une autre innovation importante : un tiers de la dot, correspondant symboliquement au trousseau, n'avait pas à être rendu. On peut interpréter cette nouvelle norme comme une adéquation de la législation vénitienne aux normes des autres villes italiennes, où le principe du *lucrum maritale* s'était déjà imposé[48]. On peut aussi considérer qu'en fixant le pourcentage de la dot, correspondant au trousseau qui, traditionnellement, n'était pas rendu à la veuve ou à sa famille et, surtout, en imposant des règles très précises pour protéger les intérêts de la veuve, si la dot, *manifeste, vel occulte, directe, vel indirecte,*

45　D. OWEN HUGHES, « From Brideprice to Dowry in Mediterranean Europe », *Journal of Family History*, 7 (1978), p. 7-43.
46　S. CHOJNACKI, « Nobility, Women and the State : Marriage Regulation in Venice, 1420-1535 », T. DEAN, K.J.P. LOWE (dir.), *Marriage in Italy, 1300-1650*, Cambridge 1998, p. 128-151.
47　M. G. MUZZARELLI, A. CAMPANINI (dir.), *Disciplinare il lusso. La legislazione suntuaria in Italia e in Europa tra Medioevo ed età moderna*, Rome, Carocci, 2003.
48　I. CHABOT, « Richesses des femmes et parenté dans l'Italie de la Renaissance », *op. cit.*

avait dépassé les limites autorisées, on arrivait, de fait, à limiter l'intérêt financier d'une dot élevée au temps du mariage[49]. Une analyse qui est confirmée par les lois du XVIe siècle.

En 1505, le montant maximum de la dot est presque redoublé, en fixant la limite à 3 000 ducats et en laissant libres les dots des veuves et des héritières. La loi suivante, de 1535, commence par ces mots :

> « L'expérience nous a montré que [...] nos jeunes ne se consacrent plus aux négoces dans la ville et sur les mers, ni à aucune autre industrie louable, mais posent tout leur espoir dans des dots excessives, et si la sainte et solennelle loi sur les dots prise par ce Conseil le 4 novembre 1505 avait été bien comprise et bien exécutée par nos magistrats, on n'aurait pas vu autant de pernicieux effets et on n'aurait tant besoin de lois nouvelles. Il est à espérer que les bons patriciens à qui leur exécution sera confiée [...] seront vigilants et prêts à les exécuter »[50].

Les magistrats patriciens ne semblent pas faire respecter la loi, ils tirent peut-être profit, eux aussi, des dots surdimensionnées offertes par des familles bourgeoises ou par des familles d'autres « classes » du patriciat.

La loi de 1535 hausse la limite à 4 000 ducats, mais fixe en même temps à 1 000 ducats le « tiers » qui ne devait pas être rendu, un chiffre qui fut confirmé par les lois suivantes qui augmentèrent les limites jusqu'à atteindre, en 1575, 6 000 ducats. La frénésie législative en la matière, qui caractérise le XVIe siècle, est le symptôme d'une situation nouvelle, et notamment de la pression sociale et économique de nouveaux riches devenus compétitifs sur le marché matrimonial. Il s'agit de ne pas rentrer dans une compétition avec des *outsiders*, une compétition qu'il faut situer dans le contexte de la période pendant laquelle l'accès au patriciat resta fermé. De la fin du XIVe siècle à la première moitié du XVIIe, seules les femmes pouvaient entrer, par mariage, dans l'élite, et surtout à partir de la deuxième moitié du XVIe siècle, plusieurs familles bourgeoises investirent des sommes considérables dans les dots de leurs filles pour pouvoir tisser des liens dans le patriciat[51]. Si la loi de 1420 faisait la différence entre les mariages entre nobles et les mariages entre nobles et *populares*, les lois du XVIe siècle s'adressent formellement à tous, alors que celles du XVIIe siècle parlent des *nobiles nostri*. En réalité, on pourrait se demander si cette précision nouvelle, apparue en 1620,

---

49 A. BELLAVITIS, *Identité, mariage, mobilité sociale, op. cit.*, p. 157.
50 ASV, *Senato Terra*, reg. 28, f° 151-152.
51 Cf. sur le sujet, D. RAINES, « Strategie d'ascesa sociale e giochi di potere a Venezia nel Seicento : le aggregazioni alla nobiltà », *Studi Veneziani*, n.s., LI (2006), p. 279-317.

n'impliquerait pas que le but est désormais de contrôler uniquement les mariages entre patriciens[52].

Les lois somptuaires sur les dots nous parlent de nobles appauvris, de jeunes filles en larmes et d'un idéal d'égalité entre membres de l'élite difficile à atteindre. Les familles patriciennes ont bâti leur respectabilité sur le montant des dots qu'elles donnaient à leurs filles, ainsi que sur la limitation des mariages des filles et des garçons et sur l'adoption de pratiques fidéicommissaires, comme l'ont montré les études de J C. Davis, de Wolker Hunecke et, plus récemment, de Jutta G. Sperling[53]. Le problème qui se pose alors est aussi bien celui des patriciens trop « pauvres » pour trouver des épouses dans leur groupe social, que celui des familles de riches marchands ou de nobles de Terre ferme prêtes à payer n'importe quelle somme pour faire entrer une fille dans le patriciat. Ces mêmes familles qui, aux XVIIe et XVIIIe siècles, furent en mesure de payer cent mille ducats pour acheter le titre patricien. Par ailleurs, depuis le XVe siècle, toute la législation somptuaire sur les dots est parcourue par la même crainte de la diminution des mariages. Selon les calculs de Volker Hunecke, aux XVIIe et XVIIIe siècles, parmi les patriciens les plus riches, le véritable danger n'était pas celui des mésalliances, et donc de l'exclusion du Grand Conseil des fils issus de ces mariages, mais celui d'un nombre de mariages par génération insuffisant à la survie de la famille[54]. Une baisse qui se vérifie, dans le patriciat vénitien comme dans la plupart des noblesses européennes, à l'époque moderne.

Les historiens, à l'instar des contemporains, ont expliqué cette baisse des mariages par les transformations des activités économiques du patriciat qui délaisse la marchandise pour investir dans la terre. La diffusion du fidéicommis en serait une conséquence mais, pour garder les biens unis, il fallait aussi limiter les mariages des garçons comme des filles. Toutefois, en climat de contre-réforme, les filles célibataires devaient être cloîtrées au couvent. Jutta G. Sperling parle de « potlatch *alla veneziana* », car plutôt que de les marier à des patriciens de statut inférieur, les familles préféraient sacrifier leur fécondité en les mariant à Dieu[55].

---

52 Sur les lois somptuaires concernant l'inflation dotale je renvoie à A. Bellavitis, *Identité, mariage, mobilité sociale*, *op. cit.*, p. 154-158.
53 J. C. Davis, *The Decline of the Venetian Nobility as a Ruling Class*, Baltimore, The Johns Hopkins University Press, 1962 ; V. Hunecke, *Il patriziato veneziano alla fine della Repubblica, 1646-1797. Demografia, famiglia, ménage*, Rome, Jouvence, 1997 (éd. allemande, 1995) ; J. G. Sperling, *Convents and the Body Politic in late Renaissance Venice*, Chicago et Londres, The University of Chicago Press, 1999.
54 V. Hunecke, *op. cit.*, p. 209.
55 J. G. Sperling, *op. cit.*, chap. 1er.

L'inflation des dots du XVIe siècle est l'une des composantes, à la fois cause et effet, de la différenciation sociale croissante à l'intérieur même de l'élite. Il y a, d'un côté, les patriciens pauvres, qui se reproduisent en épousant même des femmes non nobles et qui, selon Hunecke, ne se soucient pas que leurs fils puissent ou ne puissent pas faire partie du Grand Conseil, les « moyens » qui, essayant de garder leur statut, sont en plein dans la contradiction décrite et enfin les « grands », qui se marient entre eux mais en interdisant à une partie de leurs filles et de leurs fils l'accès au mariage[56]. Le circuit d'échange et de réciprocité idéalement décrit par les Statuts et par la législation dotale doit s'adapter à l'évolution de la composition des patrimoines patriciens : il ne s'agit plus de richesses marchandes qu'il faut faire circuler, mais de biens immeubles qu'il faut conserver dans la ligne masculine.

C'est donc au moment même où se modifie l'équilibre économique, politique et symbolique entre ce qui doit être transmis et ce qui peut être échangé, entre l'inaliénable et l'aliénable, entre biens lignagers et biens féminins, que le système de réciprocité de l'échange matrimonial, construit entre le XIIIe et le XVIe siècle, montre les signes de crise qui font écrire à Arcangela Tarabotti, nonne et écrivaine « féministe » :

> « Si vous estimez que la multiplicité des filles porte préjudice à la Raison d'État (car si elles se mariaient toutes la noblesse se multiplierait et les familles s'appauvriraient à cause des dots qu'il faudrait payer), prenez plutôt les compagnes que Dieu vous donne sans faire montre d'avidité. Quitte à vous acheter des esclaves, puisque c'est ce que vous faites de vos femmes, la décence voudrait que vous payiez vous-même, plutôt que de les forcer à s'acheter un maître. Et puisque vous imitez les Thraces en faisant des sérails de femmes et autres choses barbares, vous devriez les imiter aussi en tuant les garçons dès leur naissance, pour en conserver un seul par famille. C'est un péché bien moins grave que d'enterrer les filles vivantes. Gare à vous qui, par intérêt politique, avez délaissé la justice des sentiments »[57].

---

56 V. HUNECKE, *op. cit.*, *infra*.
57 Arcangela TARABOTTI, *L'inferno monacale* (1650 env.), j'ai traduit à partir de l'édition italienne publiée par Francesca MEDIOLI, Turin, Rosenberg & Sellier, 1990, p. 93.

La grâce judiciaire dans le duché de Milan au XVIe siècle : perspectives sur l'échange du pardon souverain

Mélanie URLI

Le système de la grâce judiciaire, en vigueur dans les États européens au début de l'époque moderne, s'est construit sur les conceptions à la fois religieuses et anthropologiques du concept de grâce. Au centre de sa procédure se trouve l'idée de pardon qui articule les différentes étapes de l'octroi de la clémence. Cependant, différents éléments laissent à penser qu'il ne s'agit pas d'un pardon gratuit, octroyé par le souverain en raison d'une clémence bienveillante. En effet, malgré les différentes théories politiques relatives à la libéralité et à la clémence princières sur lesquelles s'appuie la procédure de grâce, celle-ci est avant tout un instrument du pouvoir et une manifestation de l'autorité politique. La construction de la grâce comme procédure judiciaire, ainsi que ses implications politiques et sociales, permettent de la définir comme un don induisant une réciprocité de la part du suppliant, c'est-à-dire un contre-don à destination du souverain et agissant en faveur de ses objectifs politiques. La grâce se conçoit ainsi comme un système interrelationnel dans le réseau social et politique existant, puisqu'elle révèle une hiérarchie désormais bilatérale entre le souverain et ses administrés, privée de tout intermédiaire. Mais elle rend perceptible une nouvelle conception de l'État fondée sur l'idée d'un contrat entre le détenteur de l'autorité et ses sujets.

L'étude des prémisses religieuses et anthropologiques du concept de grâce permet de définir la notion dans sa perspective judiciaire et de comprendre les fondements de la réciprocité que le don de la grâce engage.

L'origine du paradigme de grâce : entre don et pardon

La grâce est un terme polysémique dont l'usage s'est diversifié depuis sa première définition. En effet, afin de comprendre ce qu'est la grâce et quels sont les concepts et les principes qu'elle recouvre sur les plans anthropologique, religieux et judiciaire, il convient d'abord de déterminer l'évolution de la compréhension de ce paradigme. D'une définition très générale, touchant le domaine des sentiments et des sensations, la grâce s'oriente peu à peu vers une spécialisation dans le domaine judiciaire et prend la forme d'une réelle procédure de pardon stricte et définie. Dès le début, les concepts de don et de pardon sont créateurs de sa signification et de ses implications, tant sur le plan anthropologique que sur celui des usages.

Le mot « grâce » vient du latin « *grato* » qui désigne, à l'origine, une sensation de plaisir suscitée par le caractère simple, naturel, délicat et harmonieux des choses, exprimant ainsi une valeur positive, à la fois naturelle et inexplicable, puisqu'il s'agit d'une sensation[1]. Cependant, le sens s'élargit et quitte la sphère physiquement limitée de l'individu pour toucher le domaine des relations sociales, la grâce définissant alors une sorte d'amabilité et de gentillesse dans les rapports entretenus avec les autres. Le terme conserve, mais étend également son caractère positif à d'autres domaines que celui des sensations personnelles, et met en jeu les relations interpersonnelles. Aussi la grâce se comprend-elle comme un concept encadrant et organisant les rapports entre les hommes, établissant un ordre hiérarchique entre ceux-ci. Il est possible de retenir, dans ce cas, le titre de « Grâce », donné par les Anglais à leur souverain ou à certains membres de la noblesse censés rassembler en leur personne tous les attributs originaux du concept.

Ces deux définitions constituent en fait les bases de la notion de grâce prise dans son acception judiciaire : s'y retrouvent non seulement l'idée positive, liée à la sphère du sensoriel, d'amabilité, qui implique celle de don, mais aussi le concept, plus pragmatique et lié au réseau des relations humaines, de rapports sociaux et d'échanges entre les individus. Si l'ensemble des manifestations du concept semble reposer sur une origine inexplicable et immatérielle, son usage s'achemine vers l'utile et le concret, non sans emprunter sa dimension surnaturelle à la sphère religieuse. Le terme est symbolisé dans les mythologies grecque et romaine par trois déesses, Aglaé, Euphrosyne et Thalie qui présidaient

---

1   N. ZINGARELLI, *Vocabulario della lingua italiana*, Zanichelli, 1996, p. 788 (12ᵉ éd.).

à l'amabilité, à la joie et à la beauté féminine. Avec son entrée dans le Panthéon, le terme s'attache définitivement aux détenteurs du pouvoir.

Inséré dans le champ du surnaturel et du religieux, le concept est assimilé au champ lexical chrétien. La théologie catholique l'adopte comme une aide surnaturelle et gratuite de Dieu, concédée aux créatures pour les guider vers le salut. Toutefois, cette aide divine se manifeste en fonction du mérite des œuvres de la personne touchée par cette action divine. Selon les protestants, la grâce est un complexe de dons gratuits qui, dérivant de la seule incarnation et mort du Christ, et ne nécessitant pas, contrairement au précepte catholique, la coopération des œuvres, porte au salut individuel, la grâce se présentant dès lors comme une concession divine faite aux hommes et comme une étape vers la rédemption. Plus précisément, le terme est utilisé pour désigner la rédemption du péché originel accordé par la puissance divine aux hommes. La notion implique déjà les idées de don et de pardon, puisque cette rédemption est un don de Dieu aux hommes qui éprouvent repentir et remords pour leurs actions négatives et contraires à la loi divine. Une telle définition, transposée de la sphère strictement religieuse à la sphère humaine, permet d'offrir une première idée de ce que peut être la grâce dans le domaine judiciaire : elle apparaît comme un pardon, un don gratuit concédé par une puissance supérieure ou par le détenteur d'un pouvoir.

Quoique les origines religieuses des concepts de grâce et de pardon soient certaines, il est néanmoins nécessaire de ne pas les surestimer, car elles conservent une certaine ambiguïté. En effet, les variantes de leurs significations sont nombreuses, et leurs origines et genèses restent multiples et complexes[2].

Si le terme de grâce se précise avec son acception religieuse, il désigne un moment et une manifestation de la justice divine. La justice humaine s'étant largement inspirée des conceptions religieuses de la justice, la grâce adopte avec facilité ce concept et l'introduit dans le déroulement de ses procédures, devenant même progressivement une procédure en tant que telle, organisée et normalisée qui attribue au chef d'État les mêmes prérogatives que celles de Dieu, notamment celles d'absoudre le coupable de ses crimes. La grâce apparaît dans sa dimension judiciaire comme une concession extraordinaire réalisée avec désintérêt, magnanimité et générosité. Dans son sens général, elle peut dispenser un individu d'une obligation ou d'une responsabilité, alors que, dans un sens strictement judiciaire, elle est la commutation d'une

---

2   O. NICCOLI, *Perdonare. Idee, pratiche, rituali in Italia tra Cinque e Seicento*, Bari-Rome, Laterza, 2007.

peine infligée à un coupable par le biais d'une sentence irréversible. À la fin du XVIIe siècle, la grâce n'était comprise qu'à travers le droit pénal. Le *Dictionnaire de Droit et de Pratique*[3] de Claude de Ferrière donnait des lettres de grâce, manifestations concrètes de l'octroi du pardon, une définition simple et claire : « Lettres par lesquelles Sa Majesté préférant la clémence à la rigueur et sévérité des lois remet la peine que l'impétrant pourrait avoir encourue ». On ne pouvait mieux mettre en lumière la mesure individuelle, acte de volonté souveraine lié au pouvoir terrestre, suspendant pour un cas précis et par miséricorde l'application des lois. En raison de ce caractère définitif et normatif de la sentence, la grâce se présente comme un recours extraordinaire, une procédure exceptionnelle, concédée par le souverain en tant qu'héritier des atouts divins. Elle délivre le condamné des conséquences de son acte et le rétablit dans son état initial d'innocence. En définitive, cette procédure absout celui qui en bénéficie de la souillure entourant le crime.

La grâce se définit, d'abord, dans l'histoire lexicale du terme, comme un don octroyé par la divinité, puis par le souverain qui reçoit son pouvoir de cette même divinité. Elle accède rapidement au rang de variable déterminant un ordre social et une hiérarchie entre les individus. Il paraît dès lors intéressant de considérer la conception de la grâce comme un don : une telle idée a des origines anthropologiques, le don faisant partie des manifestations de la sociabilité.

Selon les anthropologues, le concept du don participe au tissage du lien social et possède une finalité propre, car il établit une réelle structure sociale au sein des communautés en mettant en place les gestes et les rituels de l'échange. Par là même, le don peut fixer une hiérarchie et une réglementation des rapports interindividuels. Marcel Mauss avait souligné que le don incluait une obligation de réciprocité, parce qu'il devait être échangé de manière surabondante. Qu'il repose sur des biens matériels ou symboliques, le don garantit ainsi la paix sociale en se présentant comme un geste d'une valeur égale à celle de la signature d'un pacte.

En quoi les notions de pardon ou de grâce peuvent-elles s'appliquer à ces préceptes ? Tout d'abord, pardon et grâce se présentent et se définissent comme des dons immatériels, octroyés selon un schéma précis de relations et de hiérarchies sociales, puisqu'ils émanent, de façon générale, d'une

---

3   C.-J. DE FERRIÈRE, *Dictionnaire de Droit et de Pratique*, seconde édition, Paris, 1740, V, cité par J. HILAIRE, « La grâce et l'État de droit dans la procédure civile (1250-1350) », H. MILLET (dir.), *Suppliques et requêtes. Le gouvernement par la grâce en Occident (XIIe-XVe siècles)*, Actes du colloque international (Rome, 1988), Rome, Collection de l'École Française de Rome, 2003, p. 357, n. 1.

autorité supérieure sur le plan à la fois politique, lorsque la grâce est cédée par le souverain, et moral, quand le pardon provient de la victime. Ensuite, comme le don, le pardon et la grâce réglementent les rapports sociaux et rendent effective une paix entre des parties qui étaient au préalable en conflit. Enfin, la grâce ne peut être attribuée, à l'instar du don, qu'au regard du mérite de la personne qui la reçoit. Dans la procédure de grâce, les conditions et les requis sont en effet clairement délimités, le coupable n'étant pas graciable, car il est censé présenter un certain nombre de qualités et de mérites. La conception anthropologique du don pose ainsi les bases de la compréhension de la notion de grâce dans son acception judiciaire, même si celle-ci s'en distingue par ses implications spécifiques.

Le concept anthropologique de grâce a eu une importance particulière dans le contexte indo-européen. Emile Benveniste[4] a souligné que « la grâce consiste dans le fait de rendre un service gratuit, sans contrepartie », une telle idée se distinguant de celle du don, de laquelle elle prend son origine, car elle s'associe à une gratuité, à une reconnaissance, dans un système interindividuel « lié à des représentations beaucoup plus vastes, qui mettent en jeu l'ensemble des relations humaines ou des relations avec la divinité ; relations complexes, difficiles, dans lesquelles les parties sont toujours impliquées ». Aussi se différencie-t-elle du don en s'éloignant de la sphère strictement terrestre des relations humaines et se soustrait-elle au calcul des hommes, son origine sacrée constituant un des éléments principaux de sa définition.

La « grâce » a donc une nature divine, même lorsqu'elle opère au milieu des hommes. Pour l'individu du Moyen Âge et du début de l'époque moderne, la grâce se conçoit à partir d'un sens fortement religieux, au même titre que les termes de « paix » et de « pardon ». Cependant, ces mots tendent à être soustraits à leur signification religieuse, puisqu'ils sont réappropriés par les institutions judiciaires et infrajudiciaires, par les représentants du pouvoir politique, social ou religieux. Les modalités de paix déterminées par les modes de traitement des conflits de nature infrajudiciaire sont toujours placées sous l'administration de Dieu. Qu'il s'agisse d'un « renoncement » à poursuivre en justice un coupable, d'une « paix » signée entre les parties d'un litige ou d'un conflit ou d'un « pardon » accordé par la partie offensée au coupable, les différentes procédures se présentent comme l'expression d'une volonté communautaire de paix, placée sous la garantie divine.

---

4   E. BENVENISTE, « Il vocabulario delle istituzioni europee », cité par O. NICCOLI, « Rinuncia, pace, perdono. Rituali di pacificazione della prima età moderna », *Studi storici*, 40 (1999), p. 219-261, n. 1, p. 219.

Comprise comme une forme de pardon, la grâce participe aussi à cette paix sociale tant recherchée, censée contrebalancer les formes latentes de violence et de criminalité. Elle est une manifestation anthropologique et humaine de la paix divine ou, plus précisément, un instrument de paix et d'accord mis par Dieu à la disposition des communautés. Cependant, en dépit de ses fortes implications religieuses, la grâce judiciaire semble plus voisine de l'idée anthropologique de don que de l'idée chrétienne de pardon, en raison de ses prétentions à la réciprocité.

La grâce judiciaire comme manifestation historique du concept de don : le cas du duché de Milan à la fin du XVIe siècle

Si la grâce est initialement un concept anthropologique et religieux, quels usages les historiens peuvent-ils en faire ? L'éventail des réponses peut être long en raison des différentes formes, religieuses, sociales et judiciaires que peut prendre la grâce dans la gestion des rapports interpersonnels.

Dans le champ spécifique de l'histoire religieuse, la grâce peut être envisagée sur la base de ses différentes manifestations matérielles et humaines : quels usages la théologie a-t-elle fait de ce concept, comment l'a-t-elle matérialisé dans le cadre de la vie chrétienne ? Ces deux questions peuvent constituer des points de départ à une réflexion historique. Dans le domaine de l'histoire sociale, la grâce peut également être considérée sous l'angle des différents rapports sociaux, gérés par l'idée de don ou de réciprocité. Il s'agit alors de s'interroger sur l'idée d'un équilibre de l'échange qu'elle induit ou sur la notion de gratuité qu'elle peut impliquer. Ces interrogations peuvent se rapporter à l'histoire politique, puisque la grâce met en jeu des rapports de dépendance et établit des hiérarchies. Enfin, dans le cadre de l'histoire judiciaire, la grâce peut être appréhendée selon des outils juridiques qu'elle utilise pour une application procédurale de l'idée d'échange ou de gratuité. En quoi le système de procédure se présente-t-il comme la concrétisation matérielle d'un concept tenu, à l'origine, pour religieux et anthropologique ? Quelles sont les étapes nécessaires à l'octroi du pardon et de la clémence ? Telles sont les questions posées pour les suppliques de grâce adressées au Gouverneur du duché de Milan au XVIe siècle[5].

Les origines anthropologiques et religieuses de la procédure de grâce lui donnent sa valeur et sa légitimité judiciaire. Cependant, avant d'entrer de plain-pied dans le domaine du droit pénal et de devenir une prérogative du

---

5 Le fonds étudié se trouve à Milan, à l'Archivio di Stato, Registri delle Cancellerie, serie IV Grazie, cartons 38, 39.

souverain, la grâce figure d'abord comme une des modalités de traitement des conflits de nature infrajudiciaire, utilisée par les communautés dans l'intention de pacifier les relations sociales, de gérer les conflits et de concilier les parties d'un litige. C'est plus précisément la notion de pardon qui est à l'origine de la notion de grâce et détermine les gestes et les moments adoptés ensuite par la procédure judiciaire.

Ces modalités de résolution réalisées sans l'intervention de l'État par les communautés sont les premières manifestations de l'usage du pardon dans une approche « judiciaire », dans l'intention de rendre justice à la victime d'un acte illégal. La justice de composition médiévale, qui se maintient à l'époque moderne, met en place une série de gestes et de rituels destinés à marquer ce pardon sur le plan concret et à lui donner une valeur sociale reconnue et acceptée de tous. La paix est alors signée. Cependant, le moment du pardon n'est pas concevable sans l'intervention d'un tiers, à la fois médiateur et arbitre, chargé de trouver une composition acceptable par les différentes parties.

Conçue dans un premier temps à partir d'une volonté et d'une nécessité de protection de la victime, la médiation permet de régler les conflits grâce à la participation d'un tiers et suppose l'existence d'une situation suffisamment difficile pour que les parties ne puissent s'entendre par elles-mêmes, lesquelles choisissent des conseillers, nommés garants, arbitres ou juges, dont le rôle est de servir d'intermédiaires, de proposer des solutions et de chercher un compromis acceptable[6]. Au début de l'époque moderne, les arbitres sont souvent des ecclésiastiques, issus du clergé régulier, comme les moines du couvent local, ou du clergé séculier, à l'instar du prêtre de la paroisse. Mais le médiateur peut aussi être un personnage éminent de la communauté laïque, chef de famille ou de faction, quoique l'autorité des médiateurs soit souvent limitée, car elle est informelle, liée à leur assise sociale, à leur influence morale, à leur sagesse et à l'amitié qui les rattache aux parties. Aussi, amitié et sagesse étant des notions subjectives, l'autorité du médiateur ne requiert-elle pas les compétences techniques d'un juge, d'où la figure du notaire qui se développe pour pallier cette lacune, puisqu'il détient la foi publique, garante de l'officialité de la médiation, laquelle se distingue de l'arbitrage, la distinction la plus pertinente entre ces deux notions se situant dans le caractère décisionnel ou non du rôle confié au tiers dans son intervention

---

6   H. DEBAX, « Médiations et arbitrages dans l'aristocratie languedocienne aux XIe et XIIe siècles », C. GAUVARD et alii, *Le règlement des conflits au Moyen Âge*, actes du XXe Congrès des historiens médiévistes de l'enseignement public, Paris, Publication de la Sorbonne, 2001, p. 145.

dans le règlement du litige[7]. Au contraire, l'arbitrage voit les parties s'en remettre par avance à un ou plusieurs arbitres, chargés de trancher le différend et de permettre la conclusion de l'affaire[8].

Aussi la justice de composition s'avère-t-elle essentiellement une justice de proximité et s'oppose-t-elle à la justice d'État, lointaine et répressive, les bans de composition pouvant arrêter la marche de la justice avant que celle-ci n'ait tranché[9]. Il apparaît naturel que la justice se construise à partir de l'éradication de ces formes conciliatoires du traitement des conflits. Plus précisément, le principe de la composition a rencontré une large adhésion chez les justiciables qui restent méfiants à l'égard des institutions judiciaires, notamment dans les villages ruraux et excentrés[10]. Les gestes et les pratiques, dans le cadre de la médiation et de la conciliation informelle, régissent le bon déroulement de la procédure et participent à l'octroi du pardon.

Nicolas Offenstadt a livré de nombreuses informations sur les rites du pardon au Moyen Âge, adoptés ensuite par la procédure officielle de grâce, une série de gestes et de rituels devant être accomplie pour marquer le passage du conflit et du désordre à la réconciliation et à la paix[11]. Ces signes redéfinissent les rapports de force, font oublier, de manière symbolique, la querelle, sont l'expression d'un pardon octroyé autant par l'offensé que par la communauté, de telles formes codifiées de régulation se rattachant à la procédure[12]. Les conciliations et leurs rituels doivent à la fois réparer le lien social brisé par la transgression et symboliser cette réparation[13]. Aussi les lexiques de l'amitié et de la paix se trouvent-ils constamment associés, l'amitié étant à l'origine et à l'issue de l'arbitrage, et les « amis » de chacune des parties figurant souvent comme les acteurs de la conciliation. Le pardon concédé au cours de la cérémonie par le représentant de la partie offensée est implicitement accordé par tous les membres de son groupe, la mise en scène de la réconciliation et le caractère public et théâtralisé du pardon composant

---

7 H. DEBAX, *op. cit.*, p. 144.
8 *Ibid.*, p. 146.
9 N. CARRIER, « Une justice pour établir la concorde », C. GAUVARD et alii, *op. cit.*, p. 243.
10 N. CARRIER, *op.cit.*, p. 254.
11 N. OFFENSTADT, « Interaction et régulation des conflits, les gestes de l'arbitrage et de la conciliation au Moyen Âge (XIIIe-XVe siècles) », C. GAUVARD et alii, *Les rites de la justice. Gestes et rituels judiciaires au Moyen Âge*, Paris, Le Léopard d'or, Cahier n° 9, 1999, p. 201-228.
12 N. OFFENSTADT, « Interaction et régulation des conflits... », p. 203.
13 *Ibid.*, p. 204.

la structure du rituel qui doit s'inscrire dans un lieu et un temps précis[14] : des espaces sacrés, les églises et les couvents figurent comme les lieux privilégiés, car ils sont exempts de toute juridiction laïque, prérogative héritée du droit d'asile médiéval. Toutefois, le conflit peut être aussi réglé sur le lieu où a été commis le crime ou l'offense, le cadre rituel garantissant le bon déroulement de la procédure, tant par la présence du sacré que par l'absence de souillure, car le lieu de la conciliation figure comme un agent actif de celle-ci[15]. De la même façon, le temps est un mode de régulation de l'arbitrage, le choix de la date de la réconciliation revêtant par exemple un caractère spécifique, souvent lié au calendrier chrétien et à ses significations religieuses, le rituel de pardon étant marqué également par plusieurs étapes temporelles[16], à l'instar de la procédure de grâce adoptée par la justice étatique. Le pardon dispose aussi d'un large répertoire de gestes s'agençant selon les lieux, les temps et les enjeux, lesquels témoignent du caractère effectif du pardon.

Au cœur des procédures infrajudiciaires de composition et de conciliation, le pardon est l'objet d'une procédure spécifique. La justice étatique, en définissant de manière toujours plus précise les différentes phases de l'octroi de la grâce, s'empare de certains de ces aspects pour donner au pardon une valeur publique et officielle, et s'assurer la compréhension de la procédure par les justiciables qui la pratiquaient de façon informelle.

À ce processus d'appropriation s'en superpose un autre : celui qui voit le concept de pardon prendre la forme matérielle et concrète d'une procédure judiciaire. Des techniques procédurales sont mises en œuvre pour effectuer cette transformation utile à la gestion de la justice et pour donner à la grâce tous les caractères d'un recours extraordinaire, s'opposant aux lois et aux normes grâce à sa nature d'exceptionnalité. Quelles sont donc les formes et les étapes du pardon que la justice étatique du duché de Milan a emprunté aux rites de composition et de paix infrajudiciaires ?

D'abord, la procédure d'octroi de la grâce nécessite certaines conditions équivalentes aux requis du pardon effectué selon les modalités de l'infrajudiciaire. Il s'agit de la rémission ou de la paix privée effectuée par la partie offensée, celle-ci n'étant alors plus perceptible sous la forme de gestes, tels que le baiser ou la paumée, mais sous celle d'un véritable document, signé par les deux parties en conflit, validé par l'« *instrumentum* » d'un notaire qui lui donne une valeur officielle et recevable pour la procédure. Établie hors du champ de la justice étatique,

---

14 *Ibid.*, p. 205.
15 *Ibid.*, p. 211.
16 *Ibid.*, p. 213.

la paix privée apparaît comme un préalable obligatoire à la paix publique et implique, dans les deux cas, une acceptation volontaire et personnelle du pardon par la partie offensée. Sinon, le pardon ou la grâce est perçu comme injuste par l'ensemble de la communauté. Préalable à l'octroi de la grâce, ce pardon privé répond à une volonté d'ordre et de paix de la part de l'État, le renoncement à punir le coupable ne se faisant qu'à la condition que le litige ou le conflit cesse. Les traditions de règlement des conflits judiciaires et infrajudiciaires s'inspirent donc du principe commun d'une recherche de quiétude sociale, quoique la norme judiciaire, précisée par les textes et la pratique des communautés, se différencie aussi bien dans le choix de leurs acteurs que dans le déroulement de la procédure. Reste que les deux types de réglementation des conflits obéissent au fondement commun du choix éthique du pardon[17].

Puis, les deux types de procédures, infrajudiciaire et judiciaire, requièrent la présence de témoins du pardon et de garants pour le coupable. Dans la procédure étatique, les témoins peuvent apparaître sous la forme de l'apparat documentaire nécessaire au déclenchement de la procédure (document de l'enquête, de la mise en examen, de la rémission de la partie offensée), ainsi que se présenter à travers les figures des différents secrétaires qui copient ou relatent les différentes phases de la procédure. Aussi les garants figurent-ils comme des documents diplomatiques, et non plus des personnes physiques : ce sont les fois des notaires ou des actuaires requises par la justice, qui stipulent l'absence de délits antérieurs commis par l'inculpé, et par là même son adéquation possible aux normes sociales et judiciaires. Le crime commis, sans préméditation et sous l'emprise d'une colère stimulée par la victime ou due à l'alcool, était considéré en effet comme une simple déviance. Comme nous le verrons, dans les requêtes de grâce, le recours à certaines formules, qui se répètent mot pour mot d'une requête à l'autre et constituent un passage obligé de la rédaction de la requête, rappelle des formes de conciliation et de pardon infrajudiciaires, en particulier les gestes du pardon. Enfin, la procédure de grâce émanant du souverain obéit à des temps précis, comme le délai dans lequel le criminel, souvent condamné en contumace, demandant sa grâce, doit se présenter devant le Sénat de Milan pour valider l'octroi de cette faveur, ou le respect d'un calendrier précis dans le recueil des suppliques de grâce des condamnés qui attendent leur peine en prison, ces moments symboliques pour le pouvoir souverain se manifestant traditionnellement autour des fêtes de Noël et de Pâques.

---

17 O. Niccoli, *Perdonare...*, *op.cit.*, *passim*.

En définitive, l'appropriation progressive des formes du pardon privé par les procédures étatiques se réalise à travers une transformation de certains gestes ou de certains rituels qui passent d'une forme concrète à une forme documentaire. La spécificité de la procédure étatique d'octroi de la grâce se caractérise par la mise par écrit de ces différents moments de la paix. Il s'agit bien sûr d'écrits diplomatiques, officiels et valides pour un usage procédural qui doivent correspondre à une forme précise et réglementée. Le renforcement de la présence du notaire, essentielle à la procédure, relève d'une évolution notable en matière de contrôle des réconciliations et de recensement des garants officiels des paix privées.

Parallèlement à son intégration au système pénal, et une fois devenue prérogative du souverain, la grâce est « politisée ». Elle apparaît comme un réel instrument du pouvoir central, utile au souverain pour légitimer sa force et ses prérogatives. La procédure de grâce participe à la fidélisation du peuple et des grands du royaume, et par là même à la longévité et à la force de son règne, en se présentant comme le contre balancier d'une justice étatique plus répressive et en donnant au Prince la possibilité de faire un usage régulier de la clémence. Si, bien entendu, elle n'est pas utilisée de manière abusive... Dès le XIVe siècle, la grâce est ainsi théorisée et politisée, afin de réglementer son usage et de donner aux souverains le mode d'emploi de ce pouvoir à double tranchant.

La grâce judiciaire, une manifestation de l'autorité étatique ou un don gratuit ?

En raison de ses origines anthropologiques et religieuses, ainsi que de l'évolution de son acception et de son sens, la grâce judiciaire se présente comme une manifestation historique du concept de don. Il s'agit cependant d'un don spécifique, attaché à un contexte essentiellement politique (et pas seulement judiciaire). Instrument de la puissance souveraine, la grâce est un don émanant de l'autorité politique vers la masse de ses sujets. Et cette expression de l'autorité nécessite effectivement, selon les préceptes du paradigme du don, un contre-don de l'administré au pouvoir central, censé servir ce dernier dans son processus de consolidation.

Le processus bipartite de la procédure d'octroi de la grâce par le souverain dans le duché de Milan à la fin du XVIe siècle peut apparaître comme une manifestation concrète et tangible du paradigme du don et du contre-don. En effet, la procédure se déroule en deux temps : à la lettre de requête du suppliant, suit, ou non, la lettre d'octroi. Et la requête du criminel, quoique très formelle en raison de la nature diplomatique du document, qui respecte une structure définie et une rhétorique conventionnelle, apparaît comme une réelle promesse de contre-don au souverain, sous réserve de l'octroi du don qu'exprime la lettre de grâce. Si le contre-don n'est pas encore effectif, il est néanmoins garanti par l'officialité du document et le bon déroulement de la procédure, elle-même affirmée par l'usage, mais surtout, en cette fin du XVIe siècle, par le texte législatif fondateur et unificateur que sont les *Nuove Costituzioni* de 1541.

De quelle nature peut donc apparaître le contre-don promis par le criminel en échange de la clémence souveraine ? Deux hypothèses étroitement liées, mais cependant différenciées, s'offrent à nous d'après l'étude des documents d'archives.

La première se rattache au rapport personnel entretenu par le souverain avec chacun de ses sujets et rappelle étrangement les origines religieuses, puis infrajudiciaires, des concepts de don et de pardon. Il s'agit pour le criminel de manifester, en échange de l'octroi de la grâce, les signes les plus manifestes de son sincère repentir face à la faute et au délit commis, pour lesquels il a été condamné. Le repentir est plus qu'un sentiment : c'est un comportement qui appartient au registre des éléments requis pour l'obtention du pardon souverain et, surtout, pour l'obtention du pardon social. Juridiquement, à l'instar de l'accompagnement de la supplique de grâce par une rémission de l'offensé ou une paix privée, ou de la nature non atroce du crime commis et de ses circonstances atténuantes (crime commis en rixe ou par légitime défense), il n'est pas spécifié par les textes législatifs comme étant une condition à l'octroi juridique de la grâce. Mais l'expression du repentir reste officialisée dans la procédure comme une manifestation du droit coutumier, témoignage du respect de certaines règles sociales implicites et de réminiscences religieuses. S'il n'est pas toujours sincèrement ressenti, il n'en demeure pas moins qu'il doit être clairement manifesté dans la supplique de grâce. Aussi retrouve-t-on dans les requêtes de grâce des expressions issues du champ lexical du repentir humain et du pardon divin, et surtout de nombreuses représentations des gestes symboliques liés à cette thématique, développée picturalement durant le Moyen Âge. Ces formules renvoient aux pratiques de conciliation et de pardon de nature infrajudiciaire développées par les sociétés européennes au cours du Moyen Âge sous forme de droit coutumier, survivant au XVIe siècle dans certaines régions, notamment montagneuses. Ainsi il convient de signaler le recours très fréquent à une gestuelle symbolique, le suppliant requérant le pardon « *le braccie incrociate* » ou dans une posture précise, « *in ginocchio* », une caractéristique des procédures informelles. Ces positions du corps restent un symbole de contrition nécessaire à l'octroi du pardon, privé ou public. De même domine l'emploi, quelle que soit sa forme, de l'adjectif « *umile* » : l'humilité dans la requête de pardon transpose ici non seulement le sentiment nécessaire de repentir face au crime commis et la conscience, de la part du suppliant, d'avoir mal agi, mais elle révèle aussi une position de soumission par rapport au souverain qui est le dispensateur de la grâce et le détenteur de l'autorité politique et judiciaire. Cette soumission est également manifestée par des formules métaphoriques, le suppliant, en fin de requête, priant le souverain de le laisser vivre « *sotto l'ombra della Sua Eccelenza* ».

Cette attitude générale du suppliant, qui transparaît de manière systématique et formalisée dans chacune des requêtes étudiées, est révélatrice de la puissance croissante du souverain sur le comportement social de ses sujets, de la supériorité de celui qui concède le don sur celui qui le reçoit, implicitement tenu à un système de réciprocité. Cette hiérarchie sociale et politique, manifestée ici de manière symbolique, n'est pas sans rappeler le rapport entretenu entre Dieu et chacun des hommes préconisé par la Bible, le créateur, dispensateur de vie et de grâces, détenant une position incontestée de supériorité sur les hommes qui ne peuvent se présenter à lui sans contrition. Le système politique est donc une imitation explicite de la hiérarchie chrétienne, comme l'illustre le système bipartite de la grâce.

La seconde hypothèse de définition du contre-don offert par le criminel au souverain en échange de la grâce, donc de la suspension de sa condamnation, est étroitement liée à l'interprétation politique du système de grâce comme procédure extraordinaire. Il s'agit non seulement, pour le suppliant, d'exprimer un profond repentir, mais aussi de formuler la promesse d'une intégration sociale, laquelle est rendue possible essentiellement par le respect des normes édictées par les coutumes, règles que l'État s'approprie dans ses textes législatifs et ses décrets. Un tel processus d'appropriation du droit coutumier par le pouvoir central est perceptible par une instrumentalisation de la justice, réorganisée et centralisée au cours du XVIe siècle dans la plupart des États européens. En effet, avec la formation et le développement d'un État moderne fort, centralisé, mettant sous tutelle la sécurité et le bien-être des sujets, la justice, à travers ses instruments, ses acteurs et ses objectifs, devient un allié précieux du pouvoir. Elle est dès lors en mesure, grâce aux compilations de textes juridiques antérieurs réalisées dans une perspective d'unification des juridictions territoriales, mais aussi grâce à l'usage presque systématique de bans et de décrets du gouverneur dans les territoires de domination espagnole comme le duché de Milan, d'édicter des normes de comportement pour faire face à l'augmentation de la criminalité et à la diversification de ses formes, et de punir le cas échéant. Cependant, si la justice a eu une fonction punitive censée pénaliser le coupable pour sa faute ou, du moins, réparer les dommages causés à la victime, elle se distingue à l'époque moderne par un objectif nouveau : celui de maintenir l'ordre et la sécurité publics par un contrôle effectif des populations et la promulgation de normes visant à encadrer les comportements sociaux, une fonction présentant des carences et des faiblesses dans l'organisation d'une nouvelle force, la police, et l'application concrète des normes sociales. Les nombreuses licences de port d'armes interdites, accordées pourtant par le Sénat milanais, conservées dans les *Carteggi delle Cancellerie dello Stato di Milano*, témoignent des limites de la justice préventive, puisqu'elles impliquent la reconnaissance de l'État de ne pouvoir pallier l'insécurité en remettant un tel rôle aux sujets qui le requièrent en bonne et due forme. Cependant, sur le plan politique, l'État tend à s'élever contre les autres formes d'autorités, féodales et communales, traditionnellement de forme arbitrale, à affirmer sa souveraineté et à contrôler les différents aspects de la société, gérés jusque-là par les communautés. L'État central en cours de formation s'octroie non seulement l'administration de la justice, la tutelle de la tranquillité et celle de la sécurité publique, mais aussi le pouvoir de définir les comportements déviants et nuisibles à l'exercice de son autorité ou à la société. Cette nouvelle prérogative se fonde sur une théorie politique : si le prince est pleinement souverain et détenteur de l'autorité, il a en contrepartie des devoirs envers ses sujets. L'État moderne se conçoit donc comme un échange de dons entre le souverain et ses sujets : en raison de la sécurité offerte par le prince, les règles qu'il édicte doivent être respectées. Il n'est pas inutile de souligner, ici, la contemporanéité de la consolidation de ce phénomène contractuel avec les théories politiques de Hobbes[18] : il existe un pacte implicite entre le monarque et ses sujets, au fondement du pouvoir politique, pacte s'articulant autour d'un échange de devoirs mutuels entre le souverain et ses administrés, garant de la sécurité contre l'abandon des libertés individuelles et la normalisation des comportements sociaux.

La définition des crimes et leur hiérarchisation relève de deux ordres : d'une part, la pénalisation des actes de délinquance ; d'autre part, la précision des comportements jugés déviants dans une société d'Ancien Régime fortement marquée par l'appartenance au groupe de l'individu, la procédure de grâce pouvant nous renseigner sur la première, alors que le dépouillement des requêtes de grâce, dans une perspective plus sociale, nous informe sur la deuxième. En effet, le système des grâces dans la Lombardie espagnole prévoit des conditions à la requête, le criminel ne pouvant prétendre le pardon princier. Le respect de la procédure est une façon de sélectionner le délinquant graciable, en fonction de la

---

18 Thomas HOBBES, *Léviathan* [1651].

nature de son crime et des circonstances atténuantes qui l'ont poussé au délit. Ces éléments font de lui un sujet capable de s'adapter aux normes sociales et législatives.

Un ban promulgué le 7 avril 1583 par le duc de Terranova, Gouverneur du duché[19], rappelle aux sujets et aux rédacteurs des requêtes de grâce, la nécessité de suivre une structure diplomatique précise. Il souligne en effet qu'il existe de nombreux abus dans la rédaction des lettres, constat confirmé dans les sources étudiées, puisque toutes les suppliques enregistrées par la chancellerie ne sont pas accompagnées des documents exigés. Selon le Gouverneur, « *nei memoriali, che si danno dimandando grazia dei delitti comessi, si fanno molto abusi* ». Il insiste sur le fait, afin de remédier à ces lacunes diplomatiques,

> « *che ogni uno che pretende gratia da Sua Eccellenza sia tenuto a specificare fedelemente non solo il delitto comesso, et il modo, et il tempo, ma encora se il delinquente è in prigione o no, et se egli altra volta fu imputato, o graziato, o condannato d'altro delitto, et quale, altramente, et il memoriale non sarà decretato et ogni espedizione che sopra quel si facesse per inavvertenza, sarà nulla et invalida* ».

De nombreux juristes du droit lombard rappellent également la nécessité d'indiquer dans la requête de grâce ces éléments, ainsi que d'autres, notamment la peine infligée pour les éventuelles condamnations précédentes et le nom de la magistrature qui l'a décidée, le récit complet du crime pour lequel le suppliant demande grâce (« *la narratio criminis* »), la nature du crime (la « *qualitas criminis* ») – perpétrés délibérément ou spontanément ? –, et, enfin, les autres délits réalisés, afin d'évaluer la « *consuetudo delinquendi* » du sujet, son « aptitude et habitude à la délinquance »[20]. Il s'agit de la « *charta inquisitionis* », de tels éléments étant des conditions nécessaires à la mise en marche de la procédure d'octroi de la grâce et à son aboutissement. En cas de lacune ou d'omission, la requête est rejetée. Afin de certifier la vérité des éléments et des événements relatés dans la supplique, la procédure requiert que soient également joints certains documents officiels tels que le compte rendu de l'enquête, celui de la condamnation, les fois des notaires ou d'actuaires certifiant que le suppliant n'a pas commis d'autres crimes ou délits, les

---

19 G. P. MASSETTO, « Monarchia Spagnola, Senato e Governatore. La questione delle grazie nel Ducato di Milano », G.P. MASSETTO, *Saggi di storia del diritto penale lombardo*, Milan, LED, 1994, chap. III, p. 246, n. 58.

20 G. P. MASSETTO, « Monarchia Spagnola, Senato e Governatore. La questione delle grazie ... », p. 246.

documents relatifs aux procès précédents dans le cas d'une condamnation antérieure, un exemplaire de la rémission ou de la paix effectuée par la partie offensée. Au-delà de son aspect purement procédural, cet exemple rend perceptible l'existence d'un seuil de tolérance fixé par les autorités face aux comportements déviants et criminels, certains crimes dits « atroces », comme le meurtre prémédité ou le rapt, impliquant une fatalité criminelle du sujet. De même, un récidiviste ne peut recevoir la grâce, car il est tenu pour trop enclin à la délinquance et à un mode de vie marginal, attitude inconcevable dans une société où l'identité de l'individu est d'abord définie par son appartenance à un groupe ou à un réseau. Tous les suppliants graciés figurant dans les sources analysées ont, en effet, commis un crime, souvent une rixe, due à un mouvement de colère naturel ou à un abus d'alcool leur faisant perdre leur faculté de raisonnement, ces écarts coupables étant, pour la justice lombarde, pardonnables et n'impliquant pas une inadéquation définitive aux normes. Enfin, l'existence d'une rémission de la partie offensée peut se présenter comme une attestation sociale de la capacité du criminel à vivre au sein de la société, une garantie cruciale pour l'obtention du pardon formel et étatique.

La promesse formelle, mais implicite, du suppliant de normaliser son comportement et de réintégrer la société peut être saisie comme un contre-don au pardon et à la grâce du souverain, et souligne la force croissante de l'État qui intègre les manifestations du contre-don dans le domaine judiciaire, les reconvertit en termes juridiques et s'approprie finalement la réciprocité anthropologique du don à des fins politiques. La procédure de grâce, en s'inspirant du paradigme du don, sublime un État solide et autoritaire, aspirant à une centralisation administrative et judiciaire, en mesure d'imposer ses normes sociales et ses lois tout comme de manifester son pouvoir. Le XVIe siècle est un moment clé de cette réappropriation du don, puisque cette période est marquée par la consolidation de l'État, l'unification de ses lois, le renforcement de ses normes et la réorganisation de ses administrations. Parallèlement, le système de la grâce appréhendé comme manifestation historique du paradigme du don révèle des rapports politiques et hiérarchiques complexes entre le souverain et ses sujets, rapports semblant se tisser dans un système de relations sociales et symboliques concrétisées par la formalité de la procédure. Ce jeu de don et de contre-don rend compte d'un lien étroit entre le monarque et ses administrés : au lieu d'un rapport de dominants à dominés s'impose une mise en discussion de l'attribution de la souveraineté, de la définition du rôle et du comportement de chacun au sein de la société et de la politique. Il s'agit donc d'un dialogue constant et d'un jeu d'échanges et de communications dans une hiérarchie qui peut sembler toujours plus figée à la fois dans ses formes et ses procédures.

Le don vu par Le Prince *de Machiavel*

Théa PICQUET

« Dès sa première attestation, le mot, employé dans la locution usuelle "faire don", désigne l'action d'abandonner gratuitement quelque chose à quelqu'un. Par métonymie, il s'applique à ce qui est donné (1080), d'abord concrètement, puis abstraitement (1130) à ce qui est échu, en mal ou, plus souvent dans la perspective heureuse d'un bienfait (1370-1372) »[1],

écrit Alain Rey. Qu'en est-il en politique ? L'objectif est d'analyser le rôle que lui attribue Machiavel, tout particulièrement dans *Le Prince*[2]. Aussi, après avoir donné quelques éléments de la biographie de l'auteur, préciserons-nous les conditions d'écriture du *Prince*, sa structure, la pensée politique qui y est défendue, puis nous tenterons de voir s'il y a adéquation ou non entre le don et la problématique du *Prince*.

La biographie de l'auteur recouvre les années 1469-1527. Le penseur est lié d'une certaine façon aux Médicis. Il est à la fois « auteur » et « acteur », selon la formule de Jean-Pierre Zancarini[3], dans la mesure où il ne conçoit pas l'écriture comme une activité autonome et que son œuvre est un acte politique tout comme sa participation au gouvernement de la République de Florence. Machiavel naît à Florence le 4 mai 1469, l'année de la mort de Pierre le Goutteux auquel succède son fils Laurent. On ne trouve pas de traces de sa vie avant son entrée en politique. Rappelons

---

1 A. REY, *Dictionnaire historique de la langue française*, Paris, Le Robert, 1998, tome 1, p. 1120.
2 Niccolò MACHIAVELLI, *Il Principe*, Turin, Einaudi, 1995, 214 p. N. MACHIAVEL, *Œuvres*, traduction de l'italien par Christian BEC, Paris, Laffont, 1987, p. 95-178.
3 Conférence du 7 décembre 2006, université de Lyon III.

simplement qu'il a 9 ans, lorsque l'attentat des Pazzi éclate en 1478 à Florence ; qu'il a 23 ans en 1492, année de la mort de Laurent le Magnifique, auquel succède son fils Pierre, dit le Malchanceux ; qu'il a 29 ans, l'année de l'excommunication et de la mort du moine ferrarrais, Savonarole.

Sa vie politique débute le 28 mai 1498, c'est-à-dire cinq jours après la mort de Savonarole, date à laquelle il est nommé secrétaire de la seconde chancellerie de la République florentine. Le 14 juillet de la même année, il est nommé dans le conseil des Dix de Balía, chargé des relations étrangères. Il assure plusieurs missions officielles, que ce soit auprès du condottiere Jacopo d'Appiano, de Caterina Sforza, à la cour de France, où il rencontre le roi Louis XII, auprès de César Borgia, ou encore auprès du pape Jules II et de l'empereur Maximilien. En 1512, les Médicis rentrent à Florence. Il a 43 ans et perd son poste, remplacé par un ex-secrétaire des Médicis, Niccolò Michelozzi. On lui interdit d'abord de quitter le territoire, puis l'entrée du Palais de la Seigneurie. En 1513, on découvre la conspiration républicaine contre les Médicis, ourdie par deux amis de Machiavel, Pier Paolo Boscoli et Agostino Capponi. Machiavel est arrêté le 18 février, emprisonné au Bargello et torturé. Ses deux amis sont exécutés le 22. Le 13 mars, avec l'élection de Léon X, le cardinal Jean de Médicis, au siège pontifical, Machiavel est libéré et se retire alors sur ses terres, à Sant'Andrea di Percussina. C'est alors qu'il écrit *Le Prince*. En 1516, sans travail, il participe aux réunions des Jardins Rucellai, les *Orti Oricellari,* où il débat d'histoire et de politique avec les jeunes intellectuels florentins. En 1519, il commence la rédaction de l'*Art de la Guerre*, est reçu au palais Médicis par le cardinal Jules. Les Médicis lui commandent les *Istorie fiorentine*, qu'il termine en 1525. C'est au deuxième pape Médicis, Clément VII, qu'il présente les six premiers livres. Le nouveau souverain pontife l'envoie d'ailleurs auprès de François Guichardin, en Romagne, pour lui proposer son projet de milice citadine. En 1527, il se trouve encore aux côtés de Guichardin, alors à Modène, lorsque les armées impériales provoquent le sac de Rome et que les Médicis sont chassés de Florence. Il espère retrouver sa place de secrétaire de la seconde chancellerie de la République de Florence, mais s'éteint quelques jours plus tard, le 22 juin, à l'âge de 58 ans.

Le Prince de Machiavel, à l'exception de la dédicace et peut-être du dernier chapitre, a été composé en un temps très court : entre juillet et décembre 1513. Les motifs, comme le précise Christian Bec[4], sont de deux ordres : historique et personnel. Sur le plan historique, le roi d'Espagne, Ferdinand le Catholique signe en mars 1513 une trêve avec

---

4   C. BEC, *op. cit.*, p. 97.

son adversaire Louis XII sans en informer ses alliés. Il sera question de ce roi dans la correspondance de Machiavel, mais aussi, à mots couverts, dans le chapitre XVIII du *Prince*. En outre, Léon X (Jean de Médicis) est soupçonné de vouloir constituer pour sa famille un nouvel État en Italie centrale, sur le modèle de ce que fit Alexandre VI Borgia pour son fils César. Le *Prince* peut donc être considéré comme un mode d'emploi pour une telle entreprise. Sur le plan personnel, Machiavel souffre de l'inactivité imposée par le retour des Médicis à Florence et recherche une compensation dans l'écriture. Touché par la crise florentine et italienne, il désire lui aussi trouver des remèdes, par la plume si ce n'est par l'action.

L'ouvrage est un libelle, non un traité, une sorte de manifeste produit à chaud, critique, polémique et passionné[5]. Le langage employé comporte la récurrence de termes-clés, des latinismes de la langue de la chancellerie, mais aussi de vastes ressources du Florentin. Ceci dans le but de toucher et de convaincre le plus grand nombre. Il s'agit d'un programme politique qui définit ouvertement les lois qui pourront permettre de réaliser l'espoir machiavélien de rénovation et de restructuration de l'Italie. Précédé d'une dédicace, le libelle se compose de vingt-six chapitres, portant chacun un titre latin à la manière humaniste, organisés sur le schéma suivant : typologie des différents états ; moyens d'acquérir et de défendre un État ; relations du prince avec ses sujets et ses alliés ; chances et moyens de remédier à la décadence de l'Italie. Bref, le *Prince* considère d'une certaine façon l'impact du gouvernement des Médicis sur Florence.

La pensée politique de Machiavel, d'après Christian Bec, se fonde sur des convictions relatives à la nature des hommes et des choses. Il élabore une théorie de l'action politique, définit les moyens réels du gouvernement, décrit les rapports entre l'État et le citoyen, puis entre les États. Il réfléchit aussi sur l'utilité politique de la religion, débat de la république et de la monarchie, propose des remèdes à la crise militaire et aborde la question de l'unité de l'Italie[6].

Se pose alors la question de la conception de l'histoire. Dans la dédicace, Machiavel revendique l'originalité d'une méthode de recherche et de raisonnement. Cependant, comme ses contemporains, il est sensible à la crise qui touche l'Italie et Florence, bouleversées par les guerres ; la science politique qui s'ébauche s'appuie sur l'exemple du passé. Il se veut un écrivain politique, s'intéresse à la politique intérieure et extérieure de sa cité, mais laisse de côté la condition humaine, l'économie, la culture, la notion de bien et de mal. Dans la dédicace au *Prince*, il prend

---

5   *Ibid.*
6   *Ibid.*, p. IV.

clairement ses distances avec ses prédécesseurs. Il choisit de partir de la description des faits pour en déduire les conséquences. Son raisonnement est logique : les termes comme « donc, c'est pourquoi, car, de telle sorte » sont récurrents. Mais sa méthode n'est pas seulement dialectique, elle est aussi historique, dans le sens où elle repose sur une confrontation passé/présent[7]. Comme les humanistes, et contrairement à Guichardin, il pense que l'Antiquité est exemplaire. Pour lui, l'histoire se déroule de façon cyclique. Comparée à un être vivant, une cité a une naissance, un âge adulte, une vieillesse et une mort. Si bien que tout État évolue ainsi : monarchie, oligarchie, démocratie... Mais il pense aussi que la décadence et le renouvellement de la cité dépendent du comportement de ses membres, prince, grands, peuple. Les hommes ont donc une influence sur l'histoire grâce à leur « *virtù* ».

En ce qui concerne la nature des hommes et la Fortune, Machiavel estime que les hommes naissent mauvais : cupides, ambitieux, vaniteux, lâches... Il conseille donc aux princes de distinguer l'être et le devoir être : « Mon intention étant d'écrire des choses utiles à qui les écoute, il m'a semblé plus pertinent de suivre la vérité effective des choses que l'idée que l'on s'en fait »[8]. De même, un prince doit respecter le bien d'autrui, car les hommes oublient plus vite la mort de leur père que la perte de leur patrimoine[9].

La Fortune fait l'objet d'un chapitre capital, le XXVe. Les événements semblent fous, imprévisibles. Après 1494, la Fortune paraît triompher. Les convictions de l'humanisme s'effondrent, le monde de l'histoire devient celui de la Fortune. À la noirceur des hommes, à l'influence extraordinaire de la Fortune, Machiavel oppose cependant un volontarisme sans faille et déclare que la Fortune est l'arbitre de la moitié des actions humaines, mais qu'elle nous laisse gouverner l'autre moitié[10]. L'individu est donc à égalité avec elle, les jeunes gens impétueux lui sont supérieurs. Par ailleurs, Machiavel suggère aux politiques un programme d'action : un combat visant à maintenir les institutions si elles sont bonnes, à les changer si elles sont mauvaises, à défendre l'État et à le renforcer. D'où son insistance sur la « *virtù* », maître mot de sa pensée politique. Elle désigne la vaillance, les aptitudes politiques et guerrières, elle est inséparable de l'énergie.

---

7 *Le Prince*, dédicace, p. 109-110.
8 *Le Prince*, *op. cit.*, chap. XV, p. 148-149.
9 *Ibid.*, chap. XVII, p.151-153.
10 C. Bec, *op. cit.*, p. 173.

L'écrivain fait l'éloge de la duplicité. En effet, étant donné que les hommes sont mauvais et que, comme l'affirmait Côme de Médicis, « la politique ne se fait pas avec des patenôtres », Machiavel propose des moyens révolutionnaires pour gouverner et les recommande aux chefs d'État. Symbolisée par le lion (chap. XVIII), la force est le premier de ces moyens : elle est indispensable pour acquérir un État, pour le défendre, pour garantir l'ordre et la justice, pour se faire obéir de ses citoyens. Elle s'impose aussi dans les relations extérieures, fondées sur la puissance, sur la réputation et sur l'honneur qu'elle engendre. Symbolisée par le renard, la ruse est le deuxième instrument du gouvernement. Elle est simulation, dissimulation, infidélité à la parole donnée, flatterie, manipulation des hommes. D'où l'éloge d'Alexandre VI et surtout celui de César Borgia.

Au sujet de l'homme et de son engagement politique, Machiavel ne considère pas le bonheur des hommes, mais iniquement les rapports entre l'homme et l'État. Comme le dit Christian Bec, l'homme n'existe que comme « animal politique »[11]. Le citoyen doit donc s'impliquer entièrement dans la vie de sa cité, avec dévouement, avec abnégation. En contrepartie, l'État est appelé à garantir à ses membres la sécurité des personnes et des biens, ainsi qu'une certaine liberté.

La pensée de Machiavel est plutôt laïque, dans la mesure où il prend de la distance avec la religion : Savonarole est rangé parmi les prophètes désarmés qui, à la différence de Moïse ou de Romulus, n'ont pas été capables de s'imposer par la seule parole[12]. En outre, lorsqu'il fait le procès des armées mercenaires, il se déclare encore une fois en désaccord avec le moine ferrarais quant à la cause des malheurs de l'Italie : pour Nicolas, elle n'est pas morale mais politique[13]. Il analyse d'ailleurs le pouvoir des papes et en relève les traits monstrueux[14]. Dans les *Discours*, il se montre plus prolixe quant à la religion. En effet, il ne se préoccupe de la foi que dans sa dimension sociale, en tant qu'instrument de gouvernement : comme un frein à la corruption et un moyen de cohésion sociale[15].

Cela dit, Machiavel cherche un modèle idéal de prince nouveau. Et la monarchie nouvelle est étudiée à partir de l'exemple de César Borgia. Il suit les différentes étapes de la carrière du duc de Valentinois : sa mainmise sur les territoires de l'Église, l'organisation de son État grâce à la création d'une administration forte, son habileté à se débarrasser de ses anciens lieutenants, sa chute aussi, due à la Fortune (mort de son père,

---

11 *Ibid.*, p. XIII.
12 *Le Prince*, chapitre XVI, p. 149-151.
13 *Op. cit.*, chapitre XII, p. 139-143.
14 *Ibid.*, chapitre XI, p. 137-139.
15 *Discours*, I, 12, C. BEC, *op. cit.*, p. 215-217.

Alexandre VI, sa propre maladie), mais aussi à son erreur, en favorisant l'élection de Jules II. Pour l'ancien secrétaire florentin, César Borgia est le prototype du prince nouveau et il propose aux gouvernants, aux Médicis notamment, d'imiter le duc dans sa réussite, mais de prendre garde aux facteurs de sa chute. Ce prince nouveau sera le rédempteur de l'Italie, celui qui chassera de la péninsule l'envahisseur étranger, même si la question de l'unité de l'Italie ne se pose pas encore.

Il s'agit maintenant d'analyser comment l'idée du don entre dans cette problématique du *Prince,* tout d'abord à travers le don de l'opuscule que Machiavel fait lui-même aux Médicis, puis dans les conseils qu'il prodigue, et nous déterminerons ce que donne le prince et le but recherché.

La dédicace du *Prince* est significative de la notion du don. Elle est adressée à Laurent le Jeune, appelé encore Laurent duc d'Urbin (1492-1519) : « *Nicolaus Maclavellus Magnifico Laurentio Medici Iuniori Salutem* »[16]. Fils de Pierre II, il gouverna à Florence à partir du printemps 1513, mais en réalité le pouvoir était aux mains de Léon X. En fait, *Le Prince* était tout d'abord adressé à Julien de Médicis, duc de Nemours, frère du cardinal Jean, qui devenu pape le nomma gonfalonier de l'Église. On ignore la date du changement de dédicace, de Julien à Laurent, le neveu à qui l'on avait confié le pouvoir des Médicis à Florence, tout comme les raisons de ce changement de destinataire. Aucune allusion spécifique à l'un ou à l'autre des dédicataires ne se trouve d'ailleurs dans le texte, aucun document relatif à la présentation du livre à Laurent n'est connu, mais il existe une anecdote apocryphe selon laquelle Machiavel se serait plaint de l'attitude de Laurent envers lui qui s'était montré « *meno amorevole* » qu'avec une personne qui lui avait offert un couple de chiens[17].

Quoi qu'il en soit, la dédicace a été écrite entre septembre 1515 et septembre 1516. Postérieure au *Prince,* elle est littéraire et courtisane. Adressée par un demandeur d'emploi à un prince, elle ne peut que l'encenser. Machiavel fait allégeance : il donne au duc le titre de « *Magnificenza vostra* », entend lui offrir un témoignage de sa dévotion. Les gens, précise-t-il, offrent ce qu'ils ont de plus cher au monde ou ce que le souverain apprécie davantage : des chevaux, des armes, des tissus d'or, des pierres précieuses et « semblables ornements dignes de (sa) grandeur ». Lui aussi offre ce qu'il a de plus cher, à savoir « la connaissance des actions des grands hommes », qu'il a apprise par une « longue expérience des choses modernes et une continuelle lecture des

---

16 MACHIAVELLI, *Il Principe, op. cit.*, p. 3.
17 *Ibid.*, p. XI.

anciennes »[18]. Il les a longuement pensées et examinées, ajoute-t-il, puis « réduites en ce petit volume ».

Le présent s'accompagne de déclarations de révérence et de soumission, selon le schéma traditionnel des rapports entre l'intellectuel et le pouvoir. Il entend d'ailleurs s'offrir lui-même : « Désirant donc pour ma part m'offrir à Votre Magnificence... », écrit-il. Il trouve son œuvre indigne d'être présentée à lui, mais compte sur son humanité, sur sa bienveillance pour apprécier le don. D'ailleurs, il ne pourra pas lui faire des présents plus grands que celui-ci : en peu de temps, il permet au souverain de comprendre ce que lui, Machiavel, a mis tant d'années à faire, et avec autant de désagréments que de dangers. Il n'a pas souhaité orner son œuvre ni utiliser un style ampoulé, car il a voulu que seule la matière et la gravité du sujet honorent le duc et lui soient agréables. Il fait acte de soumission, se considère de basse condition pour oser « examiner et régler le gouvernement des princes »[19] et craint de ne paraître présomptueux. Pour être plus persuasif, il utilise la métaphore du paysage : pour dessiner les montagnes, le peintre doit se placer en contrebas et, inversement, se placer sur les montagnes pour peindre les lieux situés en bas ; ainsi, continue-t-il, pour bien connaître la nature du peuple, il faut être prince et, pour bien connaître celle des princes, il faut être du peuple.

Il enjoint le duc à accepter son ouvrage qu'il qualifie de « petit présent » (« *piccolo dono* »), l'invite à le lire en excitant sa curiosité. Puis, il lui souhaite la « grandeur » qui lui est promise par la Fortune et par les autres qualités qu'il possède. Il lui demande de daigner regarder vers le bas pour considérer la condition indigne de l'auteur : « Et, si votre Magnificence du faîte de sa hauteur, tourne parfois les yeux vers ces lieux bas, elle apercevra combien il est indigne que je supporte une grande et continuelle malignité de la fortune »[20]. La dédicace s'achève donc sur la misérable condition de l'auteur, sans responsabilités politiques, exilé dans une campagne où il meurt d'ennui. Machiavel compte sur le duc pour pouvoir retrouver sa condition antérieure. Il fait donc œuvre de courtisan.

Cependant, quelques années plus tard, la dédicace du *Discours sur la première décade de Tite-Live* n'est plus adressée aux princes, mais à ses amis Zanobi Buondelmonti et Cosimo Rucellai. Le premier fut l'organisateur des rencontres tenues dans ses jardins, les *Orti Oricellari* ; le second fréquenta le cercle et fut ouvertement républicain. Ici, Machiavel laisse transparaître son amertume :

---

18 C. Bec, *op. cit.*, p. 109.
19 *Ibid.*, p. 110.
20 *Ibid.*

> « Ils ont en effet pour habitude d'adresser leur ouvrage à quelque prince et, aveuglés comme ils le sont par l'ambition et la cupidité, d'en louer toutes les vertus, quand ils devraient en blâmer tous les défauts. C'est pourquoi, ne voulant pas, pour ma part, commettre cette erreur, j'ai choisi non des princes, mais des hommes qui par leurs qualités mériteraient de l'être : non pas ceux qui pourraient me couvrir de charges, d'honneurs et de richesses, mais ceux qui, ne le pouvant pas, voudraient le faire »[21].

Toutefois, le chant XXVI du *Prince* reprend la dédicace et dépasse les enjeux personnels du don, puisqu'il s'agit d'une exhortation à libérer l'Italie des Barbares. Machiavel s'adresse à l'illustre Maison Médicis et en particulier au dédicataire. Il lui déclare que les temps sont mûrs désormais pour qu'un prince nouveau fasse la rédemption de l'Italie et qu'il revient aux Médicis de jouer ce rôle essentiel :

> « Que votre illustre maison assume donc cette tâche avec le courage et l'espérance que l'on met aux justes entreprises, afin que sous son drapeau notre patrie soit ennoblie, et que sous ses auspices se vérifient ces paroles de Pétrarque :
> Vaillance contre fureur
> Prendra les armes ; le combat sera bref,
> Car l'antique valeur
> Dans les cœurs italiens n'est pas morte encore »[22].

Le Prince se termine donc avec une citation du chant XXVIII, *Italia mia*, vv. 93-96, du *Chansonnier* de Pétrarque. Cependant, le don est largement utilisé en politique intérieure comme en politique extérieure. En politique intérieure, Machiavel prend l'exemple des villes allemandes, capables de donner du travail au peuple pendant une année entière, dans les occupations qui sont « le nerf de la cité », dans les métiers dont se nourrit le peuple : tout ce qui concerne le boire, le manger, la possibilité de se chauffer[23]. Il conseille également au prince de donner de son temps, de participer aux réunions des différentes corporations, pour donner des exemples d'humanité et de magnificence, mais en maintenant toujours la majesté de son rang[24]. En outre, donner des fêtes et des spectacles tient le peuple occupé[25]. Le prince doit aussi montrer qu'il aime les talents

---

21 *Ibid.*, p. 185.
22 *Ibid.*, p. 176.
23 *Ibid.*, chap. X, p. 136.
24 *Ibid.*, chap. XXI, p. 169.
25 *Ibid.*

en donnant l'hospitalité aux artistes, en honorant ceux qui excellent dans leur profession[26]. En cas d'attaques, si la population voit brûler ses propriétés, il doit lui donner l'espoir que ses malheurs ne seront pas de longue durée[27]. Mais ce sont surtout les armes que le prince doit donner à ses sujets. Machiavel dénonce les armées mercenaires tout comme les armées auxiliaires. Les premières n'aspirent qu'à leur propre grandeur[28], les secondes sont nuisibles. On l'a vu : l'Italie a été envahie par Charles VIII, pillée par Louis XII, violée par Ferrando et déshonorée par les Suisses[29], précise Nicolas. Il donne au duc la définition des « armes propres : ce sont celles qui sont composées ou de sujets ou de citoyens ou de vos créatures : toutes les autres sont ou mercenaires ou auxiliaires »[30]. Cela dit, le prince doit donner une confiance particulière aux ministres qu'il s'est choisi, les honorer, les enrichir, pour qu'il y ait entre eux une confiance réciproque[31] :

> « [...] le prince, pour le conserver dans ses qualités, doit penser à son ministre, en l'honorant, en l'enrichissant, en le faisant son obligé, en le faisant participer aux honneurs et aux charges, afin qu'il voie qu'il ne peut exister sans lui, et que l'abondance des honneurs ne lui fasse pas désirer plus d'honneurs, l'abondance de richesse ne lui fasse pas désirer plus de richesses, l'abondance des charges ne lui fasse craindre les changements [...] ».

Sur le plan international, Machiavel conseille de donner son soutien en cas de conflit et, surtout, de ne jamais rester neutre. Il démontre que prendre parti ne présente que des avantages[32]. Au sujet des territoires récemment conquis, il convient d'y installer des colonies « qui soient comme des chaînes pour cet État » ; on enlève les terres à certains et on réquisitionne leurs habitations pour les donner aux nouveaux habitants. Mais en fin de compte, on lèse peu de personnes et les autres, soit ne sont pas lésées et se calment, soit ont peur de commettre une faute, de crainte d'être spoliés[33]. Le bon prince doit également donner à ses sujets un bon gouvernement, par tous les moyens, comme le fit César Borgia

---

26 *Ibid.*, p. 168.
27 *Ibid.*, chap. X, p. 136.
28 *Ibid.*, chap. XII, p. 140.
29 *Ibid.*, chap. XIII, p. 143.
30 *Ibid.*, chap. XIII, p. 145.
31 *Ibid.*, chap. XXII, p. 170.
32 *Ibid.*, chap. XXI, p. 167-168.
33 *Ibid.*, chap. III, p. 113.

en Romagne[34]. Le pays étant « plein de brigandages, de dissensions et de toutes espèces de violences », il y préposa Remirro de Orco, homme cruel et expéditif, à qui il confie les pleins pouvoirs. Celui-ci ramène en peu de temps le pays à la paix et à l'union avec une grande réputation. Cependant, craignant que cette autorité ne devienne odieuse, César met en place dans chaque ville un tribunal civil. Puis, pour effacer les haines engendrées à son égard et se gagner totalement le peuple, il montre que si cruauté il y avait eu elle venait non de lui, mais de la nature cruelle de son ministre. Il le fait donc exécuter sur la place publique, à Cesena.

Si le prince offre à ses sujets des richesses, des honneurs et des armes, dans quel but le fait-il ? Armer ses sujets les rend dévoués, fidèles, même si auparavant certains d'entre eux étaient suspects, ils deviennent les obligés du prince, alors que les désarmer serait les offenser et engendrerait leur haine. Machiavel dit bien que « la meilleure forteresse qui soit [est] de ne pas être haï du peuple »[35]. Il sera d'ailleurs facile au prince de conserver l'amitié du peuple, puisque ce dernier ne demande qu'à ne pas être opprimé. Aussi, quelqu'un qui devient prince contre le peuple et avec la faveur des grands, doit-il avant tout chercher à se gagner le peuple, ce qui sera aisé à condition de le prendre sous sa protection[36]. C'est la raison pour laquelle les violences doivent être faites toutes à la fois pour qu'elles fassent moins mal ; au contraire, les bienfaits seront distillés, afin d'être mieux savourés[37].

Honorer les personnes en leur donnant des commandements, des gouvernements, de gros subsides permet de les ranger de son côté, d'en faire ses partisans. C'est la méthode employée par César Borgia pour gagner à sa cause les partisans des Orsini et des Colonna. Le résultat fut spectaculaire : en quelques mois, l'affection pour leur parti s'éteignit dans leur esprit et se tourna tout entière vers le duc[38]. Il convient aussi de récompenser quiconque pense d'une façon ou d'une autre à développer sa cité, en embellissant une propriété ou en ouvrant un nouveau trafic[39], car il est très utile au prince de donner de soi des exemples exceptionnels, pour qu'on en parle abondamment. En somme, les présents comme les bienfaits ne sont jamais gratuits, mais servent à s'attacher les hommes, à se forger une bonne réputation, enfin à obtenir la gloire.

---

34 *Ibid.*, chap. VII, p. 127.
35 *Ibid.*, chap. XX, p. 163.
36 *Ibid.*, chap. IX, p. 134.
37 *Ibid.*, chap. VIII, p. 132.
38 *Ibid.*, chap. VII, p. 126.
39 *Ibid.*, chap. XXI, p. 169.

Toutefois, Machiavel définit clairement les limites de la libéralité. En effet, tant que le prince fait du bien, les hommes sont à lui et lui offrent leurs richesses, leurs gains, leur vie, leurs enfants, mais quand le besoin s'approche du prince, ils se détournent et le prince s'effondre[40]. De plus, les amitiés que l'on acquiert à prix d'argent et non par grandeur et noblesse d'âme, on les achète, mais on ne les possède pas[41]. En outre, il ne faut pas croire que, chez les grands, les nouveaux bienfaits font oublier les vieilles injures. Et ce fut l'erreur du Valentinois qui n'aurait pas dû consentir à la nomination de cardinaux auxquels il avait nui et qui, devenus papes, dussent avoir peur de lui. C'est dans l'élection de Jules II (Giuliano della Rovere) qu'il se trompa[42]. L'autre limite à la générosité du prince est l'arrière-pensée de celui-ci. Ainsi, César Borgia surmonta avec grand péril la révolte d'Urbin et les troubles de la Romagne, causés par la conspiration de la Magione, fomentée par les Orsini. Après avoir retrouvé sa réputation, César se tourna vers la ruse, raconte Machiavel. Il dissimula si bien ses pensées que les Orsini se réconcilièrent avec lui, par l'intermédiaire de Paolo Orsini, qui rencontra le Valentinois à Imola le 25 octobre 1502. Avec Paolo Orsini, César ne manque aucun égard pour le rassurer. Il lui offre de l'argent, des vêtements et des chevaux. Il endort si bien ses ennemis que « leur ingénuité les (conduit) à Sinigalia entre ses mains », le 31 décembre 1502. Le duc possède maintenant toute la Romagne avec le duché d'Urbin[43].

Dans le chapitre XVI, intitulé « De la libéralité et de la parcimonie »[44], Nicolas pose bien des garde-fous à la politique du prince. Il serait bon d'être tenu pour généreux, déclare-t-il, néanmoins la libéralité pratiquée au point d'en avoir la réputation nuit au prince, car, à vouloir conserver parmi les hommes la réputation d'être généreux, il ne faut négliger aucune sorte de somptuosité. De telle sorte, un prince dépensera toutes ses richesses et sera contraint de taxer son peuple. Il lui deviendra donc odieux. Et même, pour ne pas avoir à voler ses sujets, pour pouvoir se défendre, pour ne pas devenir pauvre et méprisable, pour ne pas être forcé de devenir rapace, un prince doit faire peu de cas d'encourir le nom de ladre, car c'est l'un des vices qui le fait régner. Il distingue cependant deux cas : si le prince est parvenu au gouvernement, la libéralité est dommageable ; mais s'il est en voie d'acquérir le pouvoir, il est nécessaire qu'il soit réputé généreux. Trop de miséricorde nuit et

---

40 *Ibid.*, chap. XVII, p. 152.
41 *Ibid.*
42 *Ibid.*, chap. VII, p. 129.
43 *Ibid.*, chap. VII, p. 126.
44 *Ibid.*, chap. XVI, p. 149-153.

l'un des exemples qu'il donne est celui de Scipion, homme exceptionnel selon Machiavel, mais dont les armées se révoltèrent, car il avait donné à ses soldats plus de licence qu'il ne convenait à la discipline militaire. Néanmoins, la simulation et la dissimulation constituent également une limite, dans la mesure où le prince doit seulement paraître posséder les qualités comme la miséricorde, la bonne foi, la droiture et l'humanité. C'est toute l'argumentation du célèbre chapitre XVIII, « Comment les princes doivent tenir leur parole »[45], où Machiavel conseille au prince sage d'user de l'homme et de la bête, du lion et du renard, de ne pas observer sa parole si un tel comportement risque de se retourner contre lui et qu'ont disparu les raisons qui le firent s'engager. Il doit savoir farder sa nature, être grand simulateur et dissimulateur. Et Machiavel achève ainsi son raisonnement :

> « Qu'un prince donc s'efforce de vaincre et de conserver son pouvoir, les moyens seront toujours jugés honorables et loués de tous, car le vulgaire est convaincu par les apparences et par l'issue des choses. Dans le monde il n'y a que le vulgaire […] ».

Bref, le prince doit faire en sorte qu'on perçoive dans ses actions du courage, de la fermeté, de la grandeur ; il doit donner de lui cette image qui lui confère une grande réputation. Rien n'est donc gratuit.

En conclusion, le concept du don, du bienfait entre ainsi totalement dans la problématique du *Prince*. Il n'est jamais gratuit, mais apparaît comme un instrument de l'art de gouverner, dans le sens où il sert surtout à s'attacher les hommes, à les manipuler et donne une nouvelle image du prince idéal, bien loin de la conception humaniste du siècle précédent. Et nous pouvons laisser le mot de la fin à Christian Bec qui déclare que le *Prince* ouvre la voie aux traités sur le prince idéal, qu'il contient les germes d'une culture qui sera finalement contrainte d'ignorer les faits pour servir les puissants[46].

---

45 *Ibid.*, chap. XVIII, p. 153-155.
46 C. BEC, *op. cit.*, p. XXXII.

Péro et Cimon, entre la charité et la loi :
*l'exemple d'une réciprocité manquée ?**

Jutta Gisela SPERLING

En 1606, Caravage peint « Les Sept Actes de la Grâce » pour la confrérie du *Pio Monte della Misericordia* à Naples. Au centre du retable, il place l'image saisissante d'une jeune femme offrant le sein à un vieil homme barbu, à travers les barreaux de la fenêtre de la prison. Inquiète, elle tourne son visage vers deux anges qui descendent du ciel, comme si elle craignait d'être réprimandée pour sa manière de remplir trois des sept actes de charité recommandés : donner à boire à l'assoiffé, de la nourriture à l'affamé et assister les prisonniers. Derrière elle, d'autres actions charitables sont réalisées dans une rue animée.

La scène d'une femme qui offre son lait à un vieil homme affamé dans une prison est inspirée par les versions popularisées de l'histoire des *Faits et dits mémorables* de Valère Maxime (env. 32 après J.-C.)[1], un ensemble d'anecdotes et de légendes traitant des vertus de l'ancienne Rome qui, depuis la fin du XVe siècle, est imprimé dans d'innombrables éditions en langue latine et vernaculaire partout en Europe. L'histoire de Maxime sur Péro qui allaite son propre père, Micon, également appelé plus tard Cimon, un citoyen grec condamné à mort par privation de nourriture pour un crime capital, qui sauve ainsi sa vie, est la pièce centrale d'une trilogie d'anecdotes

---

* L'article a été traduit de l'anglais par Lucien Faggion.
1   L'auteur a analysé le texte traduit en anglais : Valerius MAXIMUS, *Memorable Doings and Sayings*, éd. et trad. en anglais par D. R. SHACKLETON BAILEY, Cambridge-Londres, Harvard University Press, 2000, 2 t. : t. 1, livre V, 4, p. 501-03. Pour l'édition française, voir Valère MAXIME, *Faits et dits mémorables* [*Factorum dictorumque memorabilium libri IX*], éd. et trad. par R. COMBÈS, Paris, Les Belles Lettres, 2003, 2 t.

destinée à illustrer – et à problématiser – le concept romain de « piété filiale »[2]. Les deux histoires qui accompagnent la pièce centrale présentent des différences sur les sujets entrecroisés de l'allaitement filial qui rachète le crime du père, mais s'irradient dans différentes séries de catégories du genre. L'anecdote qui suit immédiatement l'histoire de Péro et de Cimon se rapporte à une jeune romaine qui nourrit sa mère en prison « avec le secours de son lait », accomplissant sa délivrance et sa réhabilitation comme une récompense de son propre acte de piété héroïque ; celle qui figure après la légende de Péro et de Cimon rend compte de l'acte mémorable d'un fils qui remplace son père en prison, condamné en contumace pour dettes. Dans cette trilogie d'histoires, la faute judiciaire des parents ne fait aucun doute. La piété filiale est définie selon l'accomplissement de la grâce à travers un acte héroïque d'auto-avilissement.

Les nombreux récits d'anecdotes de Maxime, renouvelés depuis le XIIIe siècle, montrent comment les deux histoires, qui présentent des couples mère/fille et père/fils, sont perçues comme le complément et l'exposition de la « pièce centrale » de Péro et de Micon. Les traductions tendent tardivement à faire converger les deux pères de Micon et de Cimon par un renversement ludique de syllabes[3] ; dans sa pièce *Een Spiegelbock*, Jacob Duym échange non seulement la faute du père de Cimon avec l'innocence du fils du troisième épisode, mais suggère aussi que le sacrifice de Péro a permis la libération de son père de prison, conformément à ce que la fille romaine avait accompli pour sa mère[4]. D'autres exemples de piété filiale composent le recueil de Maxime, mais le choix apparemment éclectique des sujets figure en sérieuse opposition à la symétrie prudente, fine et triangulaire de la série de la mère/fille, du père/fille, du père/fils. L'histoire de Péro et de Cimon est devenue un des épisodes les plus connus de Maxime et a bénéficié d'un engouement important dans les différents genres de la « haute » et de la « basse » littératures depuis l'Antiquité, apparaissant dans l'espace byzantin, le Moyen Âge (occidental), la Renaissance et au-delà. Il s'avère également qu'elle circule dans la littérature orale depuis la fin du XIXe siècle dans

---

2 R. GUERRINI, « Allattamento filiale e *pietas erga parentes* in Valerio Massimo : dall'immagine al testo », R. RAFFAELLI, R. M. DANESE (dir.), *Pietas e allattamento filiale : La vicenda, l'exemplum, l'iconografia*, Urbino, Settimio Lanciotti, 1997, p. 15-37.

3 Selon ce dernier usage, je procéderai de la même manière et, désormais, me référerai au père de Péro comme Cimon.

4 Jacob DUYM, *Een Spiegelbock inhudende ses Spiegels, vvaer in veel deuchden claer aen te mercken zijn*, Leyden, 1600.

Fig. 1 : Caravage, « Les Sept Actes de la grâce » (1606), Pio Monte della Misericordia, Naples, Italie, Photo Crédit : Scala/Art Resource, NY ; Image Référence : ART15331.

toute l'Europe, et dont l'apparition dans les collections d'énigmes depuis le XVIe en donne un exemple précoce[5].

Dans les arts visuels, le sujet est aussi très connu auprès des artistes de la Réforme allemande, mais relativement rare en Italie, où les artistes l'expérimentent uniquement de façon hésitante, le plus souvent sous la forme de genres « mineurs », tels que les médailles, les gravures et les imprimés. Des exceptions notables incluent la fresque de Perino del Vaga sur Péro et Cimon (Gênes, Palais Doria Pamphili, 1528-37) et la frise en marbre de Rosso Fiorentino à Fontainebleau (1530 env.)[6]. Des peintures anonymes sont signalées également à Venise au XVIe siècle, quoiqu'elles ne paraissent pas avoir survécu[7]. Il revint à l'idée ingénieuse de Caravage de reconfigurer le contenu allégorique de l'image – en plaquant le sujet de la « piété » romaine sur le concept de la « charité » chrétienne – pour le couple allaité père/fille, une « piété » vouée à devenir à la fois présentable et populaire auprès des artistes baroques. En rejetant le caractère pornographique dont il fait l'objet dans l'art allemand au début du XVIe siècle, et en le présentant comme une variété sur le sujet de la « charité » qui, depuis le Moyen Âge, apparaît sous la forme allégorique d'une femme allaitante[8], Caravage est en mesure de libérer le sujet de ses associations subversives anticatholiques qu'il acquiert dans l'Allemagne réformée[9].

Grâce au succès de ce retable, de nombreux artistes du XVIIe siècle – aussi bien des Caravagistes que d'autres – sont poussés à peindre également une telle scène, même si chaque peintre, après Caravage,

---

5 *New vermehrtes Rath-Büchlein mit allerhand Weltlich- und Geistlichen Fragen sampt deren Beantwortungen* (s.l., 1660 ; 1ère éd. Strasbourg, 1509/10), pas de pagination.

6 A. TUCK-SCALA, « Caravaggio's "Roman Charity" in the Seven Acts of Mercy' », J. CHENAULT, P. et S. SCOTT (dir.), *Parthenope's Splendor : Art of the Golden Age in Naples*, Munshower, College Park, Pennsylvania State University Press, 1993, p. 149, 150 et 133.

7 Les notaires vénitiens enregistrèrent trois autres versions anonymes du sujet. Je souhaite remercier Monika Schmitter pour ces références importantes. Voir aussi I. PALUMBO-FOSSATI, « L'interno della casa dell'artigiano e dell'artista nella Venezia del Cinquecento », *Studi Veneziani*, 8 (1984), p. 109-53. Par ailleurs, un portrait vénitien en buste de Péro dans l'acte d'allaiter son père est censé avoir été mis aux enchères pour le prix de 300 000 couronnes autrichiennes au Dorotheum, à Vienne en 1922, mais on ne le vendit pas ; on ignore où il se trouve aujourd'hui. Je souhaite remercier Johanna Mullen du Dorotheum GmbH & Co KG pour son aimable information bibliographique. « Wertvolle Italienische Skulpturen des XIV. bis XVIII Jahrhunderts. Alte Gemälde, Kunstgewerbe, Graphik », *328. Kunstauktion* (22. April 1922), Dorotheum, Vienne, p. 53, fig. 82.

8 M. SEIDEL, « *Ubera Matris* : Die vielschichtige Bedeutung eines Symbols in der mittelalterlichen Kunst », *Städel-Jahrbuch*, N.F., vol. 6 (1977), p. 41-99.

9 H. ZSCHELLETZSCHKY, *Die "Drei Gottlosen Maler" von Nürnberg*, Leipzig, 1976.

choisit de resituer le sujet dans son contexte originel et classique. Débutant avec l'interprétation de Bartolomeo Manfredi sur ce qui est désormais appelé la « Charité romaine » (1610-14), Péro est peinte à l'intérieur d'un donjon, comme l'avait fait Maxime, réalisant son sacrifice du lait dans l'intimité et la réclusion qui implique le spectateur dans des fantaisies érotiques sur de futurs contacts physiques entre eux. Cependant, aucun artiste ne peignit jamais, à nouveau, Péro entièrement nue, avec les tétons dressés de Cimon, comme le fit Hans Sebald Beham (Woodner Collection, 1540)[10]. En dépit des évidentes titillations que le motif provoque – et est censé provoquer, étant donné l'interprétation de Maxime de l'histoire qui est tenue pour une « *ekphrasis* » d'une peinture réaliste[11] – les artistes baroques cherchent à traduire les émotions de Péro et les différentes expressions du visage, en passant de la modestie affectée (Bartolomeo Manfredi, 1615-17) à l'extase (Simon Vouet, 1613-27) et à la défiance (Mattia Preti, 1660-61)[12].

Dans cet article, mon intention est de poser un cadre interprétatif pour cerner ce sujet – extrêmement populaire, mais considérablement négligé par la recherche historique –, dans l'art au XVIe et au XVIIe siècle[13]. Il s'agit de saisir comment le portrait de Péro et de Cimon a résonné à l'intérieur des traditions iconographiques de la *Charité* et de la *Madonna Lactans*, et comment les tensions marquant les relations père/fille dans la sphère du politique et de la loi ont contribué à la diffusion que le portrait a connu au XVIIe siècle. Du point de vue conceptuel, il me semble nécessaire de considérer l'image de la fille dans l'acte d'allaiter son père comme une critique de la réciprocité manquée dans une culture où les pratiques du don sont asymétriques du point de vue du genre et, en

---

10 J. G. Sperling, « *Divenni madre e figlia di mio padre* : Queer Lactations in Renaissance and Baroque Art », A. Levy (dir.), *Sex Acts : Practice, Performance, Perversion and Punishment in Early Modern Europe*, Florence, Le Lettere-Aldershot, Ashgate, 2009.

11 V. Maximus, *Memorable Doings, op. cit.*, p. 501-03.

12 Sur les peintures de Manfredi relatives à la charité romaine, voir N. Hartje, *Bartolomeo Manfredi (1582-1622) : Ein Nachfolger Caravaggios und seine Europäische Wirkung*, Weimar, VDG, Verlag und Datenbank für Geisteswissenschaften, 2004. Sur la version de Vouet, voir V. Markowa, « Un Dipinto di Simon Vouet in Russia », *Bolletino d'Arte*, LXVI/12, n° 88-89 (1981), p. 139-42 ; sur la version de Preti, voir S. Cassani, M. Sapio, M. Utili (dir.), *Mattia Preti : tra Roma, Napoli e Malta*, Naples, 1999.

13 W. Deonna, « La légende de Péro et de Micon et l'allaitement symbolique », *Latomus*, 13 (1954), p. 140-166, 356-375 ; R. Rosenblum, « Caritas Romana after 1760 : Some Romantic Lactations », Th. B. Hess, L. Nochlin (dir.), *Woman as Sex Object: Studies in Erotic Art, 1730-1970*, New York, Allen Lane, 1972, p. 42-63 ; A. Tuck-Scala, « Caravaggio's "Roman Charity" in the Seven Acts of Mercy », p. 127-163 ; R. Raffaelli, R. M. Danese, S. Lanciotti (dir.), *Pietas e allattamento filiale : La vicenda, l'exemplum, l'iconografia*, Urbino, Quattro venti, 1997.

conséquence, relèvent des théories de la parenté légale agnatique. Enfin, l'allaitement de Péro peut-il être compris comme un acte de résistance ? Est-elle une victime abjecte, offrant son corps pour la consommation dans un parcours générationnel pervers ou une « femme d'avant-garde », revendiquant son pouvoir sur la vie et sur la mort d'un patriarche condamné à mourir ?

Fig. 2 : Bartolomeo MANFREDI, « La Charité romaine » (1615-17), Offices, inv. N° 1890, Florence, Italie.

Fig. 3 : Claude MELLAN (1598-1688), « La Charité romaine, » d'après Simon VOUET, (1613-1627), Bibliothèque nationale de France, DEV-0909-012435.

Péro et Cimon, entre la charité et la loi : l'exemple d'une réciprocité manquée ?

Fig. 4 : Mattia PRETI, « La Charité romaine » (1660-61), vue à Christie's.

L'allaitement, un échange de don charitable ?

Dans la tradition littéraire médiévale des anecdotes de Maxime, la « piété filiale » est définie par rapport au couple mère/fille, plutôt qu'à celui de Péro et de Cimon. Surgissant au XIVe siècle, la vision paternelle de l'histoire commence par être entièrement supprimée, alors que la diversité maternelle, de son côté, gagne en succès pour figurer comme l'exemple d'une parfaite réciprocité dans les relations intergénérationnelles. En même temps, l'iconographie de la *Madonna Lactans* émerge comme une tentative de monopoliser l'allégorisation de la « charité » en tant que femme nourrissante. Il faut l'invention de l'imprimerie – et la vague de popularité de la Vierge Marie nourrissante – pour que Péro et Cimon entrent de nouveau dans le discours littéraire à la fin du XVe siècle, et qu'ils soient représentés dans les arts figuratifs.

Une telle suppression programmatique de la version paternelle du sujet de Maxime est unique à la fin du Moyen Âge. Parmi les auteurs romains antiques qui racontent l'événement, seul Pline l'Ancien (23-79 après J.-C.) préfère le couple mère/fille, en ajoutant qu'une colonne consacrée à la « *pietas* » a été dressée à l'emplacement de la prison de la mère[14]. En revanche, Hygin, Festus, Solinus et Nonnos, font de Péro la personnification de la piété filiale. Alors que Hygin (64 av. J.-C.-17 après J.-C.), assez cyniquement, insère l'histoire de l'« amour » autodégradant de la fille pour son père dans une longue liste d'exemples grecs anciens de couples incestueux et de meurtres familiaux, Festus (IIe siècle après J.-C.) explique de façon laconique le concept de « *pietas* » par rapport à Péro. Solinus le qualifie comme un événement à sensation dans son livre *Les Merveilles du Monde* (IVe siècle après J.-C.) ; et, finalement, Nonnos (IVe siècle env. après J.-C.), dans son récit épique sur l'expédition de Dyonisius en Inde, considère la scène de l'allaitement incestueux comme un trait orientalisant, dans un chapitre riche en paradoxes et en rebondissements[15]. Personne, au cours de l'Antiquité, sauf Maxime, ne se rapporte aux deux variétés de l'histoire simultanément. Il faut attendre le XVIe siècle pour que le pendule revienne lentement. Alors que quelques auteurs tiennent à la scène maternelle, nombreux sont ceux qui intègrent la version paternelle dans leurs pièces et leurs nouvelles, parfois sous forme d'une énigme sur les relations incestueuses au sein de la parenté[16].

---

14 PLINE L'ANCIEN, *Natural History*, John BOSTOCK, H. T. RILEY (éd.), Londres, H.G. Bohn, 1855-57, 7/36, p. 121.
15 A. TONTINI, « L'epigramma CIL IV 6635 (= CLE 2048) », *Pietas e allattamento filiale,* p. 141-160.
16 J. G. SPERLING, « Divenni madre e figlia di mio padre... ».

Au XIIIe siècle, de nombreux auteurs mentionnent encore l'échange de lait hétérosexuel. Dans son *Exempla*, Jacques de Vitry (1240) se rapporte à l'épouse qui nourrit son mari[17], tandis que Jean d'Écosse[18] (1260) et Vincent de Beauvais[19] (1264) donnent un résumé assez soigné des deux versions différentes des anecdotes de l'allaitement de Maxime. Cependant, un demi-siècle plus tard, des écrivains commencent à omettre la version paternelle, en prêtant cette fois l'attention à la scène mère/fille. Dans son sermon sur les obligations des enfants envers leurs parents, formulé à Florence à l'église de Santa Maria Novella (1303-09), Giordano de Pise mentionne l'histoire d'une fille qui, avec son lait, garda sa mère en vie et bouleversa à tel point l'empereur que celui-ci l'épargna[20]. Dans son traité allégorique sur la société bien ordonnée, Jacques de Cessoles (1288-1322) souligne que les vicaires du roi exercent la grâce, la pitié et la compassion, spécialement envers les pauvres, par rapport au gardien de la prison relatée dans l'anecdote maternelle de Maxime. Au lieu d'exécuter la mère détenue, comme il est supposé le faire, le gardien est pris de pitié pour elle et décide de lui permettre de mourir de faim. Lorsqu'il relève l'arrangement de l'allaitement qui la maintenait en vie, il rapporte aussitôt cette « merveille » aux autorités judiciaires qui affrontent un exemple si extraordinaire de piété et pardonnent le crime de la mère[21]. Au bas Moyen Âge, dans le nouveau récit de Girard de Roussillon, le *Poème Bourguignon* (1330 env.), celui-ci rapporte qu'une certaine « force de la nature » est à l'œuvre en inspirant la fille à nourrir sa mère qui, dans ce texte, est condamnée à mort pour adultère. Néanmoins, elle bénéficie de la charité filiale, de la grâce du juge et de la « douce amitié » de la narratrice, indiquant ainsi que l'amour d'une fille pour sa mère peut libérer une femme du « crime contre son lignage »[22]. Jean Gobi (1323-

---

17 Jacques de VITRY, *The Exempla : illustrative stories from the sermones vulgares*, éd. T. F. CRANE, Cornell University Press, 1967, p. 232.

18 Jean D'ÉCOSSE (1260), *Summa collationum* (Augsbourg 1475), II, 2.2, sans pagination.

19 Vincentius BELLOVACENSIS [Vincent de Beauvais, décès 1264], *Speculum Historiale*; facsimilé éd., *Bibliotheca Mundi seu Speculi Marioris Vincentii Burgundi Praesulis Bellovacensis* (Duaci [Douais?], 1524), Graz, Akademische Druck- u. Verlagsanstalt, 1965, p. 218-19.

20 S. BOLDRINI, « L'allattamento filiale nella letteratura esemplare e nella predicazione », *Pietas e allattamento filiale*, p. 183.

21 Jacques de CESSOLES, *Le Jeu des Eschaz Moralisé*, traduction de Jean FERRON (1347), éd. A. COLLET, Paris, 1999, p. 159.

22 GIRARD de Roussillon, *Poème Bourguignon du XIVe siècle*, éd. E. BILLINGS HAM, Yale University Press, 1939, p. 196-97. Cette épopée fut écrite entre 1330 et 1343 par un moine de Pothières, mais elle se fonde sur un poème épique du XIIe siècle dû à Girart de Roussillon. F. A. G. COWPER, « Review of Girard (Girart) de Roussillon,

50), pour sa part, eut en apparition deux dames qui rendaient visite à la mère affamée en prison et procédaient à l'allaitement selon une manière hautement allégorique, respectivement, selon leur « *lac compunctionis* » et leur « *lac devotionis* »[23]. La figure de la fille est de la sorte remplacée par une image divisée de Marie nourrissant la détenue, dotée de la capacité de pratiquer la « contrition » et la « dévotion ».

Enfin, Boccace et Christine de Pisan interprètent l'histoire comme un exemple de réciprocité bien exécutée, en filtrant l'exemple de Maxime de l'amour d'une fille extraordinaire mais naturel pour sa mère dans le langage des relations de parenté du Moyen Âge, fondé sur l'échange de dons. Selon une traduction récente du *De mulieribus claris* (1361-62), Boccace résume ainsi la morale de l'histoire : « Lorsque nous, en tant qu'enfants, réalisons des actes pieux pour nos parents [...], nous semblons simplement remplir nos devoirs et repayer convenablement ce que nous avons reçu d'eux »[24]. Dans son *Livre de la Cité des Dames* (1405), Christine de Pisan conclut que « la fille redonna à sa mère âgée ce qu'elle avait pris de sa mère, alors qu'elle était enfant »[25]. De même, au XVe siècle, les commentateurs des *Faits et dits mémorables* de Maxime « expliquent » la vague référence à la « loi de la nature » comme l'expression d'une symétrie. La fille redonne simplement la vraie nourriture qu'elle avait consommée durant son enfance : « *non mater a filia sed filia a matre lac sumere consuevit* »[26].

L'objectif de Maxime est d'attirer l'attention – mais aussi de la détourner – sur le manquement du couple du tabou de l'inceste et de l'interdit contre les relations sexuelles féminines, en insistant sur l'amour filial qui doit être honoré par-dessus toutes les exigences – de nature culturelle – qui servent à maintenir les structures de la parenté. D'abord, le gardien de la prison se demande si le « spectacle », dont il est témoin, peut être « pensé comme étant contre nature », mais il réalise ensuite que « l'amour d'un parent » est la « première loi de la nature »[27]. Boccace, Pizan et d'autres auteurs du XVe siècle vont plus loin en normalisant l'échange de lait, potentiellement troublant, par l'adoption du langage

---

Poème Bourguignon du XIVe siècle by Edward Billings Ham », *Speculum*, vol. 17, 2 (1942), p. 286.
23 Jean GOBI (1323-1350), *Scala coeli* (Ulm, 1480), f° 39r°.
24 BOCCACCIO, *Famous Women*, éd. et trad. V. BROWN, Cambridge, 2001, p. 271.
25 Christine de PISAN, *The Book of the City of Ladies*, trad. E. JEFFREY RICHARDS, New York, Persea Books, 1983, p. 115.
26 Valerius MAXIMUS, *Factorum et dictorum memorabilium libri IX* (Venise, Johannes et Gregorius de Gregoriis, 18 juin 1482), f° 115v°.
27 Valerius MAXIMUS, *Memorable Doings and Sayings, op. cit.*, p. 501-03.

presque juridique de la réciprocité et s'intègrent dans celui de l'échange de dons que Girard de Roussillon fixe en opposition au crime qui subvertit la parenté de la mère et le lignage. La signification de l'acte « infâme » de la mère – en l'occurrence l'adultère – se trouve modifiée, dans le poème épique de Roussillon, en amour de la charité de sa fille, alors que, dans des récits tardifs, le sacrifice du lait de la fille extraordinaire, attitude « abjecte », extralégale et antisociale, mais héroïque, perd sa signification d'acte de subversion et de résistance. Aussi bien la charité chrétienne que l'antique piété cesse d'être placées en opposition à la loi – elles sont en parfait accord avec celle-ci. D'ailleurs, la claire symétrie entre le don du lait de la mère et celui de la fille, en l'occurrence le renversement de leurs relations, semble avoir effacé le fossé générationnel entre elles.

Une telle interprétation de l'allaitement charitable, appréhendé aussi comme un geste égalitaire et réciproque, s'écarte de façon significative de l'économie circulaire de la nourriture spirituelle élaborée par les mystiques féminines. La charité, depuis que Paul l'a définie comme la plus importante des vertus chrétiennes (1 Corinthiens 13), et depuis qu'Augustin l'a qualifiée de type d'amour opposé à celui du désir, devint l'élément essentiel des formes médiévales de dévotion[28]. Au lieu d'insister sur l'échange proportionné et mesurable de dons entre deux parties, la charité, dans la théologie médiévale et la pratique religieuse, est déployée comme un processus dynamique sans fin, qui implique le Christ et tous les croyants du Christ, principe tautologique qui facilita le partage potentiellement infini de la douleur et de la nourriture, et de la douleur comme nourriture. À l'intérieur du cadre de l'« *imitatio Christi* », la charité devient le principal mode de culte, depuis que les contributions matérielles au pauvre, la fondation d'hôpitaux et de confréries, ainsi que la culture de l'empathie par la souffrance auto-infligée, se trouvent et s'identifient en Dieu. Le Christ est le dernier récipiendaire des priants qui offrent leur âme au purgatoire, servent volontairement dans les hôpitaux de la communauté, assistent financièrement les filles en danger, donnent l'exemple de la flagellation et de la vie ascétique. En ce sens, saint Thomas d'Aquin (1225-74) demande que la vraie charité se génère, en ne se rapportant à rien, sinon à elle-même[29].

Saint Bonaventure (1221-74) abandonne la distinction augustinienne entre l'amour séculier et l'amour divin, en redéfinissant la véritable charité comme le désir de Dieu. L'absence de limites d'un tel désir est embrassée

---

28 R. FREYHAN, « The Evolution of the Caritas Figure in the Thirteenth and Fourteenth Centuries », *Journal of the Warburg and Courtauld Institutes*, vol. 11 (1948), p. 72.
29 R. FREYHAN, « The Evolution of the Caritas Figure in the Thirteenth... ».

par les femmes mystiques, comme l'a montré Caroline Bynum, qui cultivent la faim comme étant celle du Christ – une faim qui ne peut jamais être rassasiée – en mesure de partager sa souffrance. Les mystiques qui évitent de se nourrir transforment la signification traditionnelle de la maternité en offrant leur corps pour une consommation spirituelle dans le cadre d'une relation triangulaire qui implique le Christ et les pécheurs pénitents. Au sein d'une culture où les femmes ne sont pas seulement supposées préparer la nourriture, mais aussi s'offrir elles-mêmes en nourriture – durant la grossesse et la période de l'allaitement – les mystiques calibrent leurs corps aménorrhiques comme les terrains fertiles pour les rencontres divines. Elles l'accomplissent en maintenant uniquement une « diète » de nourritures sacrées, telles que l'Eucharistie, et également, à l'occasion, le pus de personnes malades et les poux des pauvres[30]. Une auto-privation de nourriture, aidant à « digérer » convenablement la nourriture sacrée dans des transes, des apparitions et des extases, qui fonctionne aussi comme un don d'autopunition, afin d'adoucir la douleur des âmes en souffrance au purgatoire. Une telle représentation de l'« abject » rend compte de l'abolition des limites corporelles, symboliques et politiques, comme l'a argumenté Julia Kristeva[31]. Le corps maternel, grotesque dans sa perméabilité, pollué par ses rejets et dangereux par sa capacité à générer, est caractérisé par ses possibilités à la symbiose. Si le sale est un sujet hors de propos, l'allaitement oscille entre le sacré et la profanation, précisément parce que le lait distribué défie la topographie qui est incommensurablement fluctuante. Aussi, perçu comme une pratique du don, l'allaitement se prive-t-il de la règle du retour.

Dans les arts visuels, la charité est, depuis le XIVe siècle, allégorisée en femme qui offre de la nourriture, parfois sous forme d'une corne d'abondance[32], mais plus fréquemment sous celle du partage du lait[33]. Quoique les artistes aient prêté attention à la charité saisie comme un symbole composite, combinant le désir de Dieu et l'amour de son prochain, une flamme ou un cœur enflammé peuvent émaner du sein de la femme allaitante[34]. Il est important de souligner que l'iconographie de

---

30 Sainte Catherine de Sienne (décédée en 1380) et sainte Catherine de Gênes (décédée en 1510) : C. W. BYNUM, *Holy Feast and Holy Fast*, p. 165-186.
31 J. KRISTEVA, *Powers of Horror : An Essay on Abjection*, New York, Columbia University Press, 1982.
32 Giotto, Chapelle des Scrovegni, 1302-05, Padoue.
33 Tino di Camaino (décédé en 1337), Florence, Musée Bardini ; Giovanni di Balduccio, Milan, Sant' Eustorgio, 1335-39 ; Orcagna, Florence, Orsanmichele, 1352-59.
34 Voir les modèles de Camaino et Balduccio : L. W. PARTRIDGE, « The Visual Image of Charity in Venetian Art », communication donnée lors de la rencontre annuelle de la *Renaissance Society of America*, Chicago, 2008.

la « charité », toujours dépeinte sous les traits d'une femme nourrissant plus d'un enfant simultanément, fait ressortir que ce n'est pas son propre enfant, ou du moins pas seulement le sien, qu'elle alimente. Afin que la nourrice devienne intelligible en tant qu'allégorie de la « charité », le soin maternel est évoqué, mais aussitôt déplacé, assez littéralement, vers « d'autres » enfants, et c'est ce processus métonymique qui permet à la femme allaitante de figurer comme un symbole abstrait. En tant que « charité », le partage du lait nécessite que la mère passe de ses propres enfants à d'autres qui sont dans le besoin. Ainsi l'allaitement charitable signifie le don qui ne fait pas de distinction, qui offre sa substance vitale renouvelable une infinité de fois.

Dans le même temps, la *Madonna Lactans* émerge. Quoiqu'elle ait été documentée dans différentes localités en Europe depuis le XIVe siècle, l'iconographie est très importante en Italie centrale et dans les Flandres, le cœur des mouvements religieux féminins[35]. À Sienne, l'iconographie développe, parallèlement à la stabilisation d'un gouvernement communal et à l'institutionnalisation de la charité, – mais peut-être aussi en rivalité avec –, la concomitante mise en allégorie de la justice, de la paix et d'autres valeurs républicaines personnifiées comme des « objets de désir » féminins[36]. Dans le contexte d'un mouvement religieux féminin qui insiste sur l'acte de manger et de dévorer appréhendé comme des métaphores pour la rencontre mystique avec Dieu, pour le fondre complètement dans la subjectivité individuelle en extase, la diffusion de la représentation de la *Madonna Lactans* contribue à diriger et à surpasser

---

35 M. R. MILES, « The Virgin's One Bare Breast : Female Nudity and Religious Meaning in Tuscan Early Renaissance Culture », S. R. SULEIMAN (dir.), *The Female Body in Western Culture*, Cambridge (mass.), Harvard University Press, 1986, p. 193-208 ; voir aussi le développement de cet article dans EAD., *A Complex Delight A Complex Delight : the Secularization of the Breast, 1350-1750*, Berkeley, University of California Press, 2008 ; M. HOLMES, « Disrobing the Virgin: The Madonna Lactans in 15th century Florentine Art », G. A. JOHNSON, S. F. MATTHEWS GRIECO (dir.), *Picturing Women in Renaissance and Baroque Italy*, Cambridge, Cambridge University Press, 1997, p. 167-195. Sur les mouvements religieux féminins en Flandres, voir W. SIMONS, *Cities of Ladies : Beguine Communities in the Medieval Low Countries, 1200-1565*, Philadelphia, 2001 ; sur les communautés religieuses du tiers ordre aux XIIIe et XIVe siècles en Italie, voir E. A. MATTER, J. COAKLEY (dir.), *Creative Women in Medieval and Early Modern Italy : A Religious and Artistic Renaissance*, Philadelphia, University of Pennsylvania Press, 1994.

36 R. STARN, L. PARTRIDGE, *Arts of Power : Three Halls of State in Italy, 1300-1600*, Berkeley, 1992, p. 48-52. Dans ses ouvrages intitulés *Painting in Late Medieval and Renaissance Siena, 1260-1555* (New Haven, 2003) et *Siena and the Virgin : Art and Politics in a Late Medieval City State* (New Haven, 1999), Diana Norman insiste sur la dévotion particulièrement importante à la Vierge Marie, mais ne dit rien sur la tradition de la *Madonna Lactans*.

la vibrante laïcité des femmes, formes répandues et provocatrices de spiritualité. La dévotion mystique pour le Christ inclut souvent des renversements de genre, tels le culte du Christ ou la mère qui offre aussi bien le sang que le lait de son sein blessé (Quirizio da Murano, 1460-78), en plus de la valeur du Christ, fils sacrifié de Dieu, versant son sang dans une mort violente[37]. La Vierge Marie nourrissante semble être parvenue à rectifier une telle image. Dans des centres où les mouvements mystiques féminins sont particulièrement importants, le « seul sein dénudé » de la Vierge est promu à la signification valable de nourriture spirituelle et matérielle, condescendance curative et divine. En nourrissant le Christ, la Madone gracie tous les croyants du Christ, soulignant une fois encore son rôle de médiatrice et d'intercesseur. L'image donne un cadre bien précis et une signification orthodoxe du don charitable, en opposition au lien illimité des mendiants et de la laïcité populaire urbaine, une approche sans discrimination et autoréférentielle de la pauvreté. Tandis que les écrits des femmes mystiques continuent à suggérer un accès au Christ qui n'est pas médiatisé par la nourriture, la *Madonna Lactans* rappelle d'anciens rites d'adoption et d'affiliation divines par le partage du lait, reconfirmant ainsi une approche plus hiérarchique et filtrée par les rencontres nourricières avec Dieu[38].

La représentation de Péro en « charité romaine » au XVIIe siècle, en Europe, indique que le lait incestueux offert devient acceptable seulement après avoir cessé de se rapporter à la « piété » ancienne, et en se présentant comme la « preuve » de la préfiguration d'un concept chrétien. Dans le retable du Caravage, une relation visuelle complexe s'établit entre la Vierge Marie, un couple d'anges et Péro qui allaite. Marie, regardant les événements d'en haut, embrasse fermement son fils, qui est d'un âge honorablement avancé, quoiqu'il semble être encore nu, laissant voir sa peau blanche radieuse comme le nourrisson médiéval qu'il représentait habituellement. Le Christ baisse sa tête et observe les nombreuses activités charitables réalisées en bas, mais il est saisi par l'expression faciale inquiète de Péro. Le visage et le sein de Péro sont aussi lumineux que le teint de sa mère ou des deux anges, qui planent dans une autre ferme embrassade, à peine au bas de la Vierge Marie et de

---

37 C. W. BYNUM, *Holy Feast and Holy Fast*, fig. 25 ; ID., *Wonderful Blood : Theology and Practice in Late Medieval Northern Germany and Beyond*, Philadelphia, University of Pennsylvania Press, 2007.
38 W. DEONNA, « La légende de Péro et de Micon... », p. 157 ; T. HADZISTELIOU PRICE, *Kourotrophos : Cults and Representations of the Greek Nursing Deities*, Leiden, Brill, 1978 ; L. BONFANTE, « Nursing Mothers in Classical Art », A. O. KOLOSKI-OSTROW, C. L. LYONS (dir.), *Naked Truths : Women, Sexuality, and Gender in Classical Art and Archaeology*, Londres, Routledge, 1997, p. 174-96.

son fils, et paraissent se précipiter du côté de la scène terrestre animée. Le jeu dynamique de lumière et d'ombre fait ressortir l'allaitement de Péro comme le point de vue le plus important de la peinture. Son don du lait prend place non seulement sous la protection de la Vierge Marie, mais il amplifie aussi l'intérêt de son jeune fils qui, ayant maintenant un âge à être sevré, semble approuver que Cimon le remplace, et l'anticipe également comme un allaitement de charité.

Parmi les traits récurrents partagés par Péro, la Vierge Marie et la *Charité*, il y a le fait que les trois dispensent leur lait à des récipiendaires qui ne sont pas leurs enfants. Péro transforme son père en fils ; la Madone nourrit Dieu, un nourrisson vraiment spécial à l'identité constituée et à la filiation compliquée ; et la *Charité* nourrit plus d'un enfant en même temps, exprimant l'extension de l'amour et du soin de son propre enfant portée à d'autres. En tant que telle, la représentation visuelle de la « charité » illustre le concept développé par saint Augustin sur l'amour de Dieu inatteignable, sinon à travers l'amour envers son prochain[39]. Le principe du déplacement métaphorique est à l'œuvre dans les trois groupes d'images. Cependant, dans le cas de Péro, ce transfert prend la forme d'un changement direct, résultat d'une constellation parentale paradoxale : le père devient le fils, avec Péro qui assume le rôle de la grand-mère[40]. Sa propre mère, l'épouse de Cimon, ne peut pas avoir été tout à fait exclue de la scène, quoique l'absence éclatante de mère – malgré l'évocation du symbolisme maternel – distingue puissamment cet épisode, dans le recueil de Maxime, de ces deux histoires.

Pendant que la fille et la mère romaines assument des rôles d'échange parfaitement symétriques, l'intervention maternelle de Péro est perverse, car elle abolit la trajectoire générationnelle, diminue l'alimentation de son propriétaire légitime et augmente le désir incestueux. Dans les versions narratives de l'histoire au XVe, la réciprocité de l'échange de dons entre la mère et la fille occupe le devant de la scène, et efface les implications de l'acte de même sexe potentiellement troublant, alors que, d'un autre côté, le sacrifice de Péro pour son père n'est jamais exprimé sous forme de retour de don reçu, ou de la liquidation méritée d'une dette. Plutôt, son inintelligibilité est tenue soit pour une énigme des configurations paradoxales de la parenté, soit pour une expression de l'amour de Péro. Un tel amour extravagant pour son père ne parvient pas à atténuer les tensions relatives au danger de briser le tabou sexuel

---

39 D. DIDEBERG, « Caritas », *Augustinus-Lexikon*, éd. Cornelius Mayer, vol. 1, Bâle, 1986-94, col. 734.

40 R. M. DANESE, « *Lac Humanum Fellare*. La trasmissione del latte e la linea della generazione », *Pietas e allattamento*, p. 40-72 : p. 70.

entre eux. Leur échange spécifique de fluides corporels est perçu comme un acte de vive humiliation, provoquant la honte et la peur, ainsi qu'une excitation intense, auprès de Péro, de Cimon et également du public. L'amour profond de Péro pour son père ne perd jamais de sa qualité troublante ; aucune intervention impériale finale ne l'honore, ni ne le légitime, comme c'est le cas dans l'histoire de Maxime au sujet de la fille et de sa mère romaines.

À part son potentiel érotique incestueux, l'amour de Péro est problématique, en raison de sa nature illimitée. À l'instar de la *Charité* qui donne son apparent besoin infini de lait à une série indifférenciée de nourrissons nécessiteux[41], Péro ne connaît pas de limites : elle défie le système judiciaire, viole les tabous et néglige le caractère directionnel unique de la descendance. Dans le contexte des systèmes de liens de la première modernité, modelés, particulièrement en Italie, selon les lois romaines de la patrilinéarité, la « charité romaine » proclame une absence conséquente de réciprocité dans les relations des filles avec leur père, et c'est cette absence qui qualifie l'acte de Péro de « charité ». Non seulement l'offre de lait de Péro est désintéressée – car elle est éloignée de l'échange économique mesurable –, mais elle est aussi dirigée vers la véritable institution, dont les ruses et les machinations la réduisent à un statut d'infériorité. Contrairement à la mystique médiévale, dont les récompenses sont attribuées après la mort, les efforts de Péro sont « compensés » par le rétablissement d'un système patriarcal imaginé pour être proche du dépérissement.

Donner et recevoir dans les relations père/fille

Dans les anciens traités rhétoriques, l'usage de l'incarnation féminine tiré des concepts abstraits est qualifié d'actes de piété, une condescendance de la part du sujet qui parle qui dote les femmes, sans voix et d'autres personnes n'ayant pas le statut de citoyen, d'une présence médiatisée dans l'arène publique. Comme l'explique Cicéron, les apparences muettes des personnifications féminines augmentent non seulement la malheureuse piété de l'exclusion des femmes de leurs propres discours, mais elles sont aussi stratégiquement utilisées pour changer une telle compassion, une fois née, envers l'accusée, afin de renforcer la persuasion de la défense

---

41 Voir, par exemple, la Charité de Raphaël, Prédelle du Retable Baglioni (1507), Pinacothèque du Vatican. M. LUCCO *et alii*, *La pittura nel Veneto, Il Cinquecento*, vol. 1, Milan, Electra, 1996, fig. 52.

de l'avocat pour l'obtention de la grâce⁴². L'allégorie de Péro comme la « *pietas* » – complète dans l'encyclopédie de Festus – signalent ainsi le processus compliqué d'exclusions et de contestations dans la pensée ancienne relatives à l'absence chez la femme du statut de sujet. L'acte charitable de Péro suscite la compassion pour son père, au milieu des gardes de la prison et des autorités judiciaires qui la jugent, et pour elle-même, réduite comme elle est à utiliser le langage du corps dans sa résistance silencieuse à la loi. C'est cette définition potentiellement subversive de la piété filiale dans la tradition antique que la « Charité romaine » de Péro débaptisée s'efforce de supprimer, même si son intégration dans la tradition du don illimité et de l'acte de donner afin de recevoir, soulève ses propres difficultés conceptuelles. Alors que le discours religieux ne peut que prêter attention à la nature exagérée, voire dangereuse, de l'amour de Péro, discours légal qui rend son don une fois de plus inintelligible et subversif dans une culture obsédée par le calibrage du retour attendu de dons. Comment Péro a-t-elle pu être liée, par une dette, à son père ?

Au bas Moyen Âge et au début des temps modernes en Italie, les relations père/fille sont au cœur d'un système légal sophistiqué, destiné à établir et à maintenir les relations de parenté selon une conception masculine prononcée⁴³. Depuis le XIIIᵉ siècle, les lois statutaires de toute l'Italie reconsidèrent le « *ius commune* », dérivé du *Codex* de Justinien (en 529), dans le respect des lois de l'héritage des femmes. L'objectif de Justinien a été d'améliorer le statut légal des femmes en définissant la dot comme une forme d'héritage « *pre-mortem* », une avance sur leur « *legittima* », par exemple sur la portion que les fils et les filles peuvent attendre, à part égale, du patrimoine de leur père. En plus, le droit d'héritage des veuves aux biens de leurs maris dans des mariages non dotaux est établi⁴⁴. Lorsque, dans l'Italie médiévale, les institutions lombardes « barbares » sont remplacées par des lois romaines remises

---

42 J. J. PAXSON, *The Poetics of Personification*, Cambridge, Cambridge University Press, 1994, p. 12-18.
43 Ainsi la culture de la Renaissance italienne continua une antique tradition romaine. Voir E. CANTARELLA, « Figlie romane », L. ACCATI, M. CATTARUZZA, M. VERZAR BASS (dir.), *Padre e figlia*, Turin, Rosenberg & Sellier, 1994, p. 17-30. Pour la Renaissance italienne, voir entre autres M. BELLOMO, *Ricerche sui rapporti patrimoniali tra coniugi*, Varese, 1961 ; C. KLAPISCH-ZUBER, *Women, Family, and Ritual in Renaissance Italy*, trad. L. COCHRANE, Chicago, University of Chicago Press, 1985 ; I. CHABOT, « La loi du lignage. Notes sur le système successoral florentin (XIVᵉ/XVᵉ-XVIIᵉ siècles) », *Clio*, 7 (1998), p. 51-72 ; T. KUEHN, *Law, Family & Women: Toward a Legal Anthropology of Renaissance Italy*, Chicago, University of Chicago Press, 1991.
44 D. POWERS, *Studies in Qur'an and Hadith : The Formation of the Islamic Law of Inheritance*, Berkeley, University of California Press, 1986, p. 76.

à la mode, la dot n'est plus définie comme l'équivalent de la part de la fille des biens du père, mais comme un substitut. Le droit d'héritage des veuves des biens de leurs époux est entièrement supprimé. Le fameux (et infâme) principe de l'« *exclusio propter dotem* » – l'exclusion d'une fille après, et à cause de, la réception de la dot – abolit et remplace le concept byzantin de « *collatio dotis* » qui garantissait aux filles mariées le droit de reprendre leur dot, une fois survenue la mort de leur père. En Italie du centre et du nord, la dot médiévale a eu la fonction de faciliter le statut du mariage accepté de la fille. C'est la raison pour laquelle il est reconnu « convenable » pour la richesse de son père, aucune proportion n'étant spécifiée pour les parts de son fiancé. Le mari est chargé de l'administration de la dot de son épouse, mais il a l'hypothèque de ses propriétés sur le montant fixé de façon contractuelle, afin de garantir sa restitution, au cas où le mariage finit sans enfant. Ces traits complexes du style italien de l'échange de dot ont eu pour effet de transformer celle-ci en instrument de spéculation sur la valeur du mérite des futurs membres de la famille. Ce qui est un droit de la fille à réclamer un héritage sans condition devient la possession nominale d'une somme d'argent comptant qui repose sur le mariage, le montant dépendant de sa « valeur » sur le marché matrimonial.

Toutefois, partout en Italie, les lois statutaires préservent un principe important du discours légal romain relatif à l'échange de la dot. La responsabilité légale d'arranger un mariage convenable pour les femmes dépendantes selon une manière acceptée incombe au père ou, en son absence, à ses fils ou à ses frères. La mère n'a jamais été sollicitée à pourvoir la dot, même si les ressources du père étaient insuffisantes, et c'est cette clause libératoire qui a eu des conséquences importantes sur la dynamique de l'inflation de la dot et sur le coût des dots charitables du XVe au XVIIe siècle. Isabelle Chabot a démontré récemment que les clauses testamentaires des mères vénitiennes à l'attention de leurs filles sont censées augmenter leur dot et faire face – et, plus tard, alimenter – à la trop forte inflation critiquée des répartitions dotales dans le marché matrimonial. Les biens qui, selon les lois de succession relativement généreuses de l'intestat à Venise, sont tenus à être divisés équitablement entre les enfants de la mère, conditionnent considérablement les testaments féminins par des legs nominaux à leurs filles sous forme de dots[45]. L'augmentation des dots charitables des premières formes de legs pieux des habitants de la ville de la Renaissance est connue depuis qu'elle

---

45 I. CHABOT, « A proposito di "Men and Women in Renaissance Venice", de Stanley Chojnacki : Ricchezze femminili e parentela nel Rinascimento. Riflessioni attorno ai contesti veneziani e fiorentini », *Quaderni Storici*, 1 (2005), p. 203-29.

est considérée comme la « socialisation » d'un devoir qui faisait défaut à un nombre toujours élevé de pères[46]. L'ascension concomitante des confréries qui rassemblent, investissent et distribuent les legs en quantité croissante pour les dots charitables a un effet corrosif sur la définition légale de la dot, en particulier sur le devoir du père à y pourvoir. Dans le discours légal et pratique de la Renaissance, les obligations du père vis-à-vis de ses filles sont considérablement diminuées.

Le *Tractatus... de dotibus, et dotatis mulieribus* (1479, réimprimé en 1571), de Baldo Bartolini (1408-90) constitue un exemple intéressant de la manière dont l'exonération du père face à la responsabilité légale à subvenir aux besoins de ses filles commence à être théorisée et imaginée[47]. Expert en droit canon et conseiller au sein du consistoire du pape, l'auteur prend une approche quelque peu non orthodoxe en définissant la « dot » – une institution hautement débattue en justice civile – par rapport à l'usage commun de la langue et au droit canon. Signalant que des individus peuvent « avoir été dotés d'un esprit vif », ou que les fonds sont susceptibles d'être « bien dotés », il explique que la pratique de l'échange de la dot nuptiale est analogue aux fondations ecclésiastiques. Ces deux formes de « patronage » peuvent être comprises dans le contexte des images nuptiales : les dots garantissent les mariages séculiers, alors que les donations pieuses maintiennent les mariages spirituels parmi les membres de l'Église. À l'opposé des patrons de l'Église, dont le but est souvent de s'assurer leur « *juspatronatus* » sur l'Église ou le monastère sur lesquels ils ont un pouvoir, le garant d'un mariage séculier transfère ses droits, relatifs aux femmes et à différentes parties en présence.

---

46 Le sujet des dots charitables a été étudié sous une diversité de perspectives depuis le livre de Brian Pullan qui ouvra une voie en 1971. Voir, entre autres, B. PULLAN, *Rich and Poor in Renaissance Venice : the Social Institutions of a Catholic State*, Cambridge (Mass.), Harvard University Press, 1971 ; S. K. COHN Jr., *Death and Property in Siena, 1205-1800. Strategies for the Afterlife*, Baltimore-Londres, Johns Hopkins University Press, 1988 ; D. ROMANO, « L'assistenza e la beneficenza », *Storia di Venezia dalle origini alla caduta della Serenissima*, tome V : A. TENENTI, U. TUCCI (dir.), *Il Rinascimento. Società ed Economia*, Rome, 1996, p. 355-406 ; P. FONTINI BROWN, « Le *Scuole* », *Storia di Venezia*, *op. cit.*, p. 307-354 ; N. TERPSTRA, *Abandoned Children of the Italian Renaissance: Orphan Care in Florence and Bologna*, Baltimore-Londres, Johns Hopkins University Press, 2005.

47 Baldus NOVELLUS, « *Tractatus Notabilis singularis et utilis, de dotibus, et dotatis mulieribus, & earum iuribus & privilegijs. Editus per excellentissimum ac celeberrimum Iuris Pontificij & Caesarei doctorem monarcham & advocatum consistorialem, D. Baldum de Bartholinis, de Perusio : Inchoatus in almo studio Pisano, & completus sub anno Domini 1479, in excelso Gymnasio Perusino, cum iussu summi Pontefici ad patriam esset revocatus* », *De Dote Tractatus ex variis iuris civilis interpretibus decerpti. His, quae ad dotium pertinent iura, & privilegia enucleantur* (Venetiis, apud Mauritium Rubinum, 1571).

Après avoir débattu pour savoir si l'échange de la dot unit lors de l'engagement conclu, expression du consentement ou de la consommation, Bartolini, le premier, préfère donner un aperçu historique de l'émergence du mariage. À ses yeux, celui-ci entre dans la catégorie de la loi civile, non naturelle, quoiqu'il se réclame aussi d'origines divines. Le mariage avait été inconnu chez les peuples « primitifs », qui, selon leur propre système matrilinéaire, « appelait chaque enfant né d'une femme légitime »[48]. Seulement, avec l'invention de la propriété foncière, le mariage apparaît comme une voie pour « diviser les femmes, de sorte que chaque individu puisse en avoir une », qui « était aussi le temps où le contrat de la dot fut inventé, afin que le poids du mariage puisse être supporté ». Selon lui, de telles attributions dotales étaient tenues au début pour des « donations » – contributions volontaires et non assignations exigées légalement.

Bartolini persiste dans sa négligence en mentionnant que le « *ius commune* » définit les dots par rapport à l'héritage. Dans son analyse, la loi civile est née loin du besoin de réguler l'échange de la dot ; en cas de restitution ou de promesses rompues, elle apparaît, afin d'apaiser les disputes provenant des irrégularités dans ce qui doit être tenu pour des donations volontaires[49]. Les lois de l'héritage ont été établies comme une réflexion après coup, dans l'intention de « libérer » les dons. Le principal intérêt de Bartolini a été de définir « si la dot ou la raison de donner une dot est pieuse »[50], c'est-à-dire de développer une perspective extralégale sur une institution qui, aux yeux des contemporains, détenait une signification majeure dans les définitions séculières de la parenté agnatique. Ainsi la dot « congrue » d'une fille ne peut pas être appelée pieuse, voire volontaire, depuis que la *Lex Falcidia* exige qu'un quart des biens du père revienne nécessairement à ses enfants. Seules les dots charitables données aux filles pauvres et des dots supplémentaires accordées aux filles nobles par d'autres membres de la famille que le père méritent d'être appelées pieuses, dans la mesure où les filles sans dots convenables sont tenues de rester célibataires ou de devenir des prostituées : « Il est dit qu'un individu ne peut pas se marier, s'il ne peut pas se marier honorablement selon ses moyens »[51].

Bartolini conceptualise, ensuite, à nouveau, la nature « volontaire » de la dot supplémentaire ou charitable, en insistant sur l'« esprit du don » du donataire, au lieu de « l'esprit de retour », plus commun. Aussi

---

48 Baldus NOVELLUS, *op. cit.*, p. 8, col. 2.
49 *Ibid.*, p. 9, col. 1.
50 *Ibid.*, p. 15.
51 *Ibid.*, p. 16, col. 2.

revendique-t-il que les dots « charitables » doivent être libérées de la logique de la réciprocité. Tandis qu'un père peut recouvrer les parts de la dot de sa fille, en cas de mariage sans enfant, et répartir leur montant dans l'espoir d'attirer des distributions dotales similaires ou plus élevées des fiancées de ses fils ou de ses petits-fils, des dots pieuses ne constituent pas de tels investissements. Profondément conscient de l'économie de statut à la fois de genre et de prestige qui gouverne les marchés matrimoniaux de la haute société, il en appelle aux riches contributions des fortunés pour les mariages « pieux » de leurs filles. Toute somme donnée en surplus de la portion « congrue » de la fille est en mesure de faciliter la mobilité sociale, mais il ne peut pas en être de même en cas de retour[52]. Seule la richesse paternelle sert de mesure à évaluer la « congruité ». Continuant dans son effort de conceptualiser l'échange de la dot des obligations paternelles et de la logique de la réciprocité, Bartolini propose de saisir les dots paternelles comme des extensions de la responsabilité du père à assurer les « *alimenta* », au lieu de la « *legittima* »[53]. Il maintient, par exemple, qu'un père est tenu de payer davantage la dot de la fille mariée, au cas où son gendre la gaspillait, étant donné son obligation durable de veiller sur sa progéniture légitime.

Bartolini écrit cette enquête quelque peu idiosyncratique de l'échange de la dot, lorsque les donations pieuses sous forme de dots charitables deviennent populaires[54]. Au lieu de donner de façon illimitée des aumônes spécialement destinées aux « pauvres », les testateurs préfèrent massivement investir dans un type de système social que les mariages dotaux facilitent. Dans le courant du XVIe siècle, des confréries dans des villes comme Venise et Bologne attirent toujours plus de legs en faveur des dots charitables. Au XVIIe siècle, la gestion de tels fonds se développe comme une véritable industrie. La bureaucratie implique, dans sa distribution mensuelle, des centaines de petites contributions aux filles à épouser, pauvres mais méritantes, provenant d'un seul fonds de placement à la « *Scuola* » de saint Roch à Venise, qui rend compte par exemple de l'importance de cette mesure de bien-être[55]. Il est rassurant d'affirmer que, dès la fin du XVIe siècle, la majorité des dots de fiançailles échangées à Venise ou dans d'autres villes d'Italie sont en réalité « pieuses », que leur

---

52 *Ibid.*, p. 21.
53 *Ibid.*, p. 22.
54 B. PULLAN, *Rich and Poor in Renaissance Venice, op. cit.* ; S.K. COHN Jr., *Death and Property in Siena, op. cit.* ; D. ROMANO, « L'assistenza e la beneficenza... » ; P. F. BROWN, « Le *Scuole...* » ; N. TERPSTRA, *Abandoned Children of the Italian Renaissance, op. cit.*
55 Archivio di Stato de Venise, *Scuola di San Rocco*, seconda insegna, registre 641.

valeur de retour reste confinée à la sphère de la politique spirituelle et urbaine, comme le souhaita jadis Bartolini. Ce développement indique que le seul « don » qu'une fille peut légalement attendre de son père – sa dot – provient, dans la majorité des cas, d'une source différente.

Retournant aux peintures considérées, on peut ainsi conclure que Péro n'est soumise à aucune obligation vis-à-vis de son père qui aurait garanti un tel sacrifice d'auto-abaissement. Quoique les contemporains aient blâmé les désirs de « luxe » des femmes en raison de l'augmentation exponentielle de l'inflation de la dot au tournant du XVIe siècle, les filles de la haute société gagnent rarement dans ce système de parenté et d'héritage qui fait dépendre la valeur de leurs parts dans la propriété familiale des ambitions de leur père et de leur propre circulation sur le marché matrimonial. Seulement dans le cas de la mobilité sociale ascendante, les jeunes femmes peuvent s'attendre à recevoir une dot proportionnellement élevée – que leurs maris sont amenés à contrôler –, alors que leurs sœurs moins fortunées sont effectivement déshéritées, « déposées » et « enterrées vivantes » dans des couvents pour une libre garantie des biens[56].

Conclusion : résistance

Le don de Péro, en tant que pieux, est abject, parce qu'il ne fait pas partie de la logique du don. En tant qu'acte de « charité », l'offre de don de Péro est libre d'aucune attente de retour et, en dernière instance, destinée à Dieu qui résout le problème de la réciprocité manquée par rapport au gain spirituel. Mais la suggestion implicite selon laquelle Péro ne doit dépendre d'aucune obligation de son père dérange. En dépit de la rhétorique contemporaine d'après laquelle la consommation des femmes pour le luxe causée par l'inflation de la dot ruine les biens de leur père, la « Charité romaine » devient populaire au moment où les obligations légales envers leurs filles sont affaiblies ou remplacées par des dons « charitables » – ou des dons d'autres personnes. Libérée de son devoir de réciprocité, Péro assume sa position de sujet en offrant une aumône charitable. Mais, éloignée de toute revendication légale envers son père, Péro métamorphose en don ce qu'elle prétend offrir.

En même temps, Péro est encore qualifiée de « femme à l'avant-garde », comme c'est le cas lors de son don de lait duquel dépend la survie du patriarche. Selon moi, la véritable ambiguïté de cette figure

---

56 J. G. SPERLING, *Convents and the Body Politic in Late Renaissance Venice*, Chicago-Londres, University of Chicago Press, 1999.

a contribué à la popularité de Péro et de Cimon au cours de la période baroque. Les relations énigmatiques et conflictuelles du duo père/fille ont ainsi pu être analysées à l'intérieur des renversements et des substitutions incestueuses des configurations paradoxales. La « charité romaine », rendue acceptable par la réalisation de trois des sept travaux de la grâce, acquiert des implications séculières à une époque où les femmes commencent à résister à l'organisation agnatique d'un système de parenté qui se fonde sur leurs dépossessions[57].

---

57 Pour la fin du XVIe et le XVIIe siècle à Venise, où le discours pro-féministe était le plus prononcé, voir Moderata FONTE (Modesta POZZO), *The Worth of Women : Wherein is Clearly Revealed Their Nobility and Their Superiority to Men*, éd. et trad. V. COX, Chicago, University of Chicago Press, 1997 ; 1ère édition italienne à Venise, 1600 ; Lucrezia MARINELLI, *The Nobility and Excellence of Women, and the Defects and Vices of Men*, éd. et trad. A. DUNHILL ; introd. L. PANIZZA, Chicago, University of Chicago Press, 1999 ; 1ère édition italienne à Venise, 1600 ; Sœur Arcangela TARABOTTI, *Paternal Tyranny*, éd. et trad. L. PANIZZA (Chicago, University of Chicago Press, 2004 ; 1ère édition italienne à Leiden, 1654).

Table des matières

Lucien FAGGION et Laure VERDON (Université de Provence),
Préface... 5

Laure VERDON (Université de Provence),
Don, échange, réciprocité. Des usages d'un paradigme
juridique et anthropologique pour comprendre le lien
social médiéval 9

Eliana MAGNANI (CNRS / Université de Bourgogne),
Enregistrer une donation. Acte diplomatique,
vers et image dans la « chronique versifiée
de Saint-Martin-des-Champs » 23

Julie CLAUSTRE (Université de Reims),
« Donner le temps » : le répit royal à la fin du Moyen Âge..... 39

Lucien FAGGION (Université de Provence),
Une civilisation du don ? Les usages d'un paradigme
à l'époque moderne................................... 59

Anna BELLAVITIS (Université de Rouen),
La réciprocité de l'échange matrimonial : enjeux
économiques et politiques (Venise, XVe-XVIIe siècles)......... 99

Mélanie URLI (Université de Provence),
La grâce judiciaire dans le duché de Milan au XVIe siècle :
perspectives sur l'échange du pardon souverain............. 117

Théa PICQUET (Université de Provence),
Le don vu par Le Prince de Machiavel 133

Jutta Gisela SPERLING (Hampshire College USA),
Péro et Cimon, entre la charité et la loi :
l'exemple d'une réciprocité manquée ? 145

collection
le temps de l'histoire

RAYNAUD Christiane (dir.), *Villes en guerre XIVe-XVe siècles*, 2008, 350 p.

MENCHERINI Robert (dir.), *Provence-Auschwitz. De l'internement des étrangers à la déportation des juifs (1939-1944)*, 2007, 324 p.

PEYRARD Christine (dir.), *Minorités politiques en Révolution (1789-1799)*, 2007, 214 p.

BERNOS Marcel, *Les sacrements dans la France des XVIIe et XVIIIe siècles. Pastorale et vécu des fidèles*, 2007, 350 p.

CRU Jean Norton, *Lettres du front et d'Amérique (1914-1919)*, ATTARD-MARANINCHI Marie-Françoise et CATY Roland (éds), 2007, 380 p.

CAROZZI Claude et TAVIANI-CAROZZI Huguette (dirs), *Faire l'évènement au Moyen Âge*, 2007, 364 p.

BUTI Gilbert et CAROL Anne (éds), *Comportements, croyances et mémoires. Europe méridionale XVe-XXe siècles. Études offertes à Régis BERTRAND*, 2007, 290 p.

FAGGION Lucien et VERDON Laure (dirs), *Quête de soi, quête de vérité du Moyen Âge à l'époque moderne*, 2007, 224 p.

PAYN-ECHALIER Patricia, *Les marins d'Arles à l'époque moderne*, 2007, 326 p.

LAHAXE Jean-Claude, *Les communistes à Marseille à l'apogée de la guerre froide 1949-1954*, 2006, 294 p.

DAUMALIN Xavier, DAVIET Sylvie et MIOCHE Philippe (dirs), *Territoires européens du charbon des origines aux reconversions*, 2006, 282 p.

ANDRIEU Claire, LAVABRE Marie-Claire et TARTAKOWSKY Danielle (dirs), *Politiques du passé. Usages politiques du passé dans la France contemporaine*, 2006, 266 p.

CRIVELLO Maryline, GARCIA Patrick et OFFENSTADT Nicolas (dirs), *Concurrence des passés. Usages politiques du passé dans la France contemporaine*, 2006, 300 p.

ALZAS Nathalie, *La liberté ou la mort, l'effort de guerre dans l'Hérault pendant la Révolution Française*, 2006, 300 p.

BERTRAND Régis et CAROL Anne (dirs), *Le « monstre » humain, imaginaire et société*, 2005, 216 p.

collection
le temps de l'histoire

AURELL Martin, BOYER Jean-Paul et COULET Noël, *La Provence au Moyen Âge*, 2005, 360 p.

BERTRAND Régis, CAROL Anne et PELEN Jean-Noël (dirs), *Les narrations de la mort*, 2005, 298 p.

CAROZZI Claude et TAVIANI-CAROZZI Huguette (dirs), *Le pouvoir au Moyen Âge. Idéologies, pratiques, représentations*, 2005, 316 p.

AUBERT Paul, CHASTAGNARET Gérard et RAVEUX Olivier (dirs), *Construire des mondes. Élites et espaces en Méditerranée xvie-xxe siècle*, 2005, 320 p.

BOUVIER Jean-Claude et PELEN Jean-Noël (dirs), *Récits d'Occitanie*, 2005, 180 p.

AUDISIO Gabriel (dir.), *Prendre une ville au xvie siècle. Histoire, Arts, Lettres*, 2004, 260 p.

BONNIOL Jean-Luc et CRIVELLO Maryline (dirs), *Façonner le passé. Représentations et cultures de l'histoire xvie-xxie siècle*, 2004, 306 p.

CHABROL Jean-Paul et GAMBAROTTO Laurent (dirs), *Éclairer le peuple. Jean-Louis Médard 1768-1841*, 2004, 228 p.

CAROZZI Claude et TAVIANI-CAROZZI Huguette (dirs), *Le médiéviste devant ses sources. Questions et méthodes*, 2004, 316 p.

BERNOS Marcel et BITTON Michèle (dirs), *Femmes Familles Filiations. Société et histoire. Études réunies en hommage à Yvonne KNIBIEHLER*, 2004, 304 p.

AUDISIO Gabriel (dir.), *Inquisition et pouvoir*, 2004, 380 p.

BERTRAND Régis (dir.), *La Nativité et le temps de Noël xviie-xxe siècle*, 2003, 254 p.

LAPIED Martine et PEYRARD Christine (dirs), *La Révolution française au carrefour des recherches*, 2003, 358 p.

BERTRAND Régis et CAROL Anne (dirs), *L'exécution capitale, une mort donnée en spectacle xvie-xxe siècle*, 2003, 284 p.

AUDISIO Gabriel, BERTRAND Régis, FERRIÈRES Madeleine et GRAVA Yves (éds), *Identités juives et chrétiennes. France méridionale xive-xixe siècle. Études offertes à René MOULINAS*, 2003, 308 p.

PAUL Jacques, *Du monde et des hommes. Essais sur la perception médiévale*, 2003, 318 p.

collection
le temps de l'histoire

CUBELLS Monique, *La noblesse provençale du milieu du XVIIe siècle à la Révolution,* 2002, 318 p.

PEYRARD Christine et VOVELLE Michel (dirs), *Héritages de la Révolution française à la lumière de Jaurès,* 2002, 196 p.

CAROZZI Claude et TAVIANI-CAROZZI Huguette (dirs), *Année mille, An Mil,* 2002, 232 p.

Le Parlement de Provence, 1501-1790. Actes du colloque d'Aix-en-Provence de 2001, 2002, 240 p.

CATY Roland (dir.), *Enfants au travail. Attitudes des élites en Europe occidentale et méditerranéenne aux XIXe et XXe siècles,* 2002, 280 p.

AUDISIO Gabriel (dir.), *Religion et Exclusion, XIIe-XVIIe siècle,* 2001, 218 p.

Création graphique de la couverture Valérie Julia – PUP
Mise en page Christine Dotto - UMR TELEMME - Aix-en-Provence

Imprimé en France
Service imprimerie de l'université d'Aix-Marseille – DPSI – Aix-en-Provence

Dépôt légal 3ᵉ trimestre 2010
Réimpression 1ᵉʳ trimestre 2013
ISBN 978-2-85399-760-7
ISSN 1631-946X